現代書館

外骨みたいに生きてみたい

反骨にして楽天なり

砂古口早苗

外骨みたいに生きてみたい

――反骨にして楽天なり――

＊目次

はじめに　外骨を語る者は外骨に負ける

一九七〇年代の終わり頃、私は古本屋で一冊のヘンな雑誌を見つけた。目に飛び込んできた、と言ってもいい。薄っぺらいグラビア誌みたいな感じで、タイトルは『滑稽新聞』。雑誌なのになぜか〝新聞〟とある。状態はあまりよくないが、一目で表紙の絵が気に入った。背景がピンク色で、大きな鯉幟の口に男女の学生が手を取り合って座っている。この二人がなんともキュートである。裏表紙は表紙絵と連なっている。鯉の尻尾のあたりにシャボン玉みたいなのがいくつか飛んでいて、その中に胎児が眠っているのだ。……なるほどね。発行されたのはなんと明治三十九年。へえー、明治時代にこんな雑誌があったのか。毎月二回発行で、第一一六号とある。けっこう売れた雑誌だったのかもしれない。

標題の上に「肝癪と色気」って書いているけど、これって何だろう。左右にもある。「天下独特の肝癪を経とし色気を緯とす過激にして愛嬌あり」「威武に屈せず富貴に淫せずユスリもやらずハッタリもせず」か。ユスリの文字だけがいやに太い。表紙になんでこんなことを書くのだろう。ははーん、あれかな？　立て看板スローガン。明治の反体制アングラ雑誌っていうか、風刺漫画雑誌の親戚かもね。活字も多いが、挿絵もいっぱい。それにしてもタイトルの滑稽という言葉が妙に可笑《おか》しい。風刺だから、単に〝面白い〟という意味でもなさそうだ。古本屋で時々見かける『風俗画報』という明治の雑誌に似ているが、あっちはマジメで、こっちはフザケているみたいだ。明治の庶民の不満につけ込んで売ろうという魂胆がミエミエだ。値段は……と見ると、当時の金額で七銭。安いのか高いのか、わからない。明治三十年代、七銭で買えたものって何だろう。そもそも当時は今みたいに、誰でも気軽に雑誌を買って捨ててしまうような時代ではなかったはずだ。今、この古雑誌が捨てられずに残っていること自体、奇跡的なことなのだ。戦火にも耐え、どんな人物に読まれ、どういう経過をたどって保存されてきたのか、それを思うとなんだか想像力を刺激されてドラマチックでさえある。そしてとうとうこんな古本屋（失礼！）に辿り着いて、いくらで売られているかといえば……、裏表紙に4Bぐらいの濃い鉛筆で大きく「一〇〇〇円」と書いてある。デリカシーも美的センスもない、乱暴な店主だ。ここに埃まみれで置かれるより、私に買われるほうが幸せというものだ。千円なら、まあ買えない額ではない。なんだかよくわからないが、とりあえず買ってみよう。

これが私と『滑稽新聞』との出会いであり、宮武外骨という人物との出会いのプロローグだった。私は子どもの頃から絵本や貸本漫画や紙芝居や映画やテレビ好きの癖《くせ》があって、結婚してサラリーマンの夫と幼い子どもが二人いた。長男の手を引き娘をおんぶして、あちこちの古本屋をひやかしたり、骨董屋めぐりの癖がやめられず、〝フリーライター〟などという横文字を肩書きにして新聞・雑誌にちょっとしたルポやエッセーを寄稿する癖も始まり、採用されると有頂天になって夫にプレゼントをねだる癖があった。若くてノンキな楽天夫人の頃だった。そしてその直後、外骨の評伝が相次いで二冊出版され、偶然それを読んだことから、やっとあの『滑稽新聞』というヘンテコな雑誌を出した人物が外骨で、おまけに私と同郷の讃岐人であることを知って驚いたのだった。評伝で波乱万丈の人生を知って、ひっくり返りそうなくらい面白がったが、外骨のメッセージの深い意味までは理解できなかった。

それから三十年近く経ってようやく私にも、新聞や雑誌に外骨のことを書いたり、人前で話す機会が与えられた。外骨が私の中で活き活きと再生し、自在に語りかけてくれるようになったのだ。

そして今、改めて思う。外骨とはいったい、何者なのか。

「官僚嫌いの癖、政党嫌いの癖、軍閥嫌いの癖、貴族政治富豪政治嫌いの癖、次いでは古書穿鑿好きの癖、魚釣り好きの癖、猥褻事物研究の癖、さては新雑誌発行好きの癖、それを一、二号で廃刊しても平気な癖」(『一癖随筆』第一号、一九二一年)と自分で書いているように、ズバリ、これが外骨である。

そしてまた、こうも書いている。

「(宮武)外骨の一癖とは、何であるかと云うに、近刊の『大阪新報』所載、観潮楼主人の変物叢話中に『宮武外骨は雑誌を作ることにおいて天下無比の鬼才である、大抵の記者は、お座なりを書き、たまには心にもないお世辞を並べるものであるが、かれ外骨は忘れてもそういう事をしない、徹頭徹尾思った通りを書く直情径行の男である、左顧右眄《さこうべん》しない男である、人間がサッパリしているから、文章がキビキビしている、この頃のイカサマ文士が書く「お坊ちゃん小説」のネチネチしたものを読んだアトで、外骨の文章を一読すると、気がスーッとする、文は直截簡明を尚ぶ、要点をサラリッと書くのが文章の本領だ、この点になると、外骨はさすがに心得たものだ、感じたこと癪に障ったことをそのままにぶちまけ、グングン書きまくってサッサと切り上げる、実に鮮やかなものじゃ、さながら白雨《ゆうだち》のごとき文章である、沛然として来たり、忽焉《こつえん》として歇《や》む、読み終わったアトの爽涼《さばさば》とした気持ちは何とも言えない』と持ち上げられたがこれが(宮武)外骨独特の一癖であろうと自ら信じて居る、そしてかくのごとき自慢高慢を並べて得意がるのも、ヤハリ一癖中のヨクナイ部分である」(『一癖随筆』第一号)

外骨はこれを読んでよほど嬉しかったに違いない。ここに出てくる観潮楼主人というのは森鷗外だとする説がある(観潮楼は鷗外が住んだ家のこと)。大正十年に鷗外はまだ生きていたから、その可能性は大きい。もしそうだとしたら、鷗外は外骨という人物をズバリ看破していたことになる。〝文章がキビキビしている〟という表現がいい。文章がキビキビしているのは、人間がキビキビしている証拠だ。外骨は同じ歳の夏目漱石（一八六七〜一九一七）みたいに〝ネチネチ〟していないのである。鷗外はキビキビでもなく、さりとてネチネチではなかった。キビキビになりたかったが、しがらみが多くてキビキビできなかったのだろう。可哀そうに。

不可解で不条理な二十一世紀に必要なものは、想像力と表現力。この二つを駆使して〝国家と個人〟〝反戦と非戦〟〝政治とメディア〟などをテーマに体を張って挑んだ外骨。金持ちのお坊ちゃんだった〝楽天キャラ〟が、明治藩閥政府を敵に回して〝ちょいワルおやじ〟に変身したのである。それをずっと諦めなかったという意味では、しつこい〝ネチネチキャラ〟かもしれない。その闘いの意味が、百年後の今でも新鮮であることに驚く。外骨は現代とどう繋がるのか。私たちにどんなメッセージを残したのか。時代を読み解くヒントは何か。現代の外骨は誰か。彼らは時代をどう変革しようとしているのか。私たちはどんな未来を望んでいるのか……。それを知るためにじっくりと、楽しく、あたらしい〝外骨語〟をマスターし、自分の言葉で、私の外骨を語りたい。

とはいえ、〝外骨を語る者は外骨に負ける〟と相場が決まっている。文章がキビキビし、人間がキビキビしていて、表現の実験に一生を賭けたエネルギッシュな天才を、本人以上に表現できる人物なんてそうザラにはいないだろう。はっきり言って、外骨よりうまく外骨を語れる人物がいるわけがない。毎晩、外骨の幽霊に「自分のことは自分で言う！」と叱られても、とりあえずそれを無視して外骨像に迫っていきたいと思う。謙虚に、かつ大胆に。

第一章　再生する外骨

映画『市民ケーン』と外骨

いつからか私の心の隅に、外骨の映画を撮ってみたいという野望が住み着いて離れない。明治維新で始まった日本の近代・現代史を身をもって生きた外骨の生涯はいくつものストーリーに満ちている。しかもそのほとんどが私にとってスコブル映像的なのだ。安易な表現だが、私の脳裏にまるで走馬灯のように映し出されるという表現がピッタリだ。これを映画にしない手はない。映し出された外骨の生き様、闘い方は今でも新鮮で、少しも古さを感じさせない。だから活字であれ映像であれ、外骨は現代に再生する価値がある、と私は思う。

脚本と監督は、この私だ。主演の外骨には、前は緒形拳さんがいいと思っていたが、今は竹中直人さんかな、と考えている。ヒッチコックみたいに、どこかのワンシーンだけ私も登場するつもりだ。外骨が毛嫌いする平塚らいてうか、自転車を乗り回す女学生に扮するのもいいかな？（ちょっとムリがあるかも…）実現の可能性は今のところ、ない。

強烈な個性をもつ一人の魅力的な人物に出会い、その一生をすべて見届けるという時間の流れは、それ自体がドラマチックな体験だ。そしてそれを、自分の感動に忠実に再現してみたいと思うとき、当然のことだが、私がその人物を、生まれてから死ぬまでの時間の経過に従って見ていたのではないことに気づく。私が魅了されていった時間の過程に忠実に、もう一度組み立てて再現することが重要なのだ。同時にそれは、その人物の人生の時間をバラバラにして、私の手で組み立て直すことでもある。バラバラにする鋏は、〝テーマ〟だ。人の一生は、いくつもの伏線やテーマが互いに芽生え、交錯し、矛盾し、結びついたり結びつかなかったりして終わる。いくつもの骨組みは一つひとつの主題として何度も登場し、登場しては消え、全体が統一されて一本の太い樹木のように人物像が浮かび上がる。宮武外骨という、いくつものテーマに彩られた骨組みから成る人物との出会いは、私以外の誰かが興味を抱いてそれをどのように組み立てても、おそらく最初のシーンから衝撃的だろう。

私は若い頃、シナリオというものを少しだけ勉強したことがある。約二年間、シナリオライターの養成所でプロの講師から初歩的な書き方を習ったのだが、技術的なことはほとんど忘れてしまった。だが、映画という映像表現でシナリオの果たす役割の大きさだけは、この時、しっかり学んだ。ある時、喫茶店で数人の仲間と共に一人の映画監督を囲んで雑談していて、その監督がみんなにこう言った。

「シナリオライターになりたいのなら、この二つの映画のシナリオを何度も読んで勉強しろ、それだけでいい」

本当にそれだけでいいのか⁉ ……とナマケモノの私は驚き、その言葉に飛びついた。二つの映画とは、マルセル・カルネ監督の『天井桟敷の人々』と、オーソン・ウエルズ監督・脚本・主演の『市民ケーン』だった。

早速、二つの脚本を手に入れ、何度も読み、書き写し、映画が上映されると聞けば近代美術館フィルムセンターでも場末の映画館でも、どこへでも観に行った。一九四三年から四五年にかけて製作されたフランス映画『天井桟敷の人々』は三時間半に及ぶ大作で、二〇歳そこそこの私でも映画の醍醐味をたっぷり味わうことができた。舞台は十九世紀のパリ、バルザック流人間模様で描かれる悲恋物語で、脚本は詩人のジャック・プレベールだ。ディテールにちりばめられた一つひとつのセリフが、まるで宝石のように輝く。

バティスト：（目をかがやかせて彼女を見つめる。）なんて君は綺麗なんだ！
ガランス：（肩をそびやかす。）綺麗じゃないわ。私は生きがいいの……それだけ。

私の驚きは、こんなセリフでいとも簡単に観客の脳裏に映像を描かせるシナリオの魔法、言葉の魅力だった。

だが、私を圧倒させたのは『市民ケーン』のほうだった。一九四一年に作られたこのアメリカ映画の、パンフォーカスを駆使した大胆なカメラワーク、鏡やガラス球、スノーボールなどを使った奥深く繊細な映像美は、当時二五歳ですでに鬼才と呼ばれたオーソン・ウエルズの才能を見せつけるのに十分だった。新聞王ウィリアム・ランドルフ・ハーストをモデルにした、主人公で〝謎の人物〟チャールズ・フォスター・ケーンの死後、一人の新聞記者がケーンを知る人物にインタビューして彼の一生を追うというストーリーだ。

一つは、出会いから別れまでの時間を忠実に、洒落た言葉で人生の切なさを描く壮大な悲恋物語。もう一方は、時間と空間をバラバラにしてメディアの権力を握った人物の、救いがたい孤独と疎外感の原因に迫る心理的でジャーナリスティックな謎解き映画である。二つの映画は全く対照的だ。ドキュメンタリー映画を撮りたいと思っていた私が、一つひとつのセリフにではなく、観客を惹きこむ映像手法・手練手管にすっかり感化されてしまい、シナリオ作りのお手本にしようと思ったのが『市民ケーン』であったことは、しごく当然だったような気がする。

だからといって、宮武外骨という人物の謎は、例えばケーンの深い孤独の原因が愛する者と永遠に切り離される少年の怒りの象徴としての〝バラの蕾〟に集約されるといった、単純なものではない。私は外骨を理解する過程で気づいたのだが、外骨本人と同時に、外骨が生きた時代そのもののもまた大いなる謎だったということだ。外骨を取り巻く時代背景や同時代に生きた人々も外骨に負けず劣らずミステリアスなのである。言い方を変えれば、大きな一枚の鏡に背景として映し出された時代絵巻、近代の歴史パノラマそのものが、外骨という狂言回しに語られる真の主人公なのかもしれない。

映画『市民ケーン』が私にとっての外骨へのアプローチの方法に啓示的なヒントとなったこと、これはもう直感に近い。現在のインタビューシーンと過去の回想シーンとが時系列を無視して交錯する複雑な構成だが、そこに意味があることも後でわかる。特に象徴的なシーンがある。ハーストの巨大な邸宅サン・シメオンをモデルにしたザナドゥという広大な邸宅の冷え冷えとした部屋で、ケーンの二度目の妻スーザンが一人、ジグソーパズルをしているシーンである。彼女の心はもはやケーンにも、ザナドゥにもない。この、パズルのピースを一つひとつ嵌め込んでいくというシーンに私は強い印象をもった。それは今でも忘れられない。言葉ではなく、とてもレトリックな映像と言ってもいい。うつろな目をしたスーザンはパズルを完成させることなく、ケーンを捨ててザナドゥを出て行く。

ケーンは冒頭シーンで、「バラの蕾……」と言って息を引き取るが、このたったひとことの「バラの蕾」が、ケーンという人間像を解くキーワードになった。この謎は映画の最後になってやっと解明され、しかもそれは記者のトンプソンにも誰にもわからず、観客だけしかわからない。

では外骨の生涯を語る上で、重要なキーワードとは何だろう。外骨は八十八年の生涯にジャーナリストとしてあまりにも多くを語り、膨大な著作を遺している。キーワードはケーンのように、〝ひとこと〟ではない。また死に際でもなく、生の真っ只中の、いたるところにある。それを一つひとつ丁寧に、ゲームの魅力に導かれて嵌め込んでいけば、どんな馬鹿でかいジグソーパズルでも必ず完成させられるはずである。

現代に蘇る敗戦後論『アメリカ様』

半米人

一枚の写真がある。かつての〝反骨のジャーナリスト〟を彷彿とさせ、〝怪老人〟といった風格さえ感じさせる矍鑠《かくしゃく》たる外骨の姿である。この時、外骨八一歳。雑誌『アサヒグラフ』一九四八年十月六日号に掲載された記事「〝超俗〟告知板」で、画家の熊谷守一、作家の永井荷風ら六人と共に紹介されたものだ（他には大逆事件で幸徳秋水らの弁護に携わった弁護士の山崎今朝弥、僧侶の福岡隆聖師、書道家の川村驥山、作家の稲垣足穂）。ここでの外骨の肩書きは〝明治文化研究家〟となっている。写真の背景は本郷の東大構内だ。おそらく図書館の前あたりだろう。ここからすぐ赤門寄りに、当時の職場だった法学部・明治新聞雑誌文庫がある。外骨は和服の着流しに草履、右手にはステッキを持ち、レンズを見ずにまっすぐ前を向いて闊歩している。外骨は写真を撮られるのが嫌いだったから、この時は撮られていることに気づいていないように思われる。だが記事を読むと取材には応えた形になっているから、写真の掲載は事後承諾だったのかもしれない。朝日新聞高松総局の記者が朝日新聞社に問い合わせたが、当時の撮影者・記者の名前は不明で、記録に残されていないという返事だった。

記事の主旨としてはこう書かれている。

「世に畸人変人というものがある。俗人どもは彼等を単にすねものと嘲り、くせものと評したりするが、ショウペンハウエルによれば俗人とは『知力が単に尋常の水準線に限られていて、そのために何らの精神的要求をも持っていないものである』そうだ。ここに告知する人々は必ずしも変人、畸人ではないが、なんらかの『精神的要求』を持ってあるいは大いに世人と交わって俗に徹し、あるいは世を離れて孤高、思いを塵外にめぐらすなど、飄々と世を渡って行くところに、味わい深い風格を見せている。『超俗』と呼ぶ所以である」

『アサヒグラフ』1948年10月6日号に掲載された外骨（筆者蔵）

確かに外骨は明治期より、ジャーナリストとして〝精神的要求〟を持って大いに世人と交わって俗に徹し、飄々と世を渡ってきた、まさに味わい深い超俗人と言える。当時の外骨は、一九四五年五月の空襲で杉並区高円寺の自宅を焼け出され、嘱託事務主任として勤務していた東大法学部・明治新聞雑誌文庫内に妻の能子と二人で仮寓し、四九年九月に文庫を退職するまで丸四年、ここで自炊生活を送っていた。現在では考えられないことだが、文字通り、〝精神的要求者〟にふさわしい文庫の住人であり、超俗的生活者だったわけだ。東大は空襲をまぬかれ、建物もほぼ当時のままだから、写真のようにこのあたりを着流しで歩いていたり、大事な古新聞を詰めたリュックを背負って明治文庫に入る外骨を、ふと見かけるような錯覚を覚えても不思議ではない。

外骨は何度も生まれ変わって〝再生〟する。

外骨の戦後は、敗戦から一年も経たないうちに出版された『アメリカ様』（博報堂・蔵六文庫、一九四六年五月、変形型一八×一二・五センチ、全五九ページの小冊子）という奇妙なタイトルの著作で始まった。一九四六年は一月の天皇人間宣言で始まり、公職追放令、農地改革開始、極東国際軍事裁判開始、日本国憲法公布というめまぐるしい戦後の歴史的改革が始められた年だ。

それにしても、外骨の出版物はいつもタイミングがいい。大日本帝国憲法発布と同時にその非自由民権性を揶揄した『頓智協会雑誌』二八号といい、明治の資本主義発展に伴い権力者の不正・横暴をあばいて大阪庶民から喝采を浴びた『滑稽新聞』、大正デモクラシーの萌芽に乗じた『民本主義』、関東大震災をいち早くルポした『震災画報』などだ。だがあまりにタイミングが良すぎて当局の忌諱に触れ、また多くの人々に理解されず、むしろ「古い話を引っ張り出すなど時代に逆行している」と誤解されてしまうことのほ

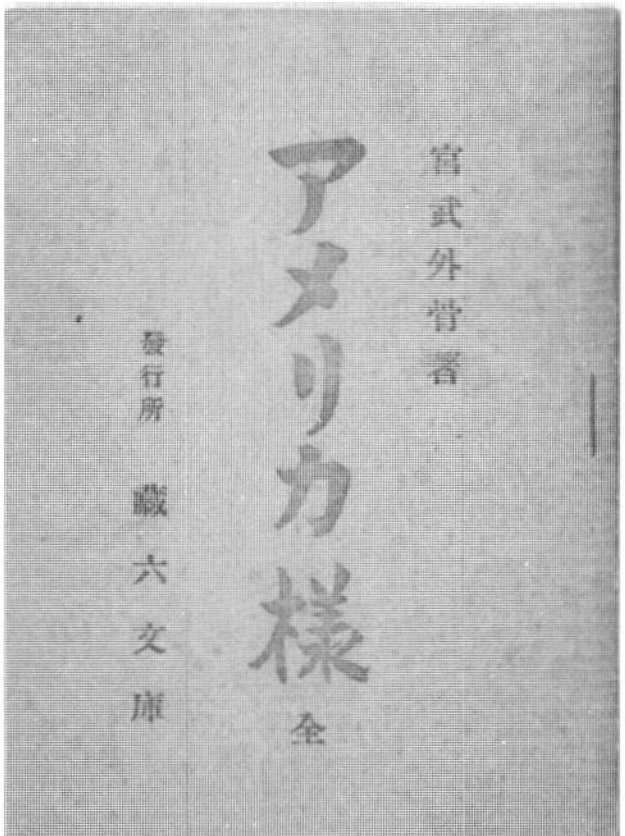

『アメリカ様』表紙（明治新聞雑誌文庫所蔵）

うが多かった。この『アメリカ様』も、軍閥政府崩壊で筆禍こそまぬがれたが、やはりタイミングが良すぎたようだ。

「日本軍閥の全滅、官僚の没落、財閥の屏息、ヤガテ民主的平和政府となる前提、まことに我々国民一同の大々的幸福、これ全く敗戦の結果、この無血革命、痛快の新時代を寄与してくれたアメリカ様のお蔭である。江戸時代の末期、ペルリ使節が浦賀へ来たので、武士どもが騒ぎ出し、永く続いた泰平で、甲冑や刀剣、鞍や鐙を売却して手もとに持たぬ者が多くあり。にわかにそれを古道具屋で買い入れたが、そこで古道具屋が大儲け、当時『武具馬具屋アメリカ様とそっと言い』との柳句があった。この古道具屋の口吻をかりて、今本書の題号としたのである」

例言としてこう書き始め、民主主義がかつての敵国〝鬼畜〟によるものであっても、明治憲法下での軍閥・官僚・財閥が滅びたことを外骨はなによりも素直に喜んだ。敵国であろうが、自分たち国民を苦しめた軍政を倒してくれたのだから受け入れようという庶民のしたたかさを感じる。だがいかに老いたとはいえ、あの反骨のジャーナリスト・宮武外骨が書いたものである。今日の私たちが今なお問い続けなければならない敗戦後論、アメリカによる七年間の占領政策が真に民主的であったかどうかを含め、読者は外骨の喜びようをそっくりそのまま素直に受け取ってもいけない。進駐軍到来をペリーの開国から第二の開国とした外骨だが、この『アメリカ様』は単なるアメリカへの感謝の書などではない。

そこでまず「著者戯れに『半米人』と称す。今年齢八十歳、米寿は八十八、下の八が足りない。そこでアメリカ様の半支配下、半米人と自称するのである」と書くなど、外骨の諧謔・韜晦・反骨精神はまだまだ健在だった。〝敗戦後の日本人は半分アメリカ人〟という、この屈折と自嘲の意味は深い。この痛烈な皮肉は、戦後六十年経てもなお日米同盟の強化・従属という日米関係を考えると、外骨の慧眼・

警告に頭が下がる思いだ。だが読み進めていくと実はその皮肉は他でもない、自分を含めた日本人への痛烈な皮肉と批判の書だったことがわかる。

「官僚や財閥と苟合して無謀の野心を起こした軍閥、その軍閥が我が国を亡ぼしたのであるが、今日の結果から言えば、この敗戦が我が日本国の大なる幸福であり我々国民の大なる仕合せであった。もしも（万一にも）このほうが勝ったのであるならば、軍閥は大々的に威張り、官僚や財閥までもともに威張り、封建的思想の残存で、ますます我々国民を迫害し、驕傲の振舞い、憎々しい態度、肩で風切り、反身になって、サーベルをがちゃつかせるに相違ない。その上、重税を科し、兵役を増し、軍備を倍加し、もって八紘一宇とやらの野心をつっぱり、侵略主義の領土拡大を策するなどで、我々国民はドンナに苦しめられるか知れない。これを思えば敗戦の結果、総連合軍のポツダム会議で決定された我が日本を民主化の平和国とすべき意図の実行で、代表的のアメリカ様が御出張、のみならず、我が国開闢以来、初めて言論の自由、何という仕合せ、何という幸福であろう」（『アメリカ様』「序」）

外骨がいかに過去の軍国主義を嫌い、憎んでいたかがよくわかる。

外骨の出版物はどれも奇妙なタイトルだが、考えてみればこれまた変なタイトルだ。『アメリカ様』の〝様〟に要注意。感謝と同じかそれ以上に、イヤミもたっぷり。占領軍GHQという名の新たな支配者への皮肉が込められているのだ。敗戦後に設置された極東委員会は、戦勝国によって構成されたといっても事実上アメリカ一国による占領政策の一環だったといっても過言ではない。軍が解体され特高や治安維持法も廃止され政治犯も釈放されるなどの改革が進み、天皇制を含む思想・信仰・政治活動の自由な批判や表現が保障された形にはなったが、占領軍に対する批判だけは許されなかった。プレスコード（新聞発行綱領）で禁止され、あらゆる出版物は検閲を受けたのだ。日本帝国主義時代が終わったからといって、表現の自由がすべて保障されたわけではなかったのである。実際、この『アメリカ様』も検閲を受け、それがすんなり通ったわけではなく、同じく一九四六年に発表した『幸徳一派　大逆事件顚末』と併せ、外骨の著書二作はＧＨＱによる検閲で削除を命じられた個所がいくつかあったようだ。明治新聞雑誌文庫で外骨の助手だった西田長寿はこう証言している。

「（略）司令部から一部削除を命ぜられました。それも○×で伏せるのでなく改竄の跡を残さぬように改めよと命ぜられました。先生は何が言論の自由だ、『アメリカ様』など出さなければよかったとくやんでいたようです」（『宮武外骨解剖』第七号、一九八〇年）

アメリカによって初めて言論の自由がもたらされるはずだという国民の期待はほんの束の間で、実際は支配者が軍部から他国の占領軍に移行しただけではないかという気持ちが徐々に噴出してきたと考えられる。外骨が敗戦と民主主義到来を素直に喜んだのは、あくまで敗戦が軍閥官僚政治の終焉を意味したからであって、ＧＨＱ（＝アメリカ）占領下における民主化政策と言われるものをすべて歓迎したわけではなかったのである。外骨の素早くて鋭い懸念や皮肉の意味はここにあったのだ。「何が言論の自由だ」と怒る外骨の顔が目に浮かぶ。

外骨は『アメリカ様』でもう一つ重要なことを言っている。メディアの戦争責任である。

「朝日新聞、毎日新聞、読売報知、この三新聞のほかに日本経済新聞というのがあるけれども、それは第二流に属するもの、右の三新聞が三幅対として床の間に掛けられるのである。この三新聞はマダ、アメリカ様の命令に接していないが、いずれも猛烈に侵攻記事を続載して軍閥、官僚擁護の御用を勤めたものであった。挙国一致、一億一心の強制、もしも反抗らしい記事を書けば、たちまち発行を禁止される恐れがあるので、やむをえず迎合態度であったと弁解するであろうが、それにしても表面から言えば戦争犯罪人に相違ない。徳富蘇峰がやられたのは、毎日新聞所載の論陣が主なものであったとすれば、三新聞の主筆や編集長などもヤラレねばならぬはずだと思う。読売社長の正力松太郎が拉致されているのも、新聞関係もあるようだと見れば二社の社長もまた安全な身ではあるまい。戦争犯罪というのが、戦争指導、戦意激励の行為を言うのであり、その犯罪を罰するのであるとすれば、試みにここ数年の古い新聞紙を披いてみれば、その敵愾心挑発と戦意昂揚に努めた事実が明瞭するのである。それを捕らえて厳罰に処せられても仕方があるまい」（『アメリカ様』「三幅対として東京の三新聞」）と書いた。

明治期、蘇峰が主筆となった『国民新聞』は山県有朋や桂太郎内閣と癒着して政府の〝御用新聞〟と化し、それが外骨には生涯ジャーナリストとして許せなかった。ここで「徳富蘇峰がやられたのは」とあるのは、敗戦後、正力松太郎（一八八五〜一九六九）らと共に東京裁判でA級戦犯に指定されたことを指している。外骨が同業者として最も嫌ったのは、『萬朝報』の黒岩涙香よりも徳富蘇峰（本名・猪一郎、一八六三〜一九五七）だった。外骨は蘇峰をこうも書いている。

「徳富蘇峰は予の最も嫌いな者であり、雑誌の『面白半分』や『公私月報』で数回にわたり痛撃を加えたことがある。この蘇峰が戦争犯罪人として、アメリカ様の逮捕命令を受けたのは、近頃の痛快事であるとしている。この蘇峰は言論界における戦争犯罪人の巨頭であろう」（『アメリカ様』「三幅対として東京の三論士」）

蘇峰も正力も新聞人でありながら保守政治的権力を行使した人物である。だがこの時の外骨の期待は裏切られたような形になり、翌四七年、蘇峰も正力も不起訴となっている。戦後の蘇峰は公職追放となって熱海に蟄居し、忸怩たる晩年を送って再び蘇ることはなかったが、片や正力は戦後、『読売新聞』の拡大化をはかるとともに「プロ野球の父」「テレビ放送の父」「原子力の父」と呼ばれ、財界のフィクサー的な存在となって蘇った。

「我国の敗戦は官僚や軍閥が財閥と結托して軍国主義侵略主義の発展を計らんとしたがモトであるから、彼等が揃って我国を亡ぼしたと断言してよいが、その外に亡国の原因となった事物が種々ある、軍閥が悪いと云うても、その軍閥を跋扈せしめたのは国民である、官僚や財閥の外に、多くの国民が漸次軍閥の悪を増長せしめたのである」(『アメリカ様』「亡国の基と題する絵葉書帖」)

ここには議会政治の無力への批判が込められ、軍閥・官僚・財閥・新聞のみならず、国民にも戦争責任があるとした外骨。軍閥を跋扈せしめ、その悪を増長させた大政翼賛社会、日本国民の罪を指摘したのだ。一部の戦争指導者とは別に多くの国民は戦争被害者とされ、東京裁判で裁かれることはなかったが、戦後、日本人は外骨の言う〝増長させた罪〟と真摯に向かい合っただろうか。一人ひとりが自分の問題としてあの戦争はなんだったのかと問い続けること、外骨が言いたかったのはそのことだと私は思う。それを忘れたのであれば、外骨が自虐的に言ったように、あれから六十年経っても私たちは未だに〝半米人〟ではないか。

断っておくが、外骨は決して〝反米〟主義者ではない。アメリカへの感謝と皮肉という複雑な胸中を表す一方で、同時に外骨は中国に対してこう書いている。

「人に恩人があるごとく、国にも恩国がある。支那は我が日本の恩国である。我が日本国の歴史を見よ。日本の文化はことごとく支那から寄与されたものである。(略)明治時代の日清交戦当時、支那人を軽蔑して『チャンチャン坊主』と呼んだなどは、実に恩知らずな頂上であると思い、今にそのバチが来るであろうと予知していた。果たせるかな、支那侵略の野望が敗れて現在の為体《ていたらく》ざま見ろと叫んでいる者があるはず。恩を知らぬ奴、恩を忘れる奴の末路は、人も国も同じであると知れよ。今さらながらそれを悔悟して、日華親善でなく、支那尊敬の謝意を表さなくてはならぬ」(『アメリカ様』「支那(注・中国)は我が日本の恩国である」)

日中関係が緊迫し、ナショナリズムが再燃し始めている六十年後の今、これを読んで私は、かつて外骨が時代の先端を意識してタイミングを捉えたのは、みんながあの忌まわしい過去を忘れようとしているのに、一人だけ敢えて時代とは逆行し、過去を呼び戻そうとすることの重要性を説いていたのだということに気づいた。国民の誰もがアメリカに目を向け、従属しようとしているときに、過去を振り向かせて中国のことを忘れるなという外骨。『アメリカ様』は現代の私たちに、未来志向で生きようとするときにこそ歴史認識がいかに重要であるかを伝えようとしていたのである。それを無視し、死に物狂いで経済復興に取り組んできた敗戦後の日本の姿を、まるで予想していたかのように……。

だからなぜ今、日本国憲法が、とりわけ九条が改定されようとしているのか、ということもわかってくる。敗戦後、それまでの軍国主義から民主主義国家へと完全に一新されたと信じてきたが、実はすべて一新されたのではなく、アメリカの占領政策と日本の軍閥官僚政治がどこかで繋がってきたことを疑うこともできる。そのヒントが、『アメリカ様』の最後にあった。

「軍閥の全滅はその冥罰であるに、軍閥の侵略主義を支援していた官僚が、今なお内閣に残存しているのは厚顔の至り、一日も早く民主的政治家に株を渡して退去するのが、彼らの国民に対する正当の謝罪法であろう、それにもかかわらず、愚図〳〵して、いつまでも政権を持続しようとするのは、その存在を許されない時勢の到来を無視した破廉恥至極の政権亡者と言わねばならぬ。またアメリカ様より我が国の教科書改定、日本国憲法改正の大業を命ぜられている。虚偽と専制を除去すべき新時代化の編纂、これも民主的政府に委ぬべきことではないか。封建的旧想の官僚輩が関与すべき仕事ではない。いずれにしても、早く退去すべき官僚政府であると叫んで擱筆《かくひつ》する」(『アメリカ様』「官僚政治の打倒はもちろんのことである」)

理想的な憲法が制定された一方で、侵略戦争を遂行した官僚政治は全滅することなく戦後も保守政治の中に脈々と生き残り、「昭和の妖怪」と呼ばれた政治家もいた。アメリカ政府もそれを密かに許して互いに利用し利用される関係を築いていったことを私たちは忘れている。日本国憲法が発布されたわずか数年後には警察予備隊が新設され、さまざまな職場でレッドパージが始まり、サンフランシスコ平和条約・日米安保条約が調印され、自衛隊が発足し(外骨はこの直後に死去)、そして一九六〇年、日米新安保条約が締結される。ちょうど私の親の世代にあたるが、少なからず国民はアメリカの傘の下での再軍備に不安を覚え、反対し、議事堂に押しかけて抵抗した。だが結果的に、まるで日本経済の発展と引き換えのように、憲法九条は徐々に骨抜きにされていったのだった。

敗戦直後に書かれた外骨の『アメリカ様』は、そのことをあたかも予感していたかのようにも読める。その危惧を抱いていたからこそ、その最後に〝旧想官僚〟の退去を叫ぶようにして書いたのではないか。外骨の危惧がまるで的中したかのように、六十年後の今、戦争放棄が〝放棄〟されようとしている。米ソの冷戦構造が終わって、テロ国家との戦いを大義とするアメリカの覇権主義・グローバリズムの台頭。そこに与する日本の姿を外骨が見たとしたら、もう一度どんな『アメリカ様』を書いて現代人を叱責し、覚醒させてくれるだろうか。

伊丹万作

外骨が『アメリカ様』を刊行したのは一九四六年五月だが、その直後、映画雑誌『映画春秋』八月号に「戦争責任者の問題」と題する論文が掲載された。書いたのは映画監督で脚本家の伊丹万作(一九〇〇〜一九四六)である。伊丹はこれを書いた後、結核の病状が悪化し、これが遺稿となった。

伊丹はそこでこう書いている。

「多くの人々が、今度の戦争でだまされていたという。みながみな、口を揃えてだまされていたという。私の知っている範囲ではおれがだましたのだといった人間はまだ一人もいない。(略)一人の人間がだれかにだまされると、次の瞬間には、もうその男が別のだれかをつかまえてだますというようなことを際限なくくりかえしていたので、つまり日本人全体が夢中になってだましたりだまされたりしていたのだろうと思う。このことは、戦争中の末端行政の現われ方や、新聞報道の愚劣さや、ラジオのバカバカしさや、さては、町内会、隣組、警防団、婦人会といったような民間の組織がいかに熱心にかつ自発的にだます側に協力していたかを思い出してみれば直ぐにわかることである」(『伊丹万作エッセー集』より、一九七一年)

「つまりだますものだけでは戦争は起らない。だますものとだまされるものとがそろわなければ戦争は起らないということになると、戦争の責任もまた(たとえ軽重の差はあるにしても)当然両方にあるものと考えるほかはないのである。そしてだまされたものの罪は、ただ単にだまされたという事実そのものの中にあるのではなく、あんなにも雑作なくだまされるほど批判力を失い、思考力を失い、家畜的な盲従に自己のいっさいをゆだねるようになってしまっていた国民全体の文化的無気力、無自覚、無反省、

無責任などが悪の本体なのである」（同）

「『だまされていた』といって平気でいられる国民なら、おそらく今後も何度でもだまされるだろう。いや、現在でもすでに別のうそによってだまされ始めているにちがいないのである」（同）

私はこれを読んで、ほとんど同じ時期に外骨と同じようなことを考えていた日本人がいたことを知って驚き、またホッとした。ただし、外骨は自嘲的である。軍部を増長させた国民の責任を指摘し、天皇や軍部の戦争責任を糾弾する左翼の欺瞞性をも批判し、実質アメリカ一国の占領支配という〝別のうそ〟も見抜いたが、伊丹は外骨よりも謙虚であり、また自省的である。この違いは二人が三三歳という親子ほどの年齢差があることにもよるのだろう。外骨は伊丹の親の世代に生きた者としての責任を追及・批判しつつ、日露戦争以降、罪を犯した子や孫の世代を叱るかのようだ。一方、伊丹は大正末期から昭和の軍国主義の真っ只中で生きた世代であり、だましだまされた世代の中心にいた。すでに肺を病んでいた伊丹は自らの運命を知っていたかのように読める。だからこそ正直で、強烈で、痛切で、読む者の心を打つ。

「私は本質的には熱心なる平和主義者である。しかし、そんなことがいまさら何の弁明になろう。戦争が始まってからのちの私は、ただ自国の勝つこと以外は何も望まなかった。そのためには何事でもしたいと思った。国が敗れることは同時に自分も自分の家族も死に絶えることだとかたく思いこんでいた。親友たちも、親戚も、隣人も、そして多くの貧しい同胞たちもすべていっしょに死ぬることだと信じていた。この馬鹿正直をわらう人はわらうがいい。このような私が、ただ偶然のなりゆきから一本の戦争映画も作らなかったというだけの理由で、どうして人を裁く権利があろう」（同）

当時の日本では、まだまだ多くの国民は混乱したままで、ものがいえるような状態ではなかったし、またできなかったと思う。おそらく外骨や伊丹のように、自らの意見を執筆し発表するという勇気の持ち主は少数派だっただろう。二人は敗戦直後のほんの短い期間に自らの思いを少なくとも何らかのメディアで公言できたのだから、共に例外的な人物だったのかもしれない。この直後に東京裁判が始まり、戦争責任は一部の指導者だけにあるとした。少なくとも伊丹は、天皇も多くの国民も法的に裁かれることなく、またその反省もなく、経済復興だけに邁進する日本社会を見届けることなく世を去った。

全共闘世代にあたる私が伊丹万作を知ったのは二〇歳頃で、外骨を知る以前である。その当時、大学紛争はすでに下火になっていた。シナリオライターの養成所で、ある講師が教科書として使ったシナリオに伊丹万作の『無法松の一生』があった。岩下俊作の原作『富島松五郎伝』を、稲垣浩が一九四三年と五七年に監督した二本の映画を観て、いわゆる社会派といわれるものではなかったが、二〇歳の私でも松五郎のいじらしさに涙したことを覚えている。日本映画とは東映の時代劇やアニメだけではなかったことに素直に驚いた。成人してやっと、日本映画を見直したといってもいい。私の家でも私が小学生の頃からテレビが家に入り込んで、やがて姉がピアノをねだって買ってもらった。ディズニーやビートルズという欧米文化に浸って育った私のような戦後民主主義世代は、いわゆる日本文化といわれるものなどほとんど身近になかったし、あっても真のよさに気がつかなかった。

以後、この脚本を書いた伊丹万作の名を忘れることはなく、折に触れて『赤西蠣太』『巨人伝』などの映画も観た。伊丹のエッセーを読むようになったのはもっと後であるが、外骨の『アメリカ様』を読んだときは、これは伊丹の『戦争責任者の問題』に似ているとすぐに思った。

外骨と伊丹万作の接点は不明である。おそらく、ないだろう。外骨と伊丹が互いの存在を知っていたかどうかもわからない。おそらく、外骨は知らなかったに違いない。外骨はほとんど芝居や演劇、映画などは観なかったからだ。弟子の三好米吉が書き残しているが、外骨は唯一、曾我廼家劇団という関西喜劇だけは好きだったようだ。喜劇が好きなら戦前から日本でも公開されたチャップリンの映画などは気に入ると思うのだが、残念ながら外骨がそれを観たという記録はない。映画に関心がなかったのか、それとも忙しくて映画を観る暇がなかったのか。

大江健三郎は「モラリストとしての伊丹万作」と題してこう書いている。

「かれは同時代の映画界において、おそらくその人間としてかかわる所で孤独であったと思われるが、しかしひとり孤絶して高みにとじこもるというような人間ではなかった。戦中、戦後への長い永い病床の生活は、かれを他人から隔離したが、映画監督としての伊丹万作は、人間の集団のなかに積極的に身をおいて、創造をすすめ、観察し熟考し、集団のために有効な言葉を発する人間であった」(『伊丹万作エッセー集』より)

外骨と伊丹に共通するものは、大江の言うところの「人間の集団のなかに積極的に身をおいて、創造をすすめ、観察し熟考し、集団のために有効な言葉を発する人間」として生きたことだ。そのような人々は決してこの二人だけではなかったと思うが、後の世代の私たちはせめて、敗戦直後の日本に少なくとも外骨と伊丹のような人物がいたことを深く記憶にとどめておくべきだと思う。なぜなら、戦争責任を戦勝国によって裁かれる前に、自分たち日本人自身で総括しようとした稀有な人物だからである。

天皇制

外骨が誤解されていることの一つに、天皇制の問題がある。意外に思うかもしれないが、外骨は天皇制打倒をあからさまに叫んだり、反天皇主義を公言したことは一度もない。二二歳で筆禍による不敬罪に問われた外骨は、明治政府が制定した帝国主義憲法・法律・制度としてのさまざまなシステムに反発し、その頂点には常に天皇制があったのは事実だ。明治憲法下では〝菊のタブー〟の呪縛からどうしても逃れられなかった外骨は、天皇制や天皇個人、皇室についてどう捉えていたのだろう。本心はどこにあったのか。一九四六年一月、昭和天皇は神格化否定の詔書を出し、いわゆる人間宣言をしている。外骨は『アメリカ様』でようやく、「天皇制打倒を綱領とせる共産党」と題してこう言及する。

「去る二月十三日の東京『朝日新聞』には『民主主義革命の展開　野坂参三』と題せる十段ヌキの論文を提出したが、其中の天皇制の問題では、率直に

現在の天皇は軍部と同様に、戦争の最高責任者の一人であり、戦争犯罪人の一人である、もし天皇に、いささかの責任感があるならば、即刻退位すべきである

これが言論自由の範囲であるにしても、囚われた旧想《きゅうそう》の失せない我輩などは、一読悲痛の感が起った（略）天皇制存廃の問題は、各方面に於て論議され、其可否の解決がマダつかず、今後の重大問題であるが、我輩は其存廃のいずれに決定するにしても、官僚の独断でなく、大衆の多数意見ならばそれに服従するが、若し廃止に決定する際は、政治圏外に於て皇室を永久に存続する別途を講じて貰いたいのである」

と書き、野坂のように共産主義の教条に囚われたものではなく、独自の見解として、天皇制の〝政治

圏外の存続〟を願っている。外骨は昭和天皇が戦争責任を免れないと判断していたと思われる。この文章がまだ日本国憲法が制定される以前、極東国際軍事裁判（東京裁判）も始まっていない時期に書かれたという点で興味深い。外骨はジャーナリストとして、明治政府が江戸末期までの庶民の天皇観や伝統文化・宗教を皇国史観に沿って改竄し、国内外の人々を迫害することに異議を申し立てた一方で、江戸庶民文化に造詣の深い風俗文化研究者として天皇・皇室の存在を伝統・文化の継承者として捉え、政治権力の傀儡ではない存続の方法（外骨の言う〝政治圏外の存続〟が日本国憲法の象徴天皇制に当たるかどうかは別として）を訴えている。

戦争責任について外骨は官僚・軍閥・財閥・新聞、そして軍閥を増長させた国民にもあるとし、一方で〝神〟から人間宣言した昭和天皇を戦争犯罪人と明言することは避けている。いずれにせよ外骨は、天皇制は廃止されると思っていたようだ。だからこそせめて天皇を日本文化継承者として尊重し、政治圏外の方法でなんとか存続の道はないものかという〝悲痛な叫び〟を上げたのだと私は思う。

外骨の天皇・皇室観はわかりにくいが、確かに一貫しているようにも見える。一九一九（大正八）年発行の『民本主義』第一号、民本党宣言の綱領第一条に外骨はこう書いている。

「国民道徳の中心として皇室の尊厳を一層高らしめその君民を阻隔する特殊階級を排除する事、盲目的服従の陋習を改め人権を尊重する事、人為の階級を廃し国民の権利義務を平等ならしむ事」

天皇制を破壊する目的ではなく、穏健な民本主義であると外骨は述べているにもかかわらず、『民本主義』第一号は発行から四日後に内務省から発売頒布禁止命令を受け、創刊号即廃刊になってしまう。外骨の目的は〝皇室の尊厳〟などではなく、部落差別に反対し、軍隊を廃し、いわば今日の主権在民・基本的人権にあたるような主張をしているのである。当局もバカではない。明らかに帝国憲法に反していることぐらいすぐに気づく。したたかな外骨が穏健思想を装って「皇室の尊厳を一層高らしめ」などとカムフラージュして書いても、たちまち内務省警保局に本性を見抜かれてしまった。その頃の外骨は「旅行すると刑事巡査が尾行し、宅の門前には昼夜谷中署の巡査が見張り、魚釣りに出かければ同じくついて来た」というから、過激な危険人物として常に当局にマークされていたのだ。二二歳で不敬罪を言い渡されて三年八カ月入獄し、四三歳で大逆事件が起きて社会主義者を支援した自らの身の危険も感じただろう。そしてこの五二歳での『民本主義』発行である。懲りるどころか、これ以後も外骨はあの手この手で反骨精神を発揮し、自己表現と出版活動の継続を図っていく。

敗戦後ようやく書くことができた『アメリカ様』では、もはや七九歳の外骨の思いがいかに感慨深いものであるかがよくわかる。結果的には、外骨が願った「政治圏外の皇室の存続」は一応叶えられたわけだが、東京裁判の結果や、実質的な天皇・皇族の立場、そしてまた近年明らかにされつつある昭和天皇が語ったとされるメモの存在から、戦争責任に対する意見がさまざまに取りざたされている。もはや戦後ではない、とされた時代もあったが、六十年も経っていながらまだまだ日本人は敗戦の意味を語り尽くしてはいなかったのである。今や象徴天皇制となり、皇位継承をめぐって「女性天皇を認める」との意見まで出されたことを思うと、外骨の時代とは隔世の感がある。皇太子妃の〝病〟の真相を受け止めることなく、国民の間に天皇制そのものを考えるという論議はほとんど影をひそめてしまった。象徴天皇制は国民に定着したのだろうか。

部落解放を掲げた全国水平社が誕生する以前に〝人権〟という言葉を使って基本的人権を主張した外骨から学ぶとすれば、〝天皇の人権〟についても考慮すべき時ではないか。国民にとって天皇制とは何か、納税の義務はないが思想・信条・表現、職業選択などの自由を持たず、選挙権も姓も持たない天皇・皇室とは何かを、根本からもっと自由に論議せよと外骨に言われているような気がする。

確かに、外骨の天皇制や戦争責任に対する思いは、今日の私たちにとってわかりやすいものではない。敗戦直後の外骨の複雑な心境は、当時の社会からみればどういうものだったのだろうか。外骨だけが〝異質〟だったのか。

そうではなかった。少なくとも私は、思想的に外骨に似ていると思われる人物がもう一人いたと考える。南原繁（一八八九～一九七四）である。南原は偶然にも外骨と同じ讃岐人である。戦後初の東大総長として、一九四五年十二月から五一年十二月まで、二期六年務めた。この期間はちょうどGHQによる占領時代と重なる。総長として初めて、南原が自主自立を掲げ「新日本文化の創造」と題して演説したのは、四六年四月二十九日、敗戦後最初の天皇誕生日だった。そこで南原は二つの論点を語った。一つは、天皇退位論である。もう一つは、新憲法を意識した、新たな〝人間天皇〟の位置の模索である。外骨は『アメリカ様』で書いたように天皇制の廃止に反対はしないが、政治圏外での存続を願った。その思いと同じように、南原の二つの論点は矛盾しているように見える。だが、今思えばこの精神は当時も今も、最も日本的な合理性のあるものだったと思えてならない。戦争で敗北を味わった日本人としての痛恨の心情と、知識人として戦後日本の創造を誠実に語ったものだと、私は南原のこの演説に改めて感慨を深める。このような、日本人自身が自主的に戦後をどうするかを真剣に考えたことが、団塊の世代として私は、なぜもっと戦後教育の場で語られなかったのかと疑問に思う。

だが、南原の考えは二つの勢力から攻撃される。天皇の戦争責任問題や天皇制廃止をタブーとする保守勢力と、南原を天皇擁護論者と断罪する左翼勢力である。右からも左からも理解されなかったのは、外骨も同様だった。そしてまた戦後日本はGHQの圧力によって、南原の思うようにはならなかった。外骨の言う「アメリカ様」、伊丹の言う「別のうそ」、そして南原の〝理想主義的現実主義〟を否定するような、〝現実主義〟者・吉田茂の手腕が発揮され、有無を言わせずまかり通る。吉田が結局はアメリカの意向に屈して再軍備を許し、世界東西冷戦時代に組み込まれていった敗戦後の日本の姿を見ればわかるように、右も左もなく日本全体がアメリカの傘の下で経済発展を推進させる道を選んだのである。

外骨と天皇制の関係で思い出すのは、外骨が「神州の民」と題してこう書いていることである。

「（略）我日本国民が誇りとする『神州の民』という語は、其価値が下落したように思う、然し他の国々で神として居るのは天帝とかゴッドとか云う唯一の神であるが、我国の神は所謂八百万の神で、竈《かまど》の神様、便所の神様、近くは憲政の神様、選挙の神様、池袋の神様、稲田の神様など多神国である事は、万国に対して誇りとするに足りるであろう」（『一癖随筆』第三号、一九二二年）

かつて日本は多神教であったことを思い出し、誇りを持てと外骨は言う。外骨は暗に、明治以降の政権が国家神道として結びつき、天皇を唯一絶対の現人神（あらひとがみ）と崇め、それを国民に強要したことを批判したのだと私は思う。

この外骨のメッセージは、国が政治や文化・教育の場で特定の宗教に荷担することなく、多様な価値を対等に認めるという寛容な精神に誇りを持てと説いたように私には思われ、実にリベラルでインターナショナルな精神として、八十年余り経った現代の世界においても今なお重要な意味を放つ。

第二章　理想主義（嗤う外骨、怒る外骨）

讃岐平民外骨、明治憲法を嗤う

不敬罪男

移り行く時代に敏感な外骨は、蟻のように時代をつぶさに観察する一方で、鳥のように時代を俯瞰し、社会を見る眼が澄んでいた。その澄んだ眼が、時に時代と摩擦を起こすのである。

宮武外骨という無名の若造が、文明開化の音がする明治社会に強烈なインパクトを与えたのは、少々生意気な讃岐の庄屋の四男坊がヘンな風刺雑誌を出版してちょっとばかり儲かったからではない。できたばかりの憲法にいたずら心で〝諧謔的異議申し立て〟をして、当局を激怒させたからである。大日本帝国憲法という権威の象徴をいとも簡単におちょくり、世間を騒がせた若者として、報道される側に立たされて〝デビュー〟したのだった。

権威やタブーを壊すとどうなるか。新しいものが誕生する。だが、今も昔もそう簡単には問屋が卸さない。すぐさま保守権力が牙をむく。

「ぶっ壊す！」と言って登場し、拍手喝采を受けて総理大臣になりながら、実際はいったい何を壊したのか、本当に壊したのかどうかさえわからない人がいた。あとで考えたら、ぶっ壊すと言いながらそれは自分一人の政治的野心に近いこだわりで、多くの国民にとって創造的破壊だったわけではなく、著しい改革をしたとも思えない。だが一世紀以上昔、「ぶっ壊すつもりはなかった」と弁明しながら、実はとんでもないものをぶっ壊してしまった若者、それが外骨である。

一八八七（明治二十）年四月、外骨が二〇歳で創刊した風刺雑誌『頓智協会雑誌』は売れ行きが好調で、毎月二、三〇〇円の売上げがあったという。若い外骨はいい気になって、吉原通いにも明け暮れる生活だった。二年後、大日本帝国憲法発布。明治維新以後急速に日本が近代国家の仲間入りをしようとしたが、粋な江戸文化や〝幕末ええじゃないか庶民パワー〟の洗礼を受けて育った外骨にとって、自由民権運動の高揚は新鮮なものだったが、その結果として誕生したはずの、自由も民権も程遠い新しい明治憲法は受け入れがたいものだった。

そして問題の『頓智協会雑誌』第二八号（一八八九年二月二十八日発行）は、時代の空気を敏感に読み取った外骨の、庶民の憲法への思いを代弁したものといってもいい。発布されたばかりの憲法を「大日本頓智研法」に書き換え、第一条を、

「大頓智協会ハ讃岐平民ノ外骨之ヲ統括ス」

とし、巻頭の挿絵は、錦絵に描かれた明治天皇ではなく骸骨（外骨）が下賜する風刺画にして発行した。諧謔とはまさにこのことだ。

外骨の本心は期待はずれの憲法を得意のパロディーにしてちょっとからかったつもりだったが、一方で不安もあった。その証拠に、第二八号の裏表紙には、「廃刊広告」を掲載しているのである。外骨の

予感が当たったと言えなくもない。そんなフザケタ広告も含めて明治政府にしてみれば、帝国主義の象徴であり、国家の威信にかけて作られた憲法を二二歳の若造におちょくられたのだから、断じて許すわけにいかなかった。三月四日、第二八号は当局から発行停止となった。

『研法発布ノ囈語《げいご》』と題する戯れ文は、勅語の調子をまねたにすぎなかったが、それが天皇に対する不敬罪を犯したことになるとて、明治二十二年四月二十五日東京軽罪裁判所で、禁固三年監視一年罰金百円の判決を受けた（勾留日数の刑事参入が認められず、投獄は三年八カ月に及んだ）。当時の余は別に他意あったわけではなかったので、この第一審判決に不服で、控訴、上告と争ったが、結局ものにならず、第一審判決通り、石川島監獄で三年の苦役に服したのであった」（『毎日情報』「是本名也」、一九五一年）と後に語っている。そして、明治政府を嘲笑うかのようにこう書く。

「余の反上抗官的性質は民主主義と一脈相通ずるものであって、畢竟、余の本性たりしにもよるであろうが、この事がなかったならば、単なる天性流露、直情径行の楽天主義者、穏健な風刺ジャーナリストとしておわったかもしれなかったのに、このことがあって以来、余は藩閥官僚政治の専断横恣は断じて許すべからずと感じ、新聞に雑誌にこれを極力攻撃し、藩閥・官僚と連なる資本家の悪辣さについても仮借なき筆誅を加えてきたのであった。余は往々にして、近世における奇人の一人として世に知られているようであるが、その一資格は、明治政府によって与えられたようなものである」（『毎日情報』同）

挫折とか悔しさなど通り越して、皮肉たっぷりである。

明治政府は、調子に乗って憲法を揶揄した若者を重刑に処して懲らしめたつもりだっただろうが、それがまさか確信犯的反骨のジャーナリストとして、以後長く、まことに厄介な危険人物に成長するとは夢にも思わなかっただろう。大きな誤算である。外骨のこの筆禍事件は当時の社会に一石を投じた。

『朝野新聞』や『郵便報知新聞』などに裁判の経過が報道されたこともあって、不敬罪になった外骨は、世間のお騒がせ男としてちょっとした有名人になったのである。一八九二（明治二十五）年十一月十二日、刑期を終えて石川島監獄を出獄した外骨を出迎えたのは、両親と兄・友人知人に野次馬を合わせて二〇〇人だったという。

そういえばちょっと前、「インターネットで、既存のジャーナリズムをぶっ壊す！」と言って登場したあの堀江貴文さんが証券取引法違反で逮捕され、三カ月後に保釈金三億円を払って釈放されたとき、東京拘置所の前で彼を待ち受けていたのはなんと六〇〇人の報道陣と野次馬だった。おまけにヘリコプターとオートバイに自宅の六本木ヒルズまで追跡され、その様子がテレビで生中継されたのを思い出した。もはや私たち現代人は、つまらない情報の洪水で健忘症と思考停止状態に陥ってほとんど忘れているようだが、つい最近の話だ。

明治時代はテレビもインターネットもなく新聞・雑誌だけだったが、それでもメディアの影響力の大きさを知った外骨は、三日後の『朝野新聞』に「宮武外骨出獄広告」を自ら掲載する。〝外骨劇場〟の主役としてこれ以後、軍閥政府が崩壊する一九四五年八月まで、半世紀以上にわたって闘いを繰り広げることになるのである。

こんな破天荒な宮武外骨という人物とは、いったいどこでどうやって生まれたのだろうか。

へんこつ

強烈な個性は、その時代や環境といったいくつかの条件がとくに色濃く反映して形成されるようだ。北の瀬戸内海、南の阿讃（あさん、阿波と讃岐を併せた名前）山脈に挟まれた南北に狭い讃岐。気候は温暖。香川は日本でも有数の日照時間が長い県だ。人々の性格もなべて〝ひねもすのたりのたり〟。だがボーッとしているようで計算高くもある。そんな風土から突如として天災、いや天才が現れる。

香川県のほぼ中央にある讃岐平野は、近年では宅地化が急速に進んでいるが、のどかな田園地帯である。高松から琴平の間を走るコトデン沿線の滝宮と羽床駅の間に、阿讃山脈から発し、北の瀬戸内海にそそぐ綾川が流れている。日本中どこにでもありそうな川である。宮武家のすぐ西にこの川が流れていて、川にかかる橋は今も宮武家に因み〝宮武橋〟という名前だ。宮武橋のプレートが取り付けられている橋の欄干から、川を見下ろす。外骨は明治初めの少年時代、この川で魚を捕ったりしてよく遊んだ。アスファルト舗装の土手を廻って河原に下りてみたが、子どもは一人も見かけない。水量は少なく、魚もほとんどいないようだ。子どもが遊ぶのにちょうどいいが、泳ぐには物足りない。明治時代はもっと水量が多かったの

外骨の生家近くを流れる綾川にかかる現在の宮武橋

だろうか。

南に広がる水田とはるか阿讃山脈、西に金毘羅さんの象頭山。北にこんもりした讃岐富士が見え、東には外骨の生家に隣接した竹林が見える。おそらくあの竹林は明治の頃のままだろう。私はこうして今、外骨が遊んだ綾川の河原に立ってあたりを見渡している。そのとき、ぽつんと、「楽天」という言葉が浮かんだ。外骨にぴったりの言葉だと思った。瀬戸内の陽射しはまっすぐで、誰も差別することなく公平に降り注ぐ。こんな穏やかな自然の中で、人々から「川向《かむかい》のボンボン」と呼ばれて自由奔放に育ったら、外骨のような楽天主義のパーソナリティーが誕生するのも不思議はないと、なぜか確信した。

「ワタクシの生れた郷里は讃岐国阿野郡小野村という高松から五里、丸亀から四里、琴平から三里の山間僻地ですが、山川秀麗の気磊落奇傑の才を生ずとはいえ、讃岐は凡山凡川ばかりなので、ワタクシのようなヘンネジ者が生れたのでしょう」（『奇抜と滑稽』第一号「自叙伝式の外骨逸事」、一九二七年）といった身の上話を外骨が始めたのは、一九二四（大正十三）年に東大教授の吉野作造、尾佐竹猛らと作った明治文化研究会第一八回例会の席上だった。

「ブッタタキ奇談をおしゃべりしたが、その際郷里の説明として脱線的に身の上話、例の茶目式を連発して満座を笑わせた」（同）という演説の一説である。外骨が言う通り〝讃岐は凡山凡川〟で、外骨の生家からさほど遠くない町で生まれた私の脳裏に、あの凡庸な風景の讃岐平野が広がった。だが断っておくが、私は戦後のベビーブームに生まれた讃岐人で、〝ヘンネジ者〟ではない（と思う）。外骨はどちらかといえば、磊落奇傑の才に属するはずである。

それにしても当時すでに還暦の外骨が「ヘンネジ者」とか「ブッタタキ」とか「脱線的」とか「茶目

式」といった妙なギャグを連発するからおかしい。外骨のサービス精神たっぷりの語り口が目に浮かぶようだが、参会者はどんな顔をして聴いていたのだろう。笑っていたのか、いつものことと半ばあきれていたのか。それにしても外骨の話はなかなかうまい。文章と似て、言葉が活き活きしているからさぞかし聴衆を惹きつけたと想像する。自分でも得意になって喋ったのだろう。だからつい、みんな最後まで黙って聴いていたのかもしれない。

「ワタクシは慶応三年正月十八日の生まれですが、この年は天照皇大神のお札が天から降ったと云うのがモトで、阪神や四国の愚民共が熱狂的に踊り廻ったのです、向う鉢巻で襷をかけた草鞋穿きの男十数人宛隊を組んで豪農の家に押かけ、その土足のままで座敷に上がり『エージャナイカエーージャナイカ』といって踊る（略）コンナ騒ぎの年に生まれた者ですから、そのエージャナイカの気分がワタクシの性格に成ったのであろうと思います、癇癪と色気もエージャナイカ、過激と猥褻もエージャナイカ、監獄行きもエージャナイカと成り、近年は矛盾不徹底の廃姓外骨、民法違反もエージャナイカ、演説の脱線もエージャナイカというような性格を作ったのでありましょう」（『奇抜と滑稽』第一号「自叙伝式の外骨逸事」、一九二七年）

近年、空海、平賀源内、外骨を讃岐三奇人と呼ぶようだ。香川出身で戦後初の東大総長になった南原繁は、同郷の偉人としてこの三人を挙げている。雑誌『人間探究』第二四号（一九五二年）の「猥褻主義の八十年」と題された記事で、外骨が池田文痴庵のインタビューに答える形で対談し、

「東京大学の総長をしておった南原繁は、弘法大師と平賀源内とぼくとが讃岐の三大偉人だと……（笑）」

と語っている。空海、源内はわかるが、南原が外骨を讃岐の〝偉人〟に挙げたことに私は意外な気がした。

関東大震災で多くの出版物が焼失したことに危惧を抱いた外骨は、広告代理店博報堂創始者の瀬木博尚に相談して東大法学部に明治新聞雑誌文庫を創設し、初代事務主任となるが、一方この頃南原はすでに大正末には法学部教授になっている。ひと回りの年齢差はあるが、東大が二人の接点だった。理想的現実主義学者として清冽なイメージの南原だが、彼は戦後、同郷の歌手で戦後ブギの女王と言われた笠置シヅ子の後援会長でもあった。そんな粋な南原だからこそ、外骨を理解できたのだと納得した。

空海、源内、外骨、この三人に共通するキーワードが三つあると私は思う。

1、マルチ人間。三人とも肩書きを一つでは言い表せない。空海は宗教家にして思想家、旅行家、冒険家、ナチュラリスト、土木建築家、書道家、著作者、国家デザイナー……。源内は蘭学者、博物学者、発明家、戯作者、画家……。外骨はジャーナリスト、パロディスト、出版社経営者、編集者、コピーライター、アートディレクター、明治文化研究者……。また三人とも出自が豪族、武士、庄屋というように、どちらかといえば特権階級に属する。好奇心の塊みたいな性格で、博学・博識の徒。波乱万丈の人生。

2、権力。時の権力者を意識し、パトロンとして利用か対立（監視）している。空海にとってのそれは嵯峨天皇。源内は老中・田沼意次。外骨は明治藩閥政府、官僚など。ただし外骨にもパトロン（資金援助者）はいた。

3、情報。情報の重要性を認識し、特にフィールドワークによる情報収集を重要視している。既存の価値を信じず、自分の目で確かめないと気がすまない性格。

〝へんこつ〟という讃岐の方言がある。変人だが一筋縄ではいかない、骨のある人物という意味だ。〝へんこつ（変骨）〟は〝はんこつ（反骨）〟。保守的と言われながら香川は元来、そう簡単には長いものに巻かれない、権力には屈しない反骨者を生む精神風土を有してきたわけだ。ちょっと意外である。

ところでこの外骨という名前には、強烈なインパクトがある。今でも誤解している人が多いのだが、これは号やペンネームではなく、れっきとした本名である。明治になって戸籍制度が整備されていく過程で、改名が許可される時期があった。一八八四（明治十七）年、一七歳の外骨は幼名の亀四郎を外骨と改めて役所に届けて以後、宮武外骨が本名となる。後年、

「『是本名也』の四字を実印にして居る外骨。外骨随筆の記者外骨、廃姓外骨、再生外骨、自己宣伝の売名手段を弄したので、今は本名が外骨であると知る人には知られて居るが、田舎の宿屋などで宿帳に外骨と記すると、御本名をといわれる。本名を記して疑われるのなら、イッソ偽名を書く方がよいと思い、魚釣りに行って山中の宿屋に泊る時などには宮武四郎と記す事にして居る。厄介の本名であり、奇矯らしくもあるが、出拠はフザケでなく、極めてマジメである」（『帝國大学新聞』一九三四年）と書いている通り、スコブル真面目な改名だったのだ。

漢文の得意な外骨は、中国の古書『玉篇』に「亀は外骨内肉の者なり」とあるのを知り、〝外骨〟は亀の代名詞、これなら親が付けた名前の意味を変えないですむ、それになりより『朝野新聞』主筆の成島柳北のような操觚者《ジャーナリスト》を志す者としてふさわしい、いかにも反骨精神を象徴するような名前だと、自分でも大いに気に入ったようだ。こんなふうに号とかペンネームではなく本名を自分で付けたという例は、他に聞いたことがない。しかも生涯、その名に恥じない生き方を貫いたのだからすごい。

翌年の一八八五年、上京して『孰姉乎妹』を処女出版するが、そのとき作った発行所の名前を浮木堂と名づけるが、これも中国の故事「盲目の亀が浮木にあう」から採ったもの。またこの頃から「讃岐平民宮武外骨」を自称し、以後、生涯これを誇りとし、名乗り続けることになる。

外骨を解明していく上で、比較対照者とするにふさわしい人物がいる。森鷗外(一八六二〜一九二二)である。教科書では〝文豪〟と呼ばれる。外骨より五歳年長の鷗外は本名、森林太郎。石見(島根県)出身。森家は代々津和野藩主の典医で、長男として生まれる。東京本郷の進文学舎(明治初期に東大医学部の予備門としてドイツ語を教えていたが、後に英語や漢文を教える学校となる)でドイツ語を学び、東京帝大医学部、ドイツ留学を経て、陸軍軍医総監、帝室博物館総長などを務める一方、文筆家、翻訳者としても活躍。旭日大綬章、従二位。罰なし。結婚二回、バツイチ。愛人(妾)を囲った経験あり。かなりマザコンで恐妻家としても有名だ。子煩悩で教育パパ。趣味はスケッチと短歌。腎臓病、肺結核で死去。享年六〇歳。墓は三鷹市の禅林寺にある。

片や外骨は、気候温暖な讃岐の裕福な庄屋の四男として生まれる。一七歳で、幼名の亀四郎を外骨と自分で改名して、本名とする。今のところ、どの教科書にも外骨の名は出てこないようだ。鷗外と同じ進文学舎の橘香塾で漢文を学ぶ。文筆業、出版社経営、風俗文化研究家、東大法学部明治新聞雑誌文庫事務主任を務める。賞なし。明治憲法下で不敬罪、官吏侮辱罪、風俗壊乱罪等で入獄四回、発禁・罰金刑多数。結婚(法律婚、事実婚を含め)五回(ただし三回は死別による再婚)。愛人(妾)は持たない主義。マザコンのようでもある。子どもとは死別。趣味は釣りと川柳。老衰で死去。享年八八歳。墓は東京駒込の染井霊園にある。ただし本人は墳墓廃止論者である。

鷗外と外骨の違いは、自らの家系と明治近代国家を背負わされたか否かにある。鷗外の家は代々藩の典医を務めたといっても没落士族で、鷗外は長男・一族のホープというプレッシャーでがんじがらめで、職業や恋愛・結婚など自由な選択の余地がないエリートである。片や外骨は経済的に恵まれてやりたいことがやれたお坊ちゃんで、しかも跡取り息子ではなく四男である。この違いは大きい。帝国陸軍軍医まで上りつめた鷗外がいかに周囲の期待に応えるべく努力し、生きてきたかを考えれば、外骨の恵まれた環境や自由奔放さは対照的だ。明治初期、多くの士族出身者や名家の子弟が志を抱いて地方から上京したが、少なくとも鷗外と外骨の上京時の条件は精神的にも経済的にも両極端で、象徴的な例だと私は思う。

奇しくもこの二人は同じテーマを題材に作品を残している。一九一〇年、天皇暗殺を謀ったとして明治政府が社会主義者を弾圧した大逆事件である。当時、多くの知識人に衝撃を与えた事件だが、鷗外も外骨も大きな衝撃を受け、鷗外は同年に『沈黙の塔』を、外骨はその三十六年後に『幸徳一派　大逆事件顚末』を書いた。二つの作品は発表された時期が異なるから一概には比較できないが、形式も内容も全く違うのは二人の職業的・人間的な特色の現れだと私は思う。鷗外の小説は寓意で、一読しただけでは大逆事件のことなのかすぐにはわからない。外骨のルポルタージュは、冤罪を証明する立場で記録提示に徹している。ここに、文豪と、無冠の帝王であるジャーナリストの違いがある。自分が考える真実を表現して提供する作家と、事実を提供してそこから真実に迫ろうとするジャーナリスト。両者は似て非なる職業だ。古来、どうも日本人は自分で真実に迫る訓練が足りないから、作家の想像力に頼ろうとする傾向にあるのだろうか。

平民主義・反差別主義

外骨の性格には、理屈ではなく感覚的なものとして、強い者への反発心と同時に弱い者への同情心が顕著にみられる。さらに言えば、子どもの頃から身近に見聞きして敏感に感じ取ったであろう、不当な差別を受けて苦しむ被差別部落民への、どこか親近感というものもあったのではないか。その親近感が時々無意識に相手への甘えや、それが時には優越感と誤解されることもあるが、外骨の正直な心情があくまで差別を憎むという立場に導いたことはよく理解できる。

外骨は少年の頃、宮武家の領地内の被差別部落に住むお鶴さんという美少女に心を奪われた。後に「新平民の娘　眉目清秀の評判美人」と題する一文に、「階級思想の失せない旧弊人は、四民平等という開明時代でありながら、今尚穢多非人と侮蔑して、是等と交際するを避け、酒食は勿論言語をかくるをも汚らわしいとする者が多い」(『面白半分』一九一七年）と冒頭で一喝したあとで、

「村の氏神の祭日に、このお鶴さんが木綿着物に化粧なしで参詣すると、紅粉綾羅の盛装者も一同顔色なしである、『あれが穢多の娘でなかったならば』とはお鶴さんの顔を見た人毎の定評であった、予も青春の血が湧くと云う年頃であったので、途上ゆくりなく出逢った時、お鶴さんが腰を屈めて挨拶し『若旦那様、御機嫌様』と、所謂明眸皓歯で、嬌羞を帯び微笑を湛えつつ此方の顔を見た時には、暫く心気恍惚として、郷党の名聞も慈愛の両親をも捨ててしまおうかと思った事もあった」と書いている。

少女の美しさにボーッとなって見とれている亀四郎坊ちゃんの顔が目に浮かぶようだ。しかしこの時にすでに少年外骨は、少女と自分の間には相容れない運命の壁というものの存在を敏感に感じ取ってい

たのだろう。その壁の正体が封建的被差別階級を温存させる社会そのものである一方で、人の心の中に住み着いて離れようとしない旧弊思想であり、このほうがさらに厄介であることにも気づいていたのではないかと、この短い文章の中から読み取れる。

「宮武外骨自叙伝」（『書物展望』一九五〇年）によると、父・吉太郎は義侠心に富み被差別部落の小作人にも慕われ、「元来、父は穢多や非人をいわれもなく差別待遇することを好まなかった」とある。父のその姿を見ていた外骨もまた子どもの頃、〝穢多〟の子どもたちと川で魚を捕ったり酒を飲んだりするようになる。

「明治十年は、兄二人と共に、自宅で家庭教師に就き、四書中の『大学』の素読を教わった。この頃、予は毎年夏になるごとに、母から二円を貰って網を買い、前記の綾川で鮎とりを楽しんだのであったが、網のスソがうまく河底に達せず、川石などの上にのると、そのスキから鮎が逃げるので、いつでも、近くにいる穢多に手伝わせて、得物を逃がさぬようにした。そして獲った鮎を河原で塩焼きにして、一升金十銭なりの酒を買ってこさせ、一所にのんだこともあった。ところが、これがたちまち大評判、川向の小ボン（注：外骨のこと）が、穢多と一所に酒を飲んでいたと人々から騒がれた。予は面白いのでますますやった。母は、末の男の子のこととて予を可愛がったが、さすがに、これには閉口して、『どんなことをしてもよいが、穢多とサカモリすることだけはやめなさい』と叱られたのであった。予の無軌道ぶりはソロソロ芽を出しかけていたらしい。」（『書物展望』「宮武外骨自叙伝」一、生い立ちの巻、一九五〇年、西田長寿氏の口述筆記）

ガキ大将的な態度ではあるにせよ、正直で、偏見というものを持たず、誰に対しても人間として公平・対等であろうとした外骨の生来の平等意識は、やがて〝平民主義〟として生涯の思想的バックボーンとなる。

〝穢多〟の子どもと一緒に遊んで母に叱られた外骨だが、長じて全く別の人物を自分と対等に捉えて不敬の罪に問われた。その人物とは、明治天皇である。『頓智協会雑誌』第二八号で、明治天皇と讃岐平民・外骨とを同列に置いてパロディーにし、近代国家を謳いながら自由・民権思想とは名ばかりの帝国憲法の欺瞞性を衝いた例の〝戯れ文〟は、天皇個人に対して一切の悪意はなく、千載一遇の大典を敬祝したものと外骨は法廷で苦しい弁明をするが、神格化された天皇を頂点として華族制度を遺した明治維新後の社会にも厳然と差別があるではないかと暗に批判したことを見抜かれたのだ。二二歳で不敬罪に問われたことで、被差別者への単なる同情心を超えて、天皇を敬い穢多非人を蔑む多くの国民の意識に、差別の根深さがあると確信した外骨の長い闘いが始まる。

「予の先祖は備中の穢多であるそうな、予は讃岐の小野という村で生まれた者であるが、予の先祖は今より五六百年前に、備中から讃岐へ移住した者であったので、当時近所の者共は『他国から移住する奴にロクナ者はない、いずれ穢多か、さもなくば人を殺して逃げて来たのであろう』と言ったそうである、現今讃岐には宮武という姓の家が数十軒あるが、他の国には無い、只備中だけにはあるというから、或は予の先祖は備中の穢多であったのかもしれない、だが予は穢多と呼ばれた特殊部落で生まれたのではなく、予の実父は庄屋様という役を勤めた立派な農家である（略）」

という衝撃的な一文で始まる自跋を掲載した『筆禍史』（一九一一年）は、時の権力者の忌諱に触れた事例を集めた中世・近代史であり、自ら筆禍の経験を持つ外骨が筆禍を受けた者に身を置き、共感を込めて書くにふさわしいテーマだった。外骨の著作を代表する名著となったが、両親の死後に宮武家当主となった兄や親類たちがその自跋を読んでいかに驚き、呆れ、激怒したかは想像に難くない。幕末時には五百石の小作収入があったという讃岐の庄屋の息子として生まれた外骨が、なぜこんなウソを書いたのだろうか。その自跋の最後に外骨はこう書いてトボケている。

「自跋と題して跋らしくもない身の上話や予告メイタ事であるが、本文がアマリ角ばり過ぎた簡単文句であったので、チョイト柔かくお笑い草として、穢多ではない、ヘタ長い事を並べて置くのである」

四四歳で『筆禍史』を書いた六年後（一九一七年）に『つむじまがり』を出版するが、『国民新聞』に載せたその広告文にはまたしても「浅学博士　宮武外骨著『旋毛曲』、宮武外骨は穢多の子孫」などと書かれていて、それを読んだ郷里の宮武家の親戚からこんな抗議の手紙が届いた。

「(略) 実に実になさけなく誠に心外に候、如何に御生活の種とは申しながら、宮武外骨は穢多の子孫なりとは何事にて候や、私は宮武家に生れたれども、未だ穢多の子孫と云ふ事は耳にしたる事無之候、常にウソは云わぬ、直情径行の御精神にておはせる貴方様が、如何に旋毛曲がりなればとて、かかる事を御筆に遊ばすは、何が為に候や」

いったいどういうつもりか！　と外骨に詰問する親戚某は、もはや怒り心頭に達しているのである。本当に外骨はどういうつもりだったのだろう。親戚某の怒りはまだおさまらない。さらに、

「誠に迷惑至極に候、それも真実の事に候はば、何も悲観は致さず候へども、貴下様の御生活の為に、斯る事を広告されては、宮武家一門三百人の大迷惑と存じ候、貧乏暮らしの者は兎も角、相当資産を有する数多の親戚はさぞかし残念に思う事と相察し申し候……」

それにしてもちょっとイヤミな親戚である。旋毛曲がりの外骨は『スコブル』第一〇号（一九一七年）にこの手紙を公開し、最後にこう書いて親戚某に反撃している。

「予の親戚中にも、今尚斯かる旧弊思想の脱しない者がある位だから、予は飽く迄も穢多の子孫なり

と叫ばねばならぬ」

〝穢多《えた》〟とは中世の権力者がつくった謂れのない封建的差別階級を示すものだが、外骨は明治政府がそれまでの士農工商・穢多非人という階級制度を四民平等に改めても依然根強く残る差別の現実を知り、憤慨していた。おそらく外骨は、差別される側と同じ立場に身を置くことでより説得力をもつと考え、そう書いたのではないかと推測する。〝部外者〟としてではなく、あくまで自分のこととして考えることのできる傑出した想像力の持ち主なのだ。

近代史を紐解けば、こうした過酷な境遇の者たちを看過することなく、彼らの現実に身を置き、共に闘おうとした人物は外骨以外にも思い起こすことができる。まず〝東洋のルソー〟と呼ばれ、自由民権運動の理論的指導者で明治の思想家・ジャーナリスト・政治家だった中江兆民（一八四七〜一九〇一）がいる。兆民は土佐藩足軽の子で士族出身だったが、一八九〇（明治二十三）年第一回衆議院議員選挙で大阪西区から出馬し、被差別部落民の支持を得て第一位で当選している。ちなみに兆民の弟子が同じ土佐出身の幸徳秋水で、秋水という名は兆民の号を譲り受けたもの。

また明治の政治家・田中正造も一九〇一（明治三十四）年には議員を辞職し、足尾銅山鉱毒事件で苦しむ農民や住民の苦悩を看過できず、彼らの先頭に立って運動にその生涯を捧げた。

やがて日露戦争を経て当局によるさまざまな弾圧が強固になり、社会は息苦しいものになっていく。一九〇六年に発表された島崎藤村の小説『破戒』で、藤村はフィクションではあるが被差別部落に生まれた主人公・瀬川丑松の苦悩を描いた。

（注・穢多《えた》＝かつて社会の最下層に置かれた人。特に江戸時代、非人《ひにん》と共に四民（士農工商）の下の民とされ、不当に差別を受けた階級の人々。一八七一（明治四）年、明治政府の解放令によって身分制度が廃止されたが、賤視と差別が解消されたわけではなく、とくに「えた」という言葉は被差別部落出身者に対する蔑称としていまなお使われ、差別の温存・助長に大きな役割を果たしている。）

差別者に対する外骨の怒りは時にストレートすぎた。まだ全国水平社が創設される以前でもあり、当然ながら多くの共感を得たわけではなかった。差別する側の反感や無関心ならともかく、ときには外骨に一定の理解を持つ側からも疑問や批判の声があった。

『滑稽新聞』第一四三号（一九〇七年）の「滑稽記者一本頂戴す」という記事で、外骨は読者から差別認識の甘さを指摘された投書を、そのまま掲載した。

「七月五日発行貴社新聞記事『穢多芸人、穢多の浪花ぶし道、穢多仲間』を読みて（略）苟も社会の革新を計りつつある貴社新聞にして今尚ほ斯る穢多なる名称の下に彼等を侮辱するとは何たる非理の甚しきや、余は貴社前途の為め最も遺憾とする所、貴社にして三度茲に思を回らさざれば不日頭上に一大打撃あらんも計り難し、貴社幸に反省せよ」

この投書は、前号で外骨が穢多という言葉を使って役人や議員を罵倒したのだが、不用意に連発したことを批判したのだ。それを無視することなく公開し、素直にこう反省している（ただし自分が差別者ではないことは弁明している）。

「滑稽記者小野村夫は往年在郷の折、新平民即ち穢多なる者に対して特別の愛を加え、又総ての用便に使役し、尚或場合には共に酒酌み交わすなどして、頑陋の親族連に嫌われるのも厭はなかツた位であるから、旧穢多なる者を侮辱する精神は少しも無いのである。随ツて前号記事の如きも、階級思想を以て書いた訳ではなく、いわば一種の罵言に過ぎないツモリであツたのだ。シカシ斯く注意されて見れば、某氏と同一の感を抱く人も多いであろうから、今後は一切『穢多』なる語を用いないことにする」(『滑稽新聞』第一四三号)

この時の投書は東大明治新聞雑誌文庫に現在も保管されている。「穢多問題を読みし刹那の実感」と題され、「小倉　上田友次郎」と署名されたこの毛筆書簡を丁重に扱ったことからでも、外骨がいかに差別問題を重視していたかがわかる。文庫には他に「新平民問題新聞切抜き」と書かれたスクラップ帖も残されている。

だがその後も外骨が〝新平民〟や〝穢多〟などという差別用語を頻繁に明記して使ったのは、被差別者を傷つける目的ではなく、差別の実態を直視せず表面上は差別など存在しないとする政府や社会の欺瞞に対する抗議の意味が込められていた。自分は差別者ではないと理解を求めるためにも、急進的と批判されようと、外骨は差別社会への攻撃はやめなかった。大正デモクラシーとともにさまざまな解放運動が活発化し、外骨の平民主義も進歩していく。一九一四(大正三)年、大阪の被差別部落民が外骨を訪れ、「一般民迷想打破」を目的とした部落問題の雑誌を発行したいので外骨に顧問か主筆になってほしい、と依頼してきた。差別を受ける者自身が立ち上がったのだ。外骨はそれを受け、泉州、奈良、和歌山、神戸などの部落実態調査に赴く。翌一五年、『新平民雑誌　穢多』を発行。

「緒言　予は幼少の頃から穢多と呼ばれて居る新平民に同情を表する者である、(略)新聞に雑誌に著書に、折があれば穢多の事を書く、それで近年は荊妻に『アマリ穢多に同情したことを度々書くと、宮武外骨は穢多に違いない、穢多だからアー穢多を贔屓にするのだろうと云われるかもしれませんよ、イイ加減にお止しなさい』と諫言される、予は『穢多と云われても構わないじゃないか、穢多が何だ』と云い返して居る、それで今度は片々たる小雑誌ながらも、独立した本誌を発行する事にしたのである」（『新平民雑誌　穢多』一九一五年）

かなり開き直っている感じだ。その勢いで、

「予がエッタはんなら今頃はモッタはんに成って居る、何時も貧乏なのがエッタでない証拠だが、仮令エッタと云われても、モッタ病の雑誌発行好きとエッタ贔屓の論壇を公表する癖はメッタに止まない」などとも書いている。

本心は極めて真面目なのはわかるが、外骨を理解しない者には不謹慎な語呂合わせを交えて面白がっているとの誤解を招きかねない。

外骨はこの雑誌で「土百姓共の旧弊思想」と題して香川県内で起きた差別事件を取り上げている。『滑稽新聞』の時の投書を忘れたのか「讃岐の土百姓共には旧弊思想の失せない劣等人が多い」とこれまた不謹慎な表現を用いている。

「其土百姓の迷想を打破するのは『穢多と称して人を侮辱する者は一年以上の懲役に処す』との法律条文でも設けて旧弊人を膺懲したいと思う」と怒りを顕にして、不当な差別を解消するには法的な制裁を加えるしかないと提案している。このことは現代から見ても貴重な指摘だろう。

一九一九年、吉野作造と出会った外骨は政治結社・民本党を結成し、雑誌『民本主義』を発行。綱領第一条に「人為の階級を廃し国民の権利義務を平等ならしむ事」と書いているが、これこそ外骨の平民主義である。二二歳で不敬罪となった讃岐平民・外骨が五二歳で到達した理想の世界を描いたものだが、言論の自由や徴兵制撤廃などを謳った『民本主義』第一号は外骨が予想した通り発売禁止となった。

それから九十年近く経た今、外骨の言う「人為の階級」は真に廃されただろうか。「平等」という言

葉も、かつて外骨が希求した時のように輝いてはいない。

権力の横暴と闘う『滑稽新聞』

六つの〝主義〟

外骨の魅力をひとことで言うと、〝過激と愛嬌に満ちた反骨精神〟である。過激と愛嬌を同時に持つなんて、普通の人間にはとてもできそうにないが、外骨の中では過激であることと愛嬌があることは矛盾しない。元来備わった性格なのか、それともジャーナリストとしての戦略か、表現テクニックなのか。

いつの時代も現代人が先人を、時代の価値観に左右されず、過大にも過小にもすることなく評価するのは難しいことだが、とりわけ外骨のような人物を真に理解するのは至難の業だ。外骨自身、他人にそう簡単に理解されるより誤解されるのを好んだふしさえ感じられ、タチが悪いのだ。というのも、既存の組織やイデオロギーに属さず批判し表現し続けたこと、また興味の対象があまりに広範囲だったこともある。ただし表現の自由は許されない時代にあって、それをどこまで為し得るかが外骨の闘いだ。一貫しているのは、表現は検閲との闘いだから当局とスレスレまで譲歩することなく、必ずどこかで自己を貫き表現し続けることだった。権力を批判しつつ、しかも権力に抹殺されずに生き抜くにはどうすればいいのか……。そこで思いつき、編み出したのが外骨流〝韜晦〟である。言いたいことを言うために、その本心を笑いや風刺で包んで表現し、いったい何者なのかわかりにくくしてしまうこと、つまり正体を隠すこと。

そんなわかりにくい外骨だが、わかりやすく、簡潔に、しかも本質を捉えたキーワードがある。自分が出した雑誌のコピーが、そっくりそのまま生涯の理念になっているのである。

「哲学上よりいえば本誌は即ち理想主義と称すべく政治上よりいえば進歩主義、経済上よりいえば実利主義、宗教上よりいえば楽天主義を持し、更に進んで編輯上よりいえば遊び主義にして、発行上よりいえば金儲主義なり」

これは一九〇一（明治三十四）年、『滑稽新聞』創刊号に掲げられた六つの〝主義〟である。これを私流に翻訳すると、

「世の中はこうあってほしいという高い理想を持ち、何事もリベラルな視点で、ただし利益・収益を得るには堅実で、希望を失うことなく自分を信じ、常に心のゆとりを持ってユーモアを忘れず、遊び心を取り入れて表現の自由を獲得し、それで雑誌が売れて儲かったらまた次の雑誌を出す。その繰り返し。それが我が人生」ということになる。雑誌の趣旨の口上という体裁だが、これは同時に自らのジャーナリストとしての志であり、外骨の生涯を貫いた理念だと私は思う。

主義という言葉を連発しているが、本心を言えば、自分は主義など持たない主義、つまり主義というものを笑い飛ばしているのだ。生涯、特定のイデオロギーや組織に収まらず自由に生きようとした外骨流の皮肉が込められている。富国強兵が掲げられた時代の圧迫感から人々と自分を解放しようという精神が感じられて、すがすがしい。藩閥・軍閥主義、帝国主義の時代にこれを言うことの痛快さ。「過激にして愛嬌あり」をキャッチコピーに謳ったこの『滑稽新聞』が、外骨の生涯で最も売れた雑誌となっ

たこともまた痛快である。成功の理由は、外骨という強烈な個性のほかに、出版された時代と場所も無関係ではなかっただろう。少なくとも『滑稽新聞』が発行された八年間、明治の拝金主義という時代と大阪庶民が、一人の若くて勢いのある〝けったいな〟パーソナリティーを歓迎し、育てたとも言える。

宮武外骨といえば『滑稽新聞』、『滑稽新聞』といえば宮武外骨である。私はこの雑誌のオリジナルを一〇冊しか持っていないが、復刻版よりオリジナルのものを手にするほうが私はなぜかワクワクした気持ちになる。経年の汚れやイタミも、私にとっては希少価値、付加価値なのである。

私の手もとに外骨の出身地、香川県綾川町（旧綾南町）教育委員会が一九九九年八月一日に作成した『綾南町教育委員会所蔵　宮武外骨　著書・資料類目録』がある。それによると、町は現在『滑稽新聞』を一五〇冊所蔵している。私はこれまで何度か教育委員会の外骨関係書物・資料を保管している書架を見せてもらったことがあるが、私の知るかぎり、東大の明治新聞雑誌文庫に次ぐコレクションである。『滑稽新聞』全一七三号のうち、第一〇一号から第一一九号までと、第一三一号から第一三四号までの二三冊が欠号しているが、それでも一五〇冊の『滑稽新聞』をズラーッと並べて眺めると、スコブル壮観である。なんといっても表紙のデザインが百年前のものとは思えないほど、斬新なのである。

創刊号から第六八号までが写真版で、和服の女性（おそらく芸者や舞妓）や風景写真が使われ、第六九号から第一七三号の〝自殺号〟までが絵師による美人画やポンチ絵といったもので色刷りである。大きさは今の週刊誌より若干大きめで、広告以外の本文はだいたい二〇ページ、挿絵もたっぷりだ。やや俗悪さを覗かせてはいるが、それもこの雑誌の良さだろう。表紙のポップさといい、内容の奇想天外さといい、現代の感覚で捉えても新鮮味を感じさせる魅力的な雑誌だ。それにしても明治時代に、こんなにビジュアルでスタイリスティックな「過激と愛嬌」あふれる雑誌を歓迎した読者がいたことがすごいと思う。

明治三十四年一月の創刊号から四十一年十月に第一七三号の〝自殺号〟を出して廃刊するまでの約八年間、外骨三四歳から四二歳という最も脂の乗り切った男盛りに、滑稽新聞社を中心として取材、執筆、釣り、警察、裁判所、監獄、料亭、そしてまた取材……といった毎日。早い話が、大阪中心部をぐるぐる廻ることに明け暮れ、ジャーナリストとしての才能を思う存分発揮、というか暴れまわったのだった。滑稽新聞社は創刊当初、西区京町堀通四丁目二十八番邸の印刷業・福田友吉の住居だったが、翌明治三十五年五月の第二九号から西区江戸堀南通四丁目十番に移り、廃刊までそこが滑稽新聞社兼、外骨の自宅だった。

現在その場所は大阪市西区江戸堀二丁目の交差点となっていて、大阪市教育委員会によって「宮武外骨ゆかりの地」と書かれた記念碑が一九九八年に建てられている。その石碑には、

「近代の風俗研究家である宮武外骨は、明治三四年から八年間にわたり、この地で滑稽新聞を発行した」

と彫られ、その横には外骨の顔写真の入った詳しい説明版もある。今はオフィスビルが建ち並び、車

「宮武外骨ゆかりの地」記念碑、1998 年に大阪市教育委員会が建立

がひっきりなしに行き交う何の変哲もない都会の一角だが、そこに立ってあたりを見渡すと、時間が百年前にタイムスリップして、私は羽織袴姿の外骨がふいにこの通りを歩いてくるような錯覚を覚えた。

明治の近代化はさまざまな改革や資本主義を発展させる一方、権力者の不正・腐敗・横暴と、人々の心に拝金主義をもたらした。『滑稽新聞』で外骨の筆誅の餌食にされたのは、〝悪徳〟政治家や官僚、府知事・警察署長・郵便局長などの役人、インチキ広告で儲けた薬業者、大新聞からユスリ・ハッタリ新聞までの〝堕落〟同業者たちだった。主筆・小野村夫（外骨）が八年間にわたり『滑稽新聞』で攻撃・告発した〝事件〟の主だったものを並べると、「結核薬『肺労散』発売業者告発キャンペーン」、「安治川水上警察署長収賄疑獄事件」、「西警察署ユスリ刑事告発事件」、「東警察署ユスリ刑事告発事件」、「大阪府知事告発事件」、「大阪郵便局長攻撃キャンペーン」などである。それとは別に、外骨がこの雑誌で最も重要な告発をしたのは、日露戦争への痛烈な〝野次〟だと私は思う。当時の新聞雑誌のほとんどが政府の主戦論・開戦論に傾いていく中で、『平民新聞』と『滑稽新聞』はあくまで反対した。非戦主義者としての外骨の諧謔的な闘いが誌上で繰り広げられたのだ。それはまぎれもなく戦争の不条理とメディアがリアルタイムで闘った、近代史に稀に見るジャーナリズムの誇るべき歴史でもある。

そんな闘いぶりが大阪庶民の話題になり、『滑稽新聞』がますます販売部数を伸ばし読者に歓迎される一方で、苦々しい思いの権力者からしっぺ返しを受けないはずがない。『滑稽新聞』の筆禍は後続の『大阪滑稽新聞』も含めて、官吏侮辱罪・風俗壊乱罪・秩序壊乱罪などによる発行停止四回、発禁・罰金一六回、外骨本人の入獄二回、関係者の入獄三回といった厳しいものだった。なおかつこの筆禍の詳細を誌上で連載するわけだから、外骨はジャーナリストとして事件を取材しながら、事件を告発した結果、筆禍を被って闘う自分自身もまた報道する対象としたのである。したたかといえばしたたかだが、まさに体を張った闘いだった。

そんな中で『滑稽新聞』の闘いを象徴するような最も痛快な事件を紹介しよう。

警察署長収賄事件

「安治川水上警察署長収賄疑獄事件」の発端は、一九〇四（明治三十七）年一月二十五日発行の『滑稽新聞』第六五号の「警視荻欽三」と題した記事から始まった。

「本月十一日、市内西区九条町頓馬坊主と云へる匿名にて、我社へ左の投書あり」として、投書文をそのまま掲載した。

その概要とは、安治川水上警察署長の荻警視が河川運航会社から賄賂を取って営業許可をしているというもの。投書の主の〝頓馬坊主〟とはおそらく同業者で、どうやら内部告発のようだ。荻は大阪航運会社の山松という業者から賄賂を取って営業を許可し、先に申請していた森田という業者を不許可にした。怒った森田の関係者が荻に抗議に行くと荻は狼狽して双方を呼び出し、このまま示談にしなければ両方とも不許可にすると脅したというのである。この背景としては、ちょうど前年に大阪で内国勧業博覧会が開かれ、水の都の交通手段にふさわしいモダンなポンポン船が庶民の人気となり、次々と運航会社が設立されていたことがある。実にタイムリーな投書だ。

外骨の記事はこれで終わらない。この投書を、大阪地方裁判所検事局手塚太郎検事正に送ったことと、その理由も記事に書いたのである。外骨がこれまで「ユスリ刑事」の一件など不正役人告発記事として暴露していたことを、ずっと苦々しく思っていた手塚検事から、こう言われた。

警察内部の悪事を告発記事に書く際には事前に自分に報告してほしい、そうすれば直ちに憲兵に依頼して調査させる。証拠を押さえた後で記事にすれば『滑稽新聞』の信用も上がるというものだ。当方に無断で記事にすれば不正者がすぐに証拠隠滅し、『滑稽新聞』の記事が虚報になるではないか……、といった内容の、まるで『滑稽新聞』の社会的信用まで心配してくれるような〝親切な〟忠告を受けていたのである。証拠隠滅を謀ろうとするのは検事局とて警察と同じ穴のムジナ、身内のかばい合いに察しがつかない外骨ではない。だから外骨は検事のその奇妙な〝オフレコ〟の苦言・注文を逆用することを思いつき、そのことも記事に入れたのである。いわば投書と検事のオフレコのWスクープだ。その上で、外骨は最後にこう書いて締めくくった。

「読者乞ふ刮目して次号の出づるを待て　右は予輩が此一事を賭して、手塚検事正の真意を試みんと欲する最後の手段なり」

検事が荻警視の収賄の一件を憲兵に調査させて詳細を広く市民に告示するかどうか、試したのである。まるで挑戦状である。

役人根性の抜けない小心な検事がこれを読んで激怒し、反撃に出たとしても想像に難くない。この第六五号が発行された三日後の二十八日、外骨は予想通り手塚検事から「相尋ね度儀有之候に付当局へ出頭相煩し度候云々」といった召喚状を受け、検事局へ出頭した。この時のことを外骨は二月十五日発行の第六六号に「荻警視収賄事件」と題した記事で続報する。「手塚検事正は例の八方美人主義の態度を以て、温顔静かに告げて曰く」と書き、それによると、荻は山松が持ってきた賄賂を三日後に返したと手塚は言うのである。即座に返したのならいざ知らず、三日もたってからというのはもはや収賄罪は成立するのではないかと外骨は反論したが、

「三日も留置くから世間の嫌疑を受けるのだ、官吏服務規則を心得ぬ事もあるまいと、大いに叱って

置いたが、又手続書（始末書）も書かしてある」と手塚は言う。それなら、せめて免職にしてはどうかと外骨はさらに食い下がる。「免職の申告は本官の職権には無い。然し本件の顚末は知事に報告する」と手塚は逃げる。外骨はとても納得できないが、「斯かる始末にて、水上警察署長荻警視に対する本社の告発は、結局不得要領にて了りたり」と一旦引き下がることにした。こうしたいきさつを、また第六六号に書いた。

　ところが、第六六号が発行された翌日の十六日、外骨の下に検事局から第六六号の記事に事実無根の部分があるから取り消すよう要求書が届いたのである。外骨はこのことを二月二十五日発行の第六七号で「官吏侮辱と人民迷惑」と題してこれまた続報。それを要約すると、外骨がこれまでのいきさつや検事とのやり取りを第六五、第六六号で読者に詳細に伝えたことが、結果的に自分に対する悪質な挑戦だと怒った検事が外骨を官吏侮辱罪で起訴したのである。まあ確かに、挑戦ととられかねない部分はある。それが『滑稽新聞』であり、役人の〝オフレコ〟話など通用しない「過激と愛嬌」のジャーナリスト・宮武外骨的手法なのだから仕方がないのである。市民には知る権利があり、ジャーナリストには報道の自由があると考えた外骨が正しい。だが、事は百年前の話だ。外骨の信念が通用するような社会ではなかった。もはや後には引けない外骨、

「肝癪過激狭量《きょうりょう》不貸《ふたい》も時と場合に因るとの見識は、到底俗吏共が夢想にも及ばぬ所であろうから此処上出来と褒めて貰いたい」

　などと自信たっぷりに書き、早々と読者にこう宣言する。

「初号以来予の筆鋒、予の意匠を愛されて居る皆さんの中には、不在中の編輯或はお気に入らぬかも存じませんが、ソコは久しい間の御贔屓分に免じて、暫くシノンデ貰いましょう、長くも一年三カ月の

後には必ず出獄して来ます」

　こうして滑稽新聞社・官吏侮辱事件公判は二月二十六日、大阪地方裁判所刑事第二部で開廷され、外骨を支援する弁護団ともども外骨は無罪を主張するが、三月二日、「重禁固一月十五日ニ処シ罰金七円」という判決が出た。外骨は不服で控訴。三月四日の『大阪朝日新聞』にその判決が報道され、それを読んだ愛読者や外骨の兄妹たちからの激励の見舞い状や問い合わせが全国から滑稽新聞社に寄せられ、それらは今回の判決文とともに三月十日発行の第六八号に「熱誠なる同情者」と題されて、またまた掲載された。同時に外骨は、二二歳で不敬罪の筆禍を受けた経験をもとに「精神上の幸福」と題してこう書く。

「現今予が滑稽新聞を編輯発行して、天下の読者に奇抜の意匠と称えられ、剛情不撓と唱えらるるも、皆是れ獄中に於ける心理学研究の結果と精神修養意志鍛練のお蔭であると信ず　されば予が近日再び一月半の間囹圄に起臥する事あるも、予の身体上に於ける不幸は、返ッて精神上に幾多の利益を得、更に俗吏膺懲の動機も亦一層強大なるを得るであろうと思う、読者諸氏乞う安んぜよ」(『滑稽新聞』第六八号、一九〇四年)

　こうして外骨は大阪庶民の話題をさらい、読者はこの事件から目が離せず、外骨の思惑通り『滑稽新聞』は売れ行きを伸ばすのである。

　それに応えて、第六九号では莪警視収賄事件特集を組み、「賄賂軍の真相(一)」と題したポンチ絵二段入り記事をはじめ「紙上告発(一)」「司法界の進歩」「贈賄者の悲運」「大阪警察部内の腐敗」など全六ページに渡って徹底抗戦の意地を見せた。この「贈賄者の悲運」では、贈賄側の運航会社は赤字が続き、ついに倒産したと報じられている。外骨はほうっておけず、少々同情気味で書いたのかもしれない。

腐敗している役人は無傷でぬくぬくとしていて、その役人の腐敗を暴露する外骨がなぜ告発を受けなければならないのか。外骨の怒りはさらに増す。そしてまたもや第六九号は検事局から官吏侮辱罪で起訴された。四月、六九号の判決は予想通り「重禁固六月罰金十円」の厳しい有罪判決となった。控訴の結果、重禁固三カ月罰金七円に確定。同じく控訴していた第六五、第六六号のほうも控訴棄却。いいかげんな判決に怒った外骨は、『滑稽新聞』第七一号でほとんど全ページ、癇癪玉を爆発させる。

一ページは「予の入獄」と題してこれまでの怒りを顕わにし、警官・知事・検事・裁判官など、自分を迫害しようとする役人どもを実名で列記する。「窘逐は幸福なり、迫害は勝利なり、肉体を殺して心霊を殺すこと能わざる者を恐るる勿れ、正義の為めに苦めらるる者は幸いなり」などと威勢がいい。続く二、三ページで「司法界の実相」を暴露。さらに四ページにわたって「荻欽三収賄事件　本社控訴公判の始末」。判決文の全文。さらに一ページ分の「滑稽記者入獄記念碑」との挿絵はこれより毎号掲げられると宣言。自分をあくまで有罪とする司法にも期待できず潔く入獄を甘んじる決意で、「予は今回突然入獄する事に決せしものなり、社会革新を以て自ら任ずる陽性道徳の首唱者、何ぞ盲従的の陋態を事とするを要せんや」と書く。「左様なら宜しく」などと、五月七日入獄を告げ、最後に堂々と、「小野村夫入獄送別会　来五月五日午後五時より東区平野町堺卯楼に於て開会す」との告知を掲載する。

その入獄送別会には来賓・社員合わせて三十数名が参加。『滑稽新聞』第七二号に掲載された記事「滑稽記者　入獄送別会」にその時の様子が再現されている。

宴もたけなわの頃、滑稽新聞社社員が外骨に「先生、只今東警察署の巡査が一寸お目にかかりたいと云うて来ています」と告げ、外骨が「俗吏どもが何をぬかすか」と言い席をはずすと、暫くして「宮武はどこへ行った」と騒ぐ人も出てきた。誰かが「こんな時に騒ぐのは宮武の本意ではない」と注意すると、満場「万歳」を斉唱した。ちょうどそこへまた社員が飛び込んできて「諸君大変です、宮武は今宵の集会が治安警察法違反であるという廉《かど》で、今東警察署へ拘引せられました」と参会者に報告。一同がどよめき立つと、そこへ捕らえられた外骨が登場。巡査に化けたヤングナイチン（ペンネーム）という滑稽新聞社社員が、「只今拘引するつもりだったが、みんながせっかく面白く遊んでいるようだから暫くのあいだ外骨を貸してやる」などと言うと、一同大笑いとなった。

こんな余興まで演じられた入獄送別会は夕方五時頃から始まり、夜十二時頃まで続いた。それにしても明治の人のエネルギーと余裕には、ほとほと感心してしまう。

さて堀川監獄に入獄した外骨、課役は櫛を磨いたり、下駄の鼻緒を綯う仕事だった。『滑稽新聞』第七三号には、これまで何度も登場する外骨の似顔絵で、頭が破裂している外骨が櫛を磨いている挿絵とともに、面会した弁護士の「村夫子は獄中でニコニコしながら櫛を磨いている」という談話が添えられていて、笑える。

翻って考えてみれば、情報公開しないと気がすまない外骨が最初に報じた六五号から検事を怒らせて、起訴されても懲りるどころか延々とその俗吏どもを痛烈に罵倒し筆誅を加え続けた結果、第六五、第六六号で起訴された裁判の決着もつかぬまままた第六九号で起訴され、一旦入獄したにもかかわらずまた控訴・上告を繰り返すというスコブルややこしいことになっていった。気がつけば、業者と小役人の贈収賄事件をすっぱ抜いたはずの外骨が被告にされていたというふざけた裁判にすりかわっていたのである。書く書かない、控訴・上告するしないなど、時に弁護団との意見も衝突したが、結局すったもんだの末、最初の一カ月半と後の三カ月の刑期を終えて外骨が出獄したのは八月五日。なんと獄中で体重も増え、転んでもタダでは起きない外骨、第七九号の巻頭「予の出獄」では、「俗吏共メ　此の珍しい男を重ねて監獄へ打込みたくば何べんでも打込め」と罵倒し、まだまだこの一件をしつこくネタにしていくのである。

第七九号から第九一号まで「在獄日記」を連載し、またまた当局の神経を逆撫でする。このルポは挿絵もあってとても興味深く、外骨が優れたルポライターであることを証明している。世に潜入ルポは数あれど、これこそ正真正銘の〝体験ルポ〟である。明治時代の監獄がどういうシステムであり、囚人がどんなふうに扱われたのかがよくわかる。あまりにリアルで、非人間的扱いで、時に滑稽で噴き出してしまうほどだ。例えば七九号の「滑稽なる別世界」で、

「一種の哲学眼を以て観察すれば、獄中の百事は悉滑稽なり、先づ大人（注：囚人）に赤い衣服を着せる事、姓名に代えるに番号を以て称呼する事、その他其外故らに規則を設けて自由を検束する方法等凡て滑稽ならざるは無し」と書き、「大小便の壺掃除」を紹介している。

また「検視所の裸体」では、

「是は人間汚辱の極点なる事なれども、亦一方より観察すれば滑稽の最大なる事なり、三千の囚徒は午後五時の罷役後《ひえきご》工場にて夕食を喫し、一同各檻房に帰るの際、檻の一隅にある検視所にて短衣股引褌等の役衣を脱し、図の如く二本の柱にからみて口中、手裏、腋下、股間、等を現出して反則の物品を隠匿し居らざる事を証明し、立会看守の『ヨシ』の号令を待って此関所を通過し、一隅に至りて更に長衣を着し各自の房に入るなり」（『滑稽新聞』第七九号、一九〇四年）

と書いている。それに関して思うのだが、こうした監獄の非人間的な扱いの実態は、二〇〇二年に名古屋刑務所で入所者への看守の虐待が発覚して多くの国民が知ることとなったのだが、明治に制定され

た監獄法が改正されたのは、なんと二〇〇四年。外骨がこのルポを書いて実に百年後のことである。「天職者の労役（ユスリ新聞社員）」というのも面白い。恐喝取材で入獄している新聞記者が多く、便所掃除で毎朝糞桶を担がされたり、囚徒の屍体を送る埋葬係の労役に服していることを「天職者が斯かる労役に服す、大滑稽ならずや」と嗤う一方、「満期放免者の服装」では、「囚徒十中の九は突然拘引されて監獄に入りたる者共なるが、其後衣類の差入れもなくて、満期放免となる者少なからず、斯かる連中の姿には随分滑稽なるもの多し、暑中にドテラを着し、晴天に高下駄を穿き、或いは不体裁なる携帯品ある等、其千状万態奇観ならざるはなし」（『滑稽新聞』第七九号）と書いている。これには外骨がどこか彼らに同情しているような眼が感じられる。

第八〇号の巻頭「ベラボウの社会」では、「監獄は小盗賊の独り収禁さるべき所にあらずして、裁判官、警察官、弁護士、新聞記者、教育者等、皆其門に入らしめざる可からず」と書く。塀の外の社会は塀の中よりも無秩序で悪人が横行し、裁判官などの彼らこそ監獄に入れというのだ。第八一号の「法律使い」では、

「現時の司法官たる者の多分は法律使いなり、文明の手品師傀儡師なり、人民擁護のために国家が制定したる法律は今や殆ど彼等が悪事を働き悪事を蔽うの具となれり」

と書くなど、権力批判はどんどんエスカレートする。第八二号の「役人か悪人か」では、不正役人に寛大で自分を官吏侮辱罪で告訴した手塚検事正をまたもや攻撃し、

「寛大、寛大、予輩は其寛大の温情に浴すること能はざるスリ、博徒、淫売婦等の境遇を憐れむなり」とイヤミたっぷりに書く外骨。

例の如くやっぱり手塚検事正は激怒、またしても八二号が官吏侮辱罪で告訴される。ややこしいのを

通り越して、もうこうなったら、イタチごっこである。

　第八二号の判決は重禁固一カ月罰金五円の有罪となり、署名発行人の塩谷三四郎が入獄することになった。外骨は第八四号で「俗吏の法律使い（又又本社被告事件）」と題してそれを報告し、第八五号巻頭で「喜んで入獄する（本社員塩谷氏）」と題して、どうせ同じ穴のムジナの判事検事、無罪にすることはないだろうから、それよりも早く見切って服役したほうがいいと塩谷が判断し、入獄したと書いた。

　外骨は、

「これにつけても国家の為め憎むべきは警察屋と司法屋である」と当局を罵倒する。

　これがまた当局の神経を逆撫でし、今度はなぜか官吏侮辱罪ではなく新聞紙条例第一七条違反とされ、第八二号に続き第八五号が告訴された。第八六号でそれを「糞腹が立つ」と書き、

「憲法治下の自由権を有する我滑稽新聞社は、屢々法律を暴用されて肉体や財産を害されて居る」と怒りをぶつける。八五号の判決は署名発行人の三好米吉に罰金五〇円の有罪。控訴の結果、これまたなぜか二五円の〝減刑〟。

　外骨はさらに「敢て問う」と題し、荻欽三収賄事件を暴いた自分が官吏侮辱罪に問われて有罪になったのに、「大阪府知事高崎親章は教科書審査に関し書肆より賄賂を取りたる廉にて近々捕縛さるる筈」と書いた東京の諸新聞が官吏侮辱罪に問われないのは何故か、知事にその事実があったからではないか、この問いに答えないうちは毎号このことを連載する、と『滑稽新聞』第八六号に書く。効を奏したかどうかは別として、もはや脅しである。この間、滑稽新聞社には警察や暴漢などからの妨害が相次ぐ。折しも世間は日露戦争開戦に沸き、社会は騒然となっていく。

　権力を持つ者の不正・スキャンダルを暴き、大新聞が書かない情報を伝えるというのもまたジャーナ

リストの重要な役割であり、いつの世にも必要なメディアだ。こうして『滑稽新聞』は、いわば明治時代の『噂の眞相』みたいな、いやもっと過激な雑誌になっていくのである。

そんな『滑稽新聞』が掲げた編集方針、〝過激にして愛嬌あり〟は、今のジャーナリストが学びたくてもその実践は難しい。いったいどうすればいいのか。

外骨が示したジャーナリズムに必要な条件は、怒りの批判性、遊びの多様性、笑いの寛容性だと私は思う。この中の寛容性が愛嬌で、とくに悩ましいのだ。外骨の怒りは権力者の告発記事で爆破させ、遊びはさまざまな表現上・編輯上の実験、宴会、趣味の釣りなどに表れている。だが、愛嬌とはどうすれば発揮できるのだろう。あくまで本人の性格によるもので、学ぶことは不可能なのか。

過激は英語でラディカル。根本、根源の意味。では、愛嬌とはどういう意味なのか。辞書には「好感を与え親しみを誘う物腰。人を喜ばせ、楽しませる何か」とある。〝何か〟とは何か。単なる〝可愛さ〟でもない。英語の〝ユーモア〟でもなく、フランス語の〝エスプリ〟だけでもない、もう一つ何かがある。サービス精神のようなもの。天性のものかもしれない。とことん相手を追いつめても、結局は相手が自分を憎めなくしてしまう、どこかで許すゆとり。良く言えば寛容だが、悪く言えば弱さを見せる瞬間。「過激と愛嬌」を外骨は〝肝癪と色気〟とも言った。愛嬌は色気でもある。男も女も必要な、セクシーという要素。多すぎても台無しだが、時に絶妙な効果を発揮する。

例えば、外骨は肺病のインチキ薬を売る薬業者を、『滑稽新聞』で野蜘蛛と渾名をつけ似顔絵入りでさんざん攻撃したことがある。外骨得意の権力監視・調査報道の一つだ。記事で告発された野蜘蛛は外骨を名誉毀損で訴える。外骨はさらに野蜘蛛を攻撃。野蜘蛛は毎号毎号、晒し首にさせられた自分の似顔絵を見せられることになる。その野蜘蛛と外骨が観桜の宴席で出会ったから大変だ。ところが外骨に会った野蜘蛛は「私が悪かった」と詫びたのである。よっぽど晒し首が嫌だったのだろう。外骨は三年間誌上晒し首にした〝詐欺師〟野蜘蛛を、『滑稽新聞』第一〇〇号記念〝大赦〟として許すことにした。野蜘蛛が非を認めインチキ薬の広告をやめることで、告発の役割を果たしたと判断したのだ。ここに外骨的罵倒攻撃と寛容性のワンセット、〝過激にして愛嬌あり〟が見て取れる。

それから八年後に野蜘蛛こと野口茂平の名が月刊『不二』第四号（一九一三年）に登場し、この年の十一月に六一歳で病死したとある。感慨深いのか、

「今となって見ると可哀想であったとの感も起り、又新聞雑誌で攻撃するよりか其人の死を待つ方がいいやうな気にもなる」（『不二』第四号）と外骨は書いている。

スキャンダリズム

現代ジャーナリズムの隆盛と共に受け手の私たちが陥っていることの一つが、スキャンダリズム（醜聞）への誤解である。人々に警鐘を鳴らすのがメディアの目的である以上、「悪いニュースが良いニュース」（マーシャル・マクルーハン著『メディア論』）であり、日々のニュースのほとんどは人の不幸と醜聞である。ジャーナリズムの本質は社会の闇や影の部分を暴いてどれだけ深くえぐり出すかにある。だが今日、マスコミのスキャンダル合戦といえば、テレビのワイドショーや一部の週刊誌で繰り広げられる有名人・芸能人のゴシップを思い浮かべる人が多い。これはなにも今に始まったことではない。

一冊のスコブル面白い本がある。『弊風一斑　蓄妾の実例』（黒岩涙香著、現代教養文庫、一九九二年）。これは要するに明治の権力者、著名人、金持ちがどこでどんな愛人（妾）を囲っているかということを実に事細かく報じた、はなはだ人品よろしくない暴露本である。これが実に興味津々、「へえ〜、そう

だったのか」の連発で、百年前の写真週刊誌といったところだ。もちろんすべて実名報道。住所や年齢など個人情報満載でおまけに似顔絵入り。ある意味、すごい取材力だ。登場人物がまたすごい。侯爵伊藤博文をはじめ山縣有朋、犬養毅、井上馨、西園寺公望、原敬、渋沢栄一、北里柴三郎、森鷗外、黒田清輝、といった当時のセレブたちがずらり五一〇人。

これは一八九八（明治三十一）年七月七日から九月二十七日まで、黒岩涙香（本名周六、一八六二～一九二〇）主筆の日刊紙『萬朝報』に連載された五一〇例を収録したもの。『萬朝報』はこの連載で、涙香の思惑どおり部数は急増した。記者だった内村鑑三は、下品な人身攻撃記事に嫌気がさし、退社したと言われている。

例えば伊藤博文についてはこう書かれている。だいたいどの人物も、こんな調子で書かれているものと想像していい。

「大勲位侯爵伊藤博文の猟色談は敢えて珍しからず世間に知られたる事実も亦甚だ多しといえどもここに記する事実の如きはけだし珍中の珍、秘中の秘たるべし。（略）喜勢子はかつて侯爵の妾となりて非常の寵を受け、麻布長坂町一番地に壮麗なる邸宅を新築し貰いて其処に住みいたるが、（略）更にその妹なるつね子という美人を手に入れ（略）尚跡にはその次の妹雪子とて本年十六歳なる美人のあるに力を得前例によって雪子を手に入れんと欲し……本人の雪子もまた深く恐じ怖れて承諾する模様なきより侯爵は一層いらだちて是非ともその望みを達せんと欲し、……（略）これもわかり次第に報道することとせん」（『弊風一斑　蓄妾の実例』より）

また森鷗外は、

「陸軍軍医監森林太郎は児玉せき（三十二）なる女を十八、九の頃より妾として非常に寵愛し、かつて児まで挙けたる細君を離別してせきを本妻に直さんとせしも母の故障によりて果す能わず。母も亦鷗外が深くせきを愛するの情を酌み取り、末永く外妾とすべき旨をいい渡し、家内の風波を避けんためせきをばその母なみ（六十）と倶に直ぐ近所なる千駄木林町十一番地にせしめ……」（同）

とある。鷗外は自由奔放に生きた外骨とは対照的に、進学・就職のみならず恋愛・結婚まで思い通りにならなかったことが垣間見られて興味深い。またどこか小説『雁』を連想させるものがある。

実はこの五一〇人の中に外骨の次兄、宮武南海も〝フォーカス〟されている。南海は明治の教育ブームに便乗して、東京学館という受験雑誌の出版（今で言う通信教育）と学校を経営して成功し、東京市会議員でもあった。外骨よりはるかにセレブだったわけだ。

「宮武南海は自宅独修生募集の広告を出して講義録などを販売するものなるが、かつて妻やす（三十三）を離別し、もと大江卓の妾なりしという田村ゆう（二十四、五）なるものを妾とし千駄ヶ谷近傍池尻村の別宅に置きたるが……」

などと書かれている。実兄が〝被害〟に遭ったからというわけではないが、外骨は黒岩涙香をライバル視する。外骨にとって読者に伝えるべきスキャンダルの本質とは、今で言えばロッキード事件・リクルート事件のような政治家・官僚など権力者の不正・横暴スキャンダルだ。外骨の涙香への怒りは爆発し、『萬朝報』を「ユスリ新聞」、涙香に「蝮の周六」という渾名をつけて「新聞を凶器として富豪を恐喝するユスリの開祖とも云うべき悪漢」（『滑稽新聞』第八七号、一九〇五年）と断罪する。外骨はジャーナリストとして、黒岩涙香のような〝悪徳同業者〟は許せなかったのである。

黒岩涙香のみならず、ジャーナリストとしての志を異にする〝悪徳同業者〟は外骨の周りにいっぱいいた。そんな彼らも外骨は容赦しなかった。

今も昔も、本物には偽物というコピー商品がつきものだ。本物にとってはこれが悩みの種だが、フェイク（偽物）がオリジナル（本物）を凌駕することはめったにない。やはり、ニセモノの登場はホンモノに箔を付ける結果になるようだ。『滑稽新聞』の成功は、各地で〝パクリ雑誌〟が次々と創刊される現象を引き起こした。それを外骨が黙って見過ごすはずがない。それらを「猿雑誌」と名づけ、『滑稽新聞』の記事でネタにしている。

「我滑稽新聞が旧式滑稽の旧態を逐《お》わずに、我社独創の新式滑稽を発揮した結果、近来すこぶる非常な好評を以て天下に歓迎され……」（『滑稽新聞』第一五四号、一九〇八年）と自慢し、『釜山滑稽新聞』『東京滑稽新聞』『滑稽界』『東京滑稽』『滑稽雑誌』など模倣雑誌を〝紹介〟。タイトルといい表紙のレイアウトといい、どれもみな本物そっくりの体裁である。なかなかよく研究しているのだ。それを外骨は、「ナント、我滑稽新聞の勢力偉大なることはこの一事ででも察せられるだろう」と自画自賛。悔しかったらもっと上手に真似しろ、と言わんばかり。

〝猿雑誌〟の一つ『東京新滑稽』（筆者蔵）

また次号では、「猿雑誌の内幕（小人自ら其陋態を暴露す）」と題して一喝する。それによると前号で紹介した『東京滑稽新聞』が発禁になって廃刊し、内部分裂で『あづま滑稽新聞』『新滑稽』

を創刊。『新滑稽』の主筆は第一号で「宮武が余り憍慢に失し無礼の事のみ多き」と書いて外骨に反発する。それを受けて外骨は、「面白いじゃないか、これは悪因悪果の一現象である」と売られた喧嘩を買い（挑発したのは外骨だが）、内部分裂のドタバタを事細かく暴露。最後は、

「記事は時勢遅れの滑稽、旧式陳腐の駄洒落でも、その体裁のゴマカシで売ろうと云う算段であるが、旨くいけそうにもないから、これも同じく損を重ねるであろう。悪因悪果とは万代に通ずる釈迦の教理じゃなアー」（『滑稽新聞』第一五五号、一九〇八年）と手厳しい。やがて本家本元の『滑稽新聞』が度重なる当局の弾圧に嫌気がさしてさっさと〝自殺〟してしまうと、猿雑誌の運命も衰退に向かっていった。現代のように著作権保護という概念がほとんどなかった時代だ。現代なら、標題やレイアウトまでそっくりのコピー雑誌が登場した時点で、外骨が裁判所に著作権に触れると訴えれば勝訴は間違いないだろう。

錚々たる反骨のパトロン

瀬木博尚との友情

外骨はなぜ反骨を貫くジャーナリストであり続けることができたのか、私は長いあいだ不思議に思っていた。志の高い自由奔放な庄屋の息子というだけでは不可能だったのではないか、その謎を解く一つの鍵が、瀬木博尚（一八五二〜一九三九）にあった。二人はもはや単なる友人という枠を超えていた。

瀬木は旧富山藩士・瀬木博望の長男として生まれ、地方官吏（小区長）となるが、ある事件が起こって瀬木が引責して職を辞し、その後上京する。四〇歳を超えた転機が日清戦争後で、印刷技術と共に新

聞雑誌が急速に普及する中で広告の社会的な重要性を知り、一八九五（明治二十八）年、日本橋銀町で博報堂を創業する。社名は自分の名前の博と報道の報の字をとったもの。当初は教育雑誌の入広告を扱い、大手出版社・博文館からの広告を主として、一八九九年、社屋を神田へ移転し、業名を新聞雑誌広告取次業博報堂とする。一九〇五年には『朝日新聞』第一面の出版広告を扱い、日露戦争を契機に急成長した『朝日新聞』と共に広告取引を増大していく。一九一〇（明治四十三）年、社名を内外通信社博報堂に改め、一九二四年、株式会社となる。以後、現在まで続く大手広告会社・博報堂の経営に携わり、広告界の長老として活躍する。

外骨と瀬木の出会いは、なんと石川島監獄だった。明治憲法を揶揄して『朝野新聞』などで報道されるなど、〝不敬罪男〟として有名になった外骨は、明治二十五年十一月、両親や兄、友人知人、野次馬ら二〇〇人に出迎えられてにぎにぎしく出獄したが、二年後の明治二十七年七月に瀬木が満期出獄となった際、外骨が瀬木の身元引受人になった。瀬木には外骨以外に身元を引き受けてくれる人物がいなかったようだ。外骨が友人として瀬木にしたことはこの身元引受人になったことしかわかっていない。瀬木は生涯このことを恩義に思い、二人の友情

瀬木博尚、1926年9月（朝日新聞社所蔵・提供）

は生涯続く。出獄後わずか一年で起業した瀬木から、外骨はその年の十一月に出版した『頓智と滑稽』で早速資金援助を受けている。以後、精神面のみならず出版から老後の住居に至るまで多大な経済的援助を受けるのである。

瀬木が実業家として、外骨がジャーナリストとして、互いの活動に行き交うお金とその活かされ方がとても興味深い。例えば、出版最大手の博文館の広告を一手に扱って売上げを伸ばした博報堂の瀬木は友人の外骨に資金援助し、外骨はその金で雑誌『頓智と滑稽』や『骨董協会雑誌』などを出版する。外骨は出版活動の中で、博文館が博報堂の得意先と知りながら、大嫌いな博文館とその経営者の大橋佐平をことあるごとに雑誌で攻撃したり揶揄しているのだ。わかりやすく言えば、新聞やテレビが、広告やCMで金を出すスポンサー企業を間接的にではあるが批判するのと同じである。まして新聞が時の政権に擦り寄って御用新聞・官報と化す時代である。今のメディアでさえも、こんなことができるとは残念ながらあまり思えない。外骨のやや個人的な好き嫌いの判断も見られるが、友情は友情、信念は信念と、公私混同せずあくまで自らの言論を貫き通し、そこにこそジャーナリストとして自分の存在価値があると信じ、活動を続けた外骨。その外骨を理解し、受け入れた瀬木もかなり〝反骨〟といわざるを得ない。金は天下の回りもの、いわば資本主義のカタルシス、明治人の友情と気概の鑑である。

瀬木が外骨を援助した中で、生涯最高の〝プレゼント〟は、東大明治新聞雑誌文庫だろう。関東大震災で多くの出版物が焼失したことに危惧を抱いた外骨は、出版物の保存方法を瀬木に相談する。一九二六年、瀬木は文庫の設立資金として一五万円を東大に寄付し、二人の志が結実した。〝水魚の交わり〟という言葉がある。魚（外骨）は水（瀬木）を得てこそ自由に泳ぐことができる。水も魚がいないと虚しい。

一九三九年一月二十二日、瀬木博尚死去。外骨は『公私月報』第九九号（昭和十四年二月七日）一面に瀬木の遺影を掲げ、「明治新聞雑誌文庫基金寄附者　瀬木博尚翁遠逝」と題してこう書いた。

「我明治文庫は実に瀬木博尚翁の存在によって成立したものである、若し此世に瀬木翁なかりせば、我明治文庫は現出しない、惟えば尊き恩人にして明治文庫の存立と共に永久感謝せねばならぬ人である、此崇敬すべき瀬木翁、去る二十二日午後六時、老病にて溘然遠逝さるるに到った、享年八十六、越中富山の人、嗚呼悲哉、嗚呼悲哉、予は五十年来の親交で、其間恩顧を受けた事も少なくなかった、今は亡し、哀傷の感深しである」

葬儀は二十四日午前十一時から築地本願寺で厳かに営まれた。七二歳の外骨の悲哀・落胆の深さは想像するに余りある。胸中はおそらく魚が水を失ったに等しかっただろう。一八八九（明治二十二）年、石川島監獄で出会ってちょうど半世紀、二人の関係はまさに〝魚と水〟であった。

瀬木から毎月三〇円の補助を受けて出版していた『公私月報』（一九三〇年十一月創刊）は、瀬木の死により補助が得られなくなったことで、第一〇〇号を限りに版の大きさとページ数が半分になり、一九四〇年三月、第一〇九号で廃刊となった。

星亨暗殺事件

瀬木博尚について改めて考えてみれば、一八九四（明治二十七）年七月の満期出獄の時、先に出獄した一五歳年下の外骨が身元引受人になった。他に身元を引き受けてくれる人物が誰もいなかった瀬木にはありがたかったのだろう。しかしだからといって、生涯ずっとそれだけで恩義と思い続けるだろうか。外骨と瀬木博尚を結ぶ強い友情のキーワードがあるはずだ。

博報堂の瀬木の年譜は「明治二十七年春上京、二八年十月博報堂創業」と始まり、それ以前の詳しい記述がない。これはおそらく瀬木自身が綴った「思い出づるまゝに」（『新聞広告四十年史』内外通信社、一九三五年）で、瀬木が明治二十七年に富山から徒歩で上京したと書いていることによるのだろう。だがそれは事実ではないようだ。

そのことに関して、東大明治新聞雑誌文庫の二代目事務主任だった西田長寿が後任者の北根豊に語ったことを、後に北根が書き残している。

「（明治新聞雑誌）文庫の設立に至るまでの経緯については、吉野孝雄氏『宮武外骨』と木本至氏の大著『評傳宮武外骨』とに詳しく紹介されているのでここでは省くが、そもそも宮武翁と瀬木博尚翁との出会いは、いつ、どこで、どうあったのか」（『宮武外骨著作集』第参巻、月報6「宮武・瀬木両翁の出会い」、一九八八年八月十五日発行）

北根はこう書き始め、西田や瀬木の友人の懐古談を合わせ、「瀬木年譜にある明治二十七年春の上京の根拠は、はなはだ曖昧であるとしなければなるまい」と結論付ける。そしてこう続ける。

かつて西田が外骨の下で『朝野新聞』（一八七四年創刊。主筆の成島柳北は当時の新聞紙条例や讒謗律を批判した）を調査している時、偶然にも瀬木の記事を見つけ、驚いて外骨に報告したら外骨はその記事の上に白い紙を貼ってしまった、と北根は西田から聞かされた。ふーむ、やはりこれには何かもっと深いわけがありそうだ。

外骨は石川島監獄での詳細を丹念にメモを取っていて、出獄後に「獄中随筆」と題して大事に保存した。北根はこう書いている。

「その十七枚目に墨で棒引きに消されているが、明らかに次のように読める。〇瀬木博尚（富山桜木町）廿七年七月満期出獄」

外骨は瀬木の出獄を忘れないようにメモしていたのだ。

北根は、瀬木の入獄は〝国事犯〟としてだったと書き、そこで二人の出会いの推理を終えているが、瀬木にはまだまだ謎が残る。

まず〝国事犯〟とは何だろう。瀬木はいったい、何をしたというのか。

瀬木の上京は外骨や森鷗外とは別の、幕末明治における士族師弟の特徴的なパターンだったと私は思う。一八八〇年代、自由民権運動が全国的に高まって板垣退助が急進的な自由党を結成する基盤となったのは、主に地方の熱血青年である。やがて民権派で藩閥政府批判の中心的存在となったのが星亨（一八五〇〜一九〇一）だった。瀬木が富山での小区長を辞して上京したのはおそらく明治二十年前後だったと思われる。瀬木が星の機関紙で反政府系の新聞『めさまし新聞』にいたことは多くの文献ですでにわかっているが、『広告人物物語』（根本昭二郎著、一九九四年）によると、上京して星との知遇を得た瀬木は、一八八七（明治二十）年には『めさまし新聞』編集部校正係、広告部員となったと書かれている。この年、星が出版条例違反で投獄されたから、同時期に〝国事犯〟とされて入獄した瀬木もこれに連座したと考えられる。これらのことから、瀬木の年譜にある「明治二七年春上京」というのは明らかに間違いで、実際には、瀬木は明治二十七年に石川島監獄を出獄し、自由の身になったのである。瀬木が出獄後すぐ、アメリカから帰朝した教育評論社主幹の西村正三郎の洋行談を聞き、アメリカでは新聞雑誌広告が盛んに行われていることを知って博報堂を創業したとされているが、それでもなぜいきなり広告業に関心を持ったのか、しかも出獄後一年で博報堂を創業できたのか私は不思議だった。それには『めさまし新聞』で広告部員として働いた経験が伏線としてあったわけだ。

一方、星は明治憲法発布の恩赦で入獄して一年半後に出獄するが、入社して間もない瀬木がなぜか保安条例違反とされ、刑は重く七年。もしかして瀬木は星の身代わりになった（された？）のではないかと私は推測する。この時期の政府の最重要課題は立憲君主制の基本、大日本帝国憲法を成立させることだった。少なくとも憲法成立のメドが立つまでは反政府の中心人物である星が娑婆にいては困る。星はいずれ政府の重鎮になる人物だと目されていたから、成立すれば出してもいい……。当局がそう判断したとすれば、そのことをカムフラージュする必要があり、瀬木に〝国事犯〟の刑を押し付けたと考えられる。そうだとすればそれを指示し、星を出獄させた大物人物がいたことになる。星の直接のボスは陸奥宗光だが、欧米に駐在することの多い外交官の陸奥はそのような人物とは思われない。後に星が欧米から帰国後、反政府の大物という立場を豹変させて衆議院議員、逓信大臣になった結果から考えると、彼らの大ボスで内閣総理大臣という要職にあって、まだまだ政敵の多かった伊藤博文しかいないのではないか……。これはあくまで私の推理である。

だがこのとき、瀬木が星の身代わりになることなく星と一緒に恩赦を受けていたら、この直後に入獄した外骨と出会うことはなかったのである。理不尽な政治の渦に身を挺した真面目な士族青年と、明治憲法にイタズラした楽天お坊ちゃんの運命的な出会いをもたらしたのは、皮肉にも明治藩閥政府だった。獄中で二人は明治人として国家の理想、夢を語り合ったのかもしれない。友情のキーワードは「政治への失望と怒り」、そして新たな「新聞雑誌への希望」だったに違いない。

やがて一九〇一年六月二十一日、二人は仰天ニュースを知ることになる。この年の一月、東京市議会議長に当選した星亨の暗殺事件である。この時、星は政治家として絶頂期であり、東京市長・松田秀雄はあたかも星の部下のようだったと言われている。この頃、東京市に疑獄事件が起こり、「右手にステッキ、左手に金」と言われた星に疑惑が持たれて非難の声が上がっていた矢先だった。

外骨は事件直後の『滑稽新聞』第八号（明治三十四年六月二十五日発行）で丸一ページを使って、「代天誅醜賊星亨」と題してこう書いている。

「（略）余輩は今刺客の罪を責めぬ、又醜魁の死をも惜まぬ、只以て本件を、社会上下が三省の料となすあらん事を望むのみだ、ワカッタカ、皆の衆、南無阿弥陀仏」。

いささか興奮気味で書いていることがよくわかる。刺客肯定である。

当然、世論も沸騰し、『大阪朝日新聞』は刺客・伊庭想太郎の一撃を社会の警鐘として肯定し、ライバルの『大阪毎日新聞』は〝蛮行〟と批判した。

半月たっても、外骨の考えは変わらなかったようだ。『滑稽新聞』第九号（七月十日）ではほぼ全ページにわたって異例の特集を組んだ。『滑稽新聞』の表紙は女性や風景の写真を使ったコラージュや美人画がほと

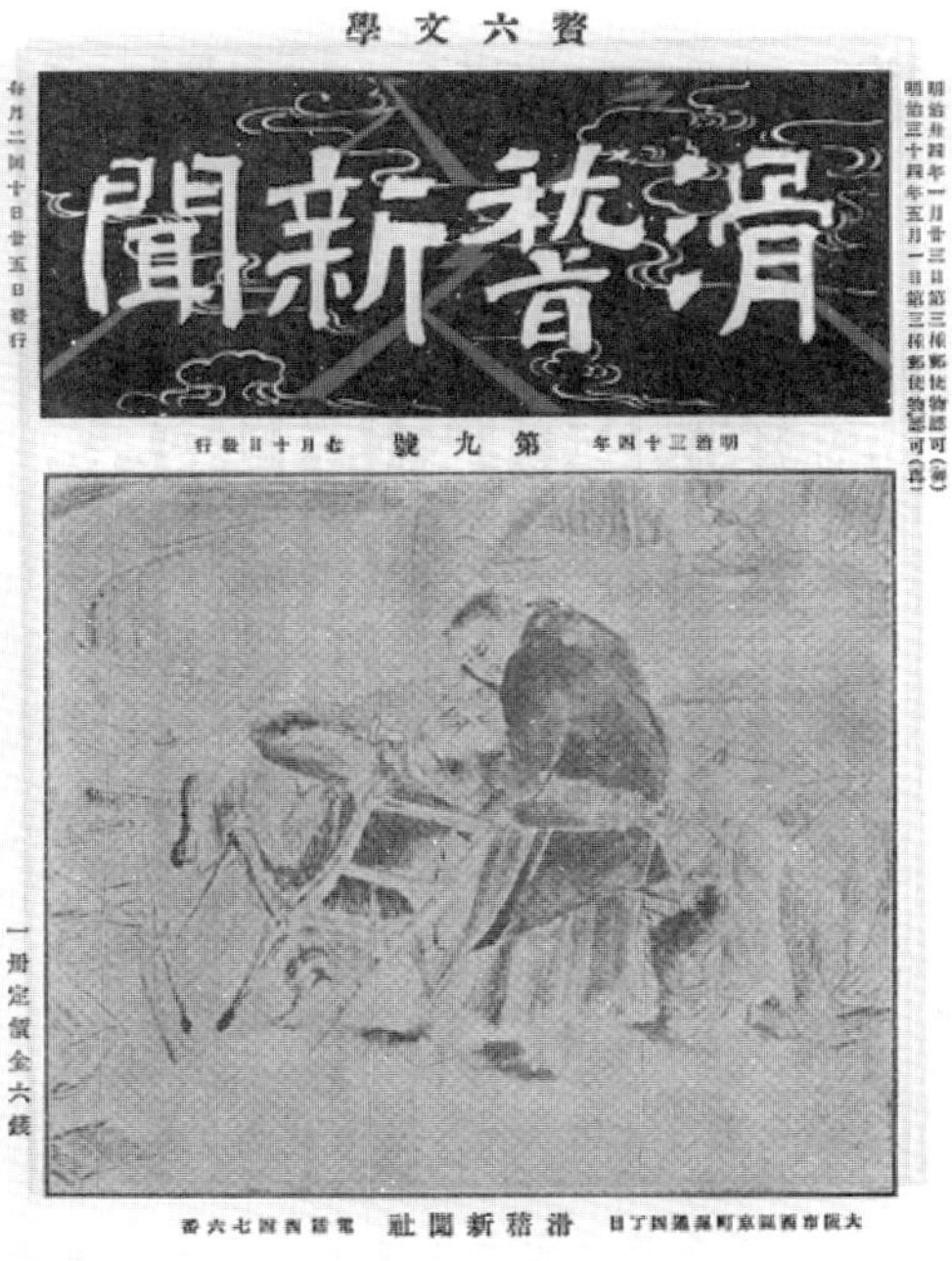

『滑稽新聞』第９号表紙、星亨暗殺場面

んどだが、第九号の表紙は暗殺現場を絵師に再現させたものだった。『滑稽新聞』全一七三号のうち、実際の事件現場を表紙に描いたものはこれだけである。外骨はこの特集で、死者に鞭打つのを好まないとしながらも、〝左官の子から勉学に励み弁護士、政治家へと立身出世した庶民のホープ〟とは裏腹で、旧自由党から伊藤博文の政友会に鞍替えし、最後は収賄疑獄に包まれ、後世の金権型政治家の元祖ともなった星を厳しく批判した。その勢い余ってか、星を暗殺した刺客・四谷区学務委員で剣術師範だった伊庭想太郎をまるで義賊であるかのように論じ、「刺客賛美論」を煽る記事が満載なのだ。外骨にしてはいささか筆が滑っている。

かつて瀬木が二歳年上の星との知遇を得て『めさまし新聞』に入り、心酔していたであろう星の下で働き、それが元で罪に問われて入獄したと考えても、〝押し通る〟との異名を持つ豪腕な星は確かに謎は多いが、人を惹き付ける魅力的な人物でもあったと想像する。星は自由・進歩両党と憲政党を結成し伊藤内閣に反対しながら、やがて憲政党は解党して伊藤と共に立憲政友会を結成。こうした明治期の政党内閣誕生の陰で政党拡張資金という闇の巨費を動かしていたのが星とされている。今日、政治家の選挙資金に大金を要するようになったのはこの時期からだったと言われているが、企業がまだ政治家に献金するほどの力はなかった当時、星はどこからその資金を調達したのか。諸説はあるが、巨額の軍事費を操る山県有朋から星が数十万円を取ったということや、国家事業として鉄道事業の利権を有したこと、東京市政に絡む収賄疑獄などを根拠に、星の死後、京浜銀行に星の莫大な資金の流れが証明されたのは事実のようである。問題は、その資金が党員には流れなかったという噂や（まるで近年の金丸信のように）、いやそうではなく、私服を肥やしたわけではなかったという説があり、真実は今なお不明である。

その星を外骨は、「濁世の今日『時代の権化』と称せられし星亨は眼中金銭と名利の外なく常に賄賂を貪り公盗を敢えてして邸宅を華美にし虚聞を博せしも一朝刺客の刃に罹りて」（『滑稽新聞』第九号）と書き、伊庭想太郎のことは「社会的暗殺者は国家の法律上大罪人大兇漢として其肉体は極刑に処せらるべき者なれども彼が其の精神上負える刺客の名は卑しむべからずと知るべし」（同）などと書いている。

「予輩は星亨に私怨ある者にあらず、又刺客に情実する者にもあらず」（同）と念を押してはいるが、星には手厳しいことこの上ないし、伊庭に同情しすぎているのだ。

「予輩は死者に鞭打つを好まず、然れども今若し彼れ醜魁の死を惜まんか、是れ即ち収賄公盗を頌謳《しゅうおう》する同臭の群れに伍する者なり、彼れ星亨に此罪悪ありしは昨今弁護に汲々たる同臭者といえども未だ一語の否定を発せざるにて知るべし、否彼れの収賄公盗は殆ど満天下の認識する所にあらずや」（同）

と星批判に終始し、とにもかくにも第九号は他の号と比較しても外骨のテンションが異様に高く、バランス感覚がズレている。外骨は星に〝私的怨念はない〟と断っているにもかかわらず、紙面は一目瞭然、まるっきり違う。怨念（それとも嫉妬？）丸出しなのだ。まるで刎頸の友の仇《かたき》を取っているかのように思えなくもない。

　外骨の星批判は、星葬儀の伊藤博文の弔辞に向けられ、

「黴毒の親方日本の大政治家が『少女を強姦し貴族を姦し芸妓娼妓下女飯盛小間使を姦し外来の曲馬女を姦し有夫の婦をも姦し』また賤婦を外妾として置くのは能く辻褄の合うた、帝室藩屛万人の亀鑑たる大勲位侯爵殿とするのであろう、其黴毒の親方が朗読せられたる弔詞は後世『明治歴史』を編纂する人の好材料と信ずるから茲に掲げて置く、文字は消えても消残れ」（『滑稽新聞』第九号）と書き、ついでに伊藤の弔辞の全文を嘲笑うかのように転載している。

　第一〇号の「滑稽新聞第九号の毀誉」では、第九号の反響が大きかったことがわかる。やはり読者の

目は欺けなかったようで、賞賛より批判のほうが多かったと思われる。例えば、京都の〝公平眼生〟という人物から

「滑稽記者君が毎号書く所の所謂献身的文字も血迷い過ぎては見苦しく第九号に死児の星氏を捕らえて既に多数の時日を経たる今日殆ど一部を書き尽くしたる所記事に払底なりしかは知らざれ共其滑稽の論旨余りに極端なり」という投書があり、外骨が罪のない星亭夫人まで非難したことを責め「貞淑の夫人に対しては余りに無礼なり今少し筆を慎めよ要するに君の筆は正義には相違なきも余りに見当違い事多し」(『滑稽新聞』第一〇号)などと書かれている。これには外骨も反省したのか、批判的な投書をちゃんと掲載するところはいかにも外骨らしい。半面、外骨も思うところ少なからずあったようで、「(滑稽記者曰)公平眼生其何者なるを知らずと雖も記者が冷罵せし醜魁の女房を『貞淑の夫人』と呼ぶに至っては例の『ヘラ可笑』の外なし」(同)などと弁解もしている。

後の第一二号(八月二十日発行)で外骨は「人の死に時」と題して、星を、

「公盗の巨魁、醜賊の張本、生きているだけ社会に害毒を流すばかり、市参事会で伊庭にやられたのが矢張り此男の死に時だったろう」と書いているが、伊庭想太郎には「今が死に時死に時、万一死刑を免れるような事があったら其時は潔く自死すべし」と書く。外骨の美学である。

ところが外骨が懸念した通り、九月十日の判決で伊庭は死刑にはならず無期懲役だった。自決しそうにもない伊庭に失望した外骨は、『滑稽新聞』第一四号(九月二十五日発行)で「自殺せざる伊庭想太郎」と題し、

「(略)自ら処決する所なきに至りては、吾人必ずしも世の瞶々者流《かいかいしゃりゅう》とともに其心事を臆断するものにあらずと雖も、大いに疑惑の点なき能わず(略)」

と書き、今後はもうこのことについて「筆を収める」としている。

どうやら外骨が政治の汚さ、残酷さに我慢ならず、黙して語らない瀬木の無念さをまるで代弁するかのように、星批判を『滑稽新聞』第九号にぶつけたと考えたほうが、私には納得できる。外骨の星批判はやはり度を越している。外骨がこの事件に特別な関心を示したのは、確かに正義感もあっただろう。また星の暗殺は当時のビッグニュースでもあった。だが明治・大正期、政治家など大物人物の暗殺事件は星だけではない。例えば伊藤博文が一九〇九年十月二十六日、ハルビン駅構内で安重根に狙撃された事件はもっとビッグニュースだったはずだが、外骨は星のときほどは関心を示していない。それまで伊藤をさんざん揶揄してきたからかもしれないが……。いずれにせよ私には、外骨の星批判にはどこか〝私憤〟が混ざっていたように思えるのである。

一方、このような極端とも言える外骨の言論に対し、瀬木は星の死をどう思ったのだろう。それは謎のままである。瀬木は出獄して一年後には博報堂を創業し、以後は広告取次業に専念して政治には決して近づかなかった。経歴にも星や『めさまし新聞』との関係を伏せ、石川島監獄の七年間は自分の人生の中で〝なかったこと〟にしたように見える。外骨との友情は続けたが、出会いの詳細を公言することもなかった。外骨もまたそのことを固く守り、ジャーナリストとして出版活動に専念することで瀬木の恩に報いた。二人は若くして石川島監獄で出会い、人生最大の屈辱を受けるというピンチを共にバネにしたことで、再出発の船出を起こすことができ、それぞれの志に忠実に生きたのである。

ところで〝メディア買収劇〟というものは、何も今に始まったわけではない。近代日本の夜明けは、ジャーナリズムの夜明けでもあった。

『朝日新聞社史　明治編』によると、かねてから東京進出の機をうかがっていた朝日新聞社主・村山龍平が例の『めざまし新聞』身売りの情報を得て、一八八八（明治二十一）年五月に大阪から上京。社主の星亨が収監されている石川島監獄で星と面会し、その場で譲渡契約が成立した。買収金額三千円。社屋、印刷所、記者、職工らひっくるめての金額である。これは星が出獄直後、全権公使として駐米していた陸奥宗光に会うなど外遊のための資金には充分な額だったに違いない。また、すでに決めていたであろう自らの衆議院出馬のための資金に充てられたとしても不思議ではない。それにしても明治の人って、フットワークが軽い。走りながら考えているのだろう。村山のこの買収が功を奏して朝日は東京進出を果たし、日露戦争を契機に大躍進していく。

ところで、もしも瀬木が星の投獄に連座することなく『めさまし新聞』社員のままだったら、瀬木は外骨と出会うことなく自動的に朝日新聞社員となったわけだ。歴史上の〝もしも〟は、想像しただけでも面白い。

外骨には瀬木のほかにもさまざまな分野で活躍する支援者がいた。しかも彼らは〝錚々たる〟脇役である。

大阪毎日新聞社長（兼東京日日新聞社長）だった本山彦一（一八五三〜一九三二）もその一人である。慶応義塾で福沢諭吉の教えを受け大阪新報、時事新報記者を経て大阪毎日新聞入社の経歴を持つジャーナリストだが、一匹狼の外骨とは立場を異にする経営トップとなった人物だ。外骨の友人で医者の長尾藻城も、本山を「口先や筆先ばかりの新聞記者ではなく、富国富民の実践躬行者」「本山翁の葬儀に参列した者が一万五千有余人と註せらるるに至っては、いかに彼が有徳者であったかが証明せらるるではないか」(『公私月報』第二九号、一九三三年)と評していて、本山がいかに広く人望を得ていたかがわかる。

外骨は「予が翁の知遇を受けるに到ったのは、大正初年の頃が初めてであったが、爾来東西相隔たる間においても絶えず温厚切実の情味に接し、特に明治文庫設立の際は稀有の恩恵に与かったのであった」(『公私月報』第二九号、一九三三年)と書いている。外骨に本山を紹介したのは、京大教授時代から大阪毎日新聞の論客として活躍していた谷本富だと私は推測している(第三章参照)ので、外骨が京大を辞した谷本に初めて逢ったのが大正二年末、だから外骨が本山と出会ったのは直後、おそらく大正三年だと思われる。

毎日新聞社史『「毎日」の3世紀 上』巻に「本山彦一と明治文庫 宮武外骨に資金援助」の章が設けられている。

「文庫の理解者だった本山も、ポケットマネーからポンと五千円を出した。瀬木に次ぐ大口だった。外骨が集めた資料を一括買い取り、そのまま明治文庫に寄付する形をとった。外骨はその金を使って、日本中をかけずり回り、さらに資料の収集に励んだ。(略)滑稽新聞で外骨は、大毎を笑い飛ばしたこともある。しかし、本山との友情は変わらなかった。(略)頓智研法の不敬罪について、実際は無罪だったことを示す文書が見つかり、外骨は一九三四年に雪冤祝賀会を開く。自伝の中で、会に出席してもらえなくて残念だった二人の名を挙げた。吉野作造と本山彦一だった」と記されている。

確かに外骨は『滑稽新聞』で不正役人や悪徳薬業者を告発する一方、『大阪朝日新聞』、『大阪毎日新聞』をはじめとする大メディアを監視し、記事で痛烈に攻撃した。いいなあ。友情は友情、批判は批判。公私混同しないのが外骨流。だからこそ理解や支援を得たのだ。外骨と本山の関係も、瀬木と外骨の関係に劣らず得がたいものだ。
一世紀を経て、メディアは情報産業としては外骨が想像を絶するほどの発展を遂げた。だが、経営トップの諸氏はあくまで言論機関の役割を果たそうと闘う〝現代の外骨〟を理解し、支援しているだろうか。古くて新しいテーマだ。

小林一三

過激と愛嬌、硬派と軟派、新しさと古さを併せ持つ多面的な外骨は、支援者や交流人物もまた多種多様だった。とくに古美術愛好といった、軟派の面で外骨のよき理解者であり、粋なパトロン的存在だったのが小林一三（一八七三〜一九五七）である。

「私鉄王」「今太閤」と呼ばれた小林は山梨県出身。慶応義塾を出て三井銀行に入るが銀行員が嫌で、仕事で知り合った大阪財界人との縁で箕面電気軌道（現在の阪急電鉄）の創業に携わった。それが一九〇七（明治四十）年。もともと文学青年で新聞記者志望の小林は学生時代から小説を書き、また書画骨董や茶道など幅広い趣味人だった。この頃、外骨は大阪で『滑稽新聞』を廃刊し、雅俗文庫をつくって本格的浮世絵研究雑誌『此花』を発刊。『此花』の愛読者だった小林は入手した浮世絵を外骨に

タカラジェンヌに囲まれる晩年の小林一三『小林一三翁に教えられるもの』（梅田書房より）

鑑定してもらったことが、外骨との出会いだった。

　この二人を引き合わせたのが『滑稽新聞』の助筆者だった結城禮一郎ではないかと私は推測している。結城と小林は同じ山梨県出身で旧知の間柄だったようだ。結城が『滑稽新聞』にいたことは、そのときの同僚だった三好米吉が後に創刊した目録雑誌『柳屋』で明らかにされている。それによれば、結城が『滑稽新聞』にいた詳しい時期は不明だが『滑稽新聞』創刊（一九〇一年）頃の短期間だったようで、この直後に『滑稽新聞』助筆者となった松崎天民と入れ違いになって東京へ帰ったことがわかる。だが結城は一九〇七年にはまた大阪へ舞い戻り、『帝国新聞』の創刊に参加している。ちょうど小林も大阪に来て阪急を創業。一九一〇年に外骨が『此花』を創刊しているから、おそらく結城が小林に頼まれて外骨を紹介した時期はズバリ、明治末ということになる。

　小林が自費出版した『雅俗三昧』（一九四六年）によれば、小林が大阪の北、池田の皐月山麓に自邸・雅俗山荘を建てたのは一九〇九（明治四十二）年で、本格的に書画骨董のコレクションを始めた頃でもある。外骨が『此花』を創刊（明治四十三年）し、自らの出版社を滑稽新聞社から雅俗文庫と名づけた頃と重なり、小林の山荘名でもある〝雅俗〟は偶然の一致だろうか。また外骨は、その雅俗山荘に行ったことがあるのだろうか。小林の蒐集した浮世絵を外骨が鑑定したのなら、外骨が雅俗山荘に赴いたと考えても不思議ではない。二人はここでどんな会話をしたのだろう。

　現在、雅俗山荘は一九五七年から「逸翁美術館」として一般に公開されている。逸翁とは小林の雅号で、五千点に及ぶ書画骨董の収蔵品はすべて小林の個人コレクションである。重要文化財クラスのものもある。小林の人柄が表れているような瀟洒な建物は豪邸というのではなく、実にモダンで、かつ和洋折衷。広いリビングや茶室から望むことのできる日本庭園が美しい。二人の長い交流の中で、いつの時点かはわからないが、和服姿の小林と外骨がこの一隅で、喧騒の俗世間を忘れ、美しい浮世絵を愛でながら一服のお茶を楽しんだかもしれないと思うと、なんだか想像するだけで楽しくなってくる。

「日露戦争がすんで明治四〇年に、私は三井銀行をやめて大阪へゆくことになった。その時に新画は殆ど全部売ってしまって、古い方へ鞍替えをして今日に至った」と、小林は『雅俗三昧』で書いている。すでに銀行員時代から日本画に惹かれ、いろいろ買い集めていたようで、当時はまだ新進画家だった鏑木清方とも親交があった。その小林が大阪へ赴任したのを機にそれまで蒐集した明治期の〝新画〟を売り払い、「古い方へ鞍替え」したというのである。古い方、というのは江戸期の書画、浮世絵などを指す。一方、外骨が創刊した『此花』第一枝に、創刊の趣旨としてこう書かれている。

「外国人が我国の古い浮世絵の版物を一枚百円二百円にも買取ると云うに、本元の我国で冷眼視するのは、抑《そもそ》も何故であるか（略）各国の博物館には日本の浮世絵を多く陳列してあるので、日本人が見て、何時の間にコンナ沢山の品を買占められたのであるかと、呆れる程であると云うから、日本の浮世絵には真の価値があるに違いない（略）これは是非とも我々が大いに研究して見ねばならぬ」

小林と外骨の浮世絵趣味が一致したのである。小林が『此花』の熱心な読者になったのは当然のことだった。

一九一三（大正二）年に外骨が日刊新聞『不二』発刊を企画した際、社屋に困っていた外骨に小林は梅田停留場の一等地一四〇坪のバラックを提供している。この時、外骨の蔵書も小林が買い取り、その多くが春画・好色本の類だったと言われている。外骨は「社屋は家賃なしのロハで貸して呉れ、頼みもせぬに毎月末小林氏が来て『今月はどうぢや』と会計上の事を尋ね、五百円六百円投与された」（『公私月報』第四八号、一九三四年）と書いている。小林は同じ浮世絵趣味であると同時に、外骨の出版ジャーナリストとしての気骨に惚れて資金援助したと推測する。

一九三四年、外骨は小林の支援に感謝し、小林が慶応の学生時代に靄渓学人というペンネームで書いた処女小説『練絲痕』『柳字集』の二作を探し出して復刻し、『公私月報』第四七号の附録として報いた。小林も後年、このことを喜んだという。二人の交流は晩年まで続いた。

また一九三四年十月十一日に日比谷公園内・松本楼で開かれた外骨「頓智協会雑誌筆禍雪冤祝賀会」に小林も列席し、「私と外骨翁とは翁在阪時代よりの友人であります。それだけに今夕の喜びも非常なものですが、死なれた翁の旧夫人がよい人であったので、この喜びをその夫人にも与えてやりたかったと思うのであります」(『公私月報』第五〇号附録、一九三四年)と祝辞を述べている。旧夫人というのは、一九一五年にバセドウ氏病で亡くなった外骨の妻・八節《やよ》のことである。女性への配慮が細やかだった小林らしい、優しい言葉である。

企業経営者トップとして生きる小林も外骨同様、多面的な人物だった。〝急山人〟のペンネームで書いた郭《くるわ》小説『曾根崎艶話』(一九一六年)が風俗壊乱で発禁・罰金の筆禍となったこともある。古美術を愛する風流人であり、またアイデアマンというのも外骨に似ている。小林は未開の田舎路線だった箕電沿線に、宅地分譲を皮切りに遊園地、動物園、温泉、デパート、そして宝塚少女歌劇団を創設して世間の度肝を抜く。大正から昭和にかけて小林が企業人として最も活躍した時代にいつも小林に怒鳴られていた側近の丸尾長顕(演出家、日劇ミュージックホール創始者)は、『回想小林一三』(山猫書房、一九八一年)でこう書いている。

「この時代のおやじに触れた人間は、本当の姿に接し、薫陶されたのだから幸福とも言える」。

これは三好米吉が『滑稽新聞』時代の外骨の薫陶に感謝したのと重なる。外骨も『滑稽新聞』時代、助筆者や弟子たちの前で癇癪玉を破裂させた。外骨の顔は実際、『滑稽新聞』に何度も登場する似顔絵にそっくりだったのだろう。絵師がいささか誇張して描いたにせよ、あまりによく似ていたのでみんなで笑っていた姿が目に浮かぶようだ。とにかく明治生まれの人間はよく怒鳴ったとみえる。

小林はそんな自分のことをこう書いて弁解している。

「活かして人を使うということはむずかしいものだ。実際、私ぐらい我儘で、怒りっぽくて、その上、深刻に人を罵倒し、人を使うことにかけては零の者はあるまいと、自分では思っている。（略）ただ私としては、阪急会社中での一番の年長者でもあり、最古参者でもあるし、第一人者であるから、従業員諸君が私のわがままや、怒りっぽいのを我慢してくれているのであろうと、心では感謝していた」（『私の人生観』要書房、一九五二年）

小林は一九四〇年第二次近衛内閣時に商工大臣を務め、敗戦直後の幣原内閣で国務大臣を務めるも翌四六年、ＧＨＱから公職追放となる（五一年解除）。外骨と小林はあくまで軟派の部分で付き合い、明治人の風流を共有していたと私は思っていたが、小林も外骨同様、気骨ある人物だった。第二次近衛内閣のときに商工大臣を務めたことで公職追放になったが、そのときのことをこう書いている。

「そこで商工大臣になってからも、軍部からいろいろ圧迫を受け、とうとう議会で秘密漏洩なんていって弾劾されたり、いろいろしてとうとう僕は辞職せざるを得なくなった。そこで僕は大臣落第記というものを書いた。しかもその大臣落第記も、途中で止めざるを得なくなった。（略）つまり、そこで爾来、世間の人は小林は大臣落第記を書いて、大臣で落第したものとみんな解釈している。僕からいえば、僕の大臣落第記というのは、大臣大成功ということだと信じている。軍部に反対し、官僚に反対し、統制に反対している。僕のこの信念は、今日この時勢が来たからいうんじゃない。その時にへいこらへいこらして、何べんでも大臣になれるということなら、僕らが出る必要は何もない。われわれは、いわんとする通り統制に反対をし、軍部のお気に障ったということは、大臣としては大成功だ。僕は大成功であったと信ずる」（『私の人生観』）

戦後、小林は宝塚歌劇出身の美しい女優たちが雅俗山荘を訪れるのを、とくに喜んだという。近年、私も「逸翁美術館」となった雅俗山荘を訪れたことがあるが、ここの茶室はまるで舞台のように設けられていて、客は椅子に腰掛けて茶人のお手前を眺めることができる。小柄な小林よりはるかに背の高い女優たちが椅子に腰掛けて、小林の点てたお茶を飲んだのだろうか。

小林は一九五七年に没した。享年八四歳。遺言により宝塚歌劇大劇場で葬儀が執り行われた。

社会主義者の〝提灯持ち〟

森近運平への支援

瀬木や小林をはじめ、多くの人々から支援された外骨は、また支援者としての一面があった。外骨がとくに信頼し、支援した森近運平（一八八一～一九一一）は岡山県出身。岡山県立農学校を首席で卒業し岡山県庁に優秀な農業技師として在職中、社会主義に目覚めて『平民新聞』の読者会「岡山いろは倶楽部」をつくり、免職になったのが一九〇四（明治三十七）年。政府の社会主義者への弾圧が厳しくなった日露戦争直後、彼らにとってまるで月光仮面のように登場したのが外骨だった。

外骨の正義感が社会主義に傾いたことはごく自然なことと理解できるが、そもそも〝特定の主義を持たない主義〟の外骨が社会主義に関心を持った具体的な理由があるはずだ。それについて外骨は『滑稽新聞』第一二七号（一九〇六年）で明らかにしている。父の三回忌で帰省中の列車内で在阪の一紳士と同乗し、ちょうどその年、大阪市電が民営化されるとの問題が浮上していてその話に及ぶ。

「暴富奸商の徒が官僚と結託して私利を貪らんとするの非を論じ、延ひて社会主義の事に移り、記者は同乗数時間に於て某氏より社会主義研究の趣味ある談を聞くを得たりしが、此談動機となりて記者は社会主義研究の念を高むるに至り」

直ちに外骨は、友人の弁護士・日野国明ら四名と中之島・銀水楼で会し、堂々と〝社会主義研究会〟を設立。さらに近く〝革命的奮闘機関の雑誌〟として、『滑稽新聞』とは別に月刊『天職』を出すと予告する。この雑誌を外骨は〝痛癪玉破裂の機関砲〟とし、

「所謂『極端なる社会主義』でなくて、国家社会主義と云うものは、欧米に於て盛んに唱導せられ、貴族富豪の連中も亦之に同意賛成して共に主義の実行に勉めて居るそうである、貧乏だからとて社会主義を唱えるのは真の社会主義ではない、兎に角国家社会主義は我国の現社会に適用すべきものである」

『滑稽新聞』第132号の挿絵「平民新聞の提灯持ち」

（『滑稽新聞』第一二七号）と書いている。

外骨の理想主義がよくわかる。これについて当時の大阪庶民はどう見ていたのだろう。『大阪社会労働運動史　第一巻　戦前篇・上』（有斐閣、一九八六年）の「宮武外骨の社会主義研究会」の章には、「大阪きっての〝名士〟連が物好きにも公然と社会主義研究会と名乗ったのだから、当時の大阪府警察部も当惑の色を隠せなかった」と記されている。

実は『平民新聞』に二千円の資金援助をしていた外骨は、社会主義研究会の機関誌発行に際し東京の平民社から研究会の顧問と雑誌の編集人を招聘することになり、派遣されたのが森近だった。外骨がつけた雑誌のタイトルは『天職』ではなく『活殺』となる。活かして殺す、活気あり殺気あるものという、外骨の思い入れと森近への信頼・期待の大きさが伝わる。『活殺』は一九〇七（明治四十）年五月一日のメーデーに創刊されたが、研究会内部で森近の論文「宗教の堕落」が、穏健なる社会主義を唱導するとした会の綱領に反しているとの抗議が日野国明から出され、『活殺』は一号で廃刊、研究会は解散になってしまう。

外骨は独自で森近に『大阪平民新聞』を発行させ、『滑稽新聞』助筆者の仕事も与える。だが『大阪平民新聞』（後に『日本平民新聞』）は労働運動と深く関わった森近の三度の入獄など度重なる弾圧に遭い、一九〇八年五月、出獄した森近はちょうど高知中村に帰省していた幸徳秋水を訪ね、新聞の存続を相談する。結局、廃刊を決意。高い志を持ちながら性質温柔な森近は一九〇九年三月、外骨の下を訪れ、「国許へ帰り、野菜物でも作るつもりです、どうぞおいとまを下さいませ」（『幸徳一派　大逆事件顛末』一九四六年）と、これまでの援助の礼を述べた。これが森近との最後の別れとなった。一九一〇年四月、外骨自身も『大阪滑稽新聞』第二八号の「我輩と社会主義」が治安妨害罪とされ二カ月の入獄となる。

直後の六月、森近は岡山で逮捕・拘引され、一九一一年一月、大逆事件の冤罪で幸徳秋水らと共に死刑に処せられた。

この大事件で、なぜ外骨は検挙されなかったのだろう。外骨は「極端なる社会主義は現政府を脅喝するの用に適す」（『活殺』第一号）と書いているが、外骨の思想が当時の世相から考えて穏健だったとも思えない。外骨の社会主義への傾倒はかなり確信的で、資金援助も半端ではないのだ。森近との関係を当局が知らなかったはずはない。むしろ外骨はおおっぴらに自らを「平民新聞の提灯持ち」（『滑稽新聞』第一三二号）と吹聴していたのである。事件の首謀者の一人とされた宮下太吉は『滑稽新聞』の愛読者で、外骨が『平民新聞』の〝提灯持ち〟を自負した記事を読んで大いに触発され、『滑稽新聞』に投稿したこともある。当局の手が外骨にまで及ばなかったのは幸運としか言いようがない。

「滑稽記者は度々云った通り、極端なる社会主義の実行には不賛成であるのだが、今の政府が政友会という国賊共を養成して国民を虐げたり、元老共が富豪と結托して私利を営んだりしているのを見て、普通尋常の手段で攻撃してもその功は無い、これは社会主義でおどかして改心せしめるより外に途は無いと信じている」（『滑稽新聞』第一三九号）などと、けっこう過激である。外骨は大逆事件に直接関与はなかったにしろ、間接的には大いに関与していることになる。外骨の〝提灯持ち〟を当局が名士たちの単なる物好きと判断したのだろうが、それを外骨の韜晦と見抜く人物が大阪府警察部にいなかったことが幸いした。

かくして森近運平は外骨に特別な思いを残して三十年の短い生涯を閉じた。一九〇七年四月から一九〇九年三月までのわずか二年の親交だったが、外骨は晩年になっても彼を忘れることはできなかったようだ。

私は森近の郷里の岡山県井原市を訪れた。すぐ西は広島県という山間の町だ。「森近運平を語る会」事務局長の久保武さんに話を伺い、森近の生家跡を案内していただくのが目的だった。久保さんは地元出身者の森近運平の名誉回復を願い、一九九〇年に賛同者と「語る会」を立ち上げた。会報の発行、講演会、和歌山や熊本など全国の大逆事件刑死者を研究・顕彰するグループとの交流などの活動を続け、二〇〇一年一月には〝森近運平刑死九十周年墓前祭〟を生家跡地で催している。久保さんの書斎で大逆事件関係の書籍や、その中に収録されている森近の農学校時代、県庁職員時代、平民社時代（十代末から二十代末）の写真を改めて拝見した。利発で実直そうな風貌は理想に燃えた明治に生きる若者を思わせ、私の謎が少し解けた。外骨はなぜ森近をあれほど支援したのか……。理屈を超えた何かがあるような気がする。

『滑稽新聞』の成功で外骨は森近に新聞発行資金や活動費等、合わせて五千円（当時の貨幣価値で換算すれば現在の五千万円相当だがそれ以上の価値だろう）を出資している。外骨がそれほど森近を支援した理由は何だろう。実は外骨は平民社から幸徳秋水を招聘したかったのだが、秋水の都合がつかず、やってきたのは二六歳の森近だった。外骨四〇歳。人は出会った瞬時に相手に惚れ込むという〝魔法〟にかかることがある。これは私の推測だが、もしかして外骨は森近に会ってその魔法にかかったのかもしれない。森近は研究会機関誌の編集人として招聘したのだから、その森近の記事が会の綱領に反したとの理由で研究会が解散になってしまった以上、外骨は森近に事情を呑んでもらい、帰京させてもよかったはずである。言い訳は立つ。だが外骨はそうしなかった。森近が気骨のある人物であり、外骨が彼を気に入ったからに相違ないと私は睨んでいる。研究会で外骨は森近を擁護し、例の癇癪玉を破裂させて開き直る。そのいきさつを外骨は『滑稽新聞』第一三九号でこう明らかにしている。

「ナント馬鹿臭い事ではないか、庇を貸して母家を取られると云うに類しているではないか、最初滑稽新聞社の奮闘機関として発行すべきはずのものを、同志というから貸してやる事にしたのであるに、その借り手に打潰されるなどは随分滑稽の沙汰じゃないか、シカシこちらでは癇癪虫が承知しない、ナニ穏健な記者を使え、ベラボーな奴め、人間を活かしたり殺したりしようという雑誌『活殺』に穏健も平和もいるものか、活気あり殺気ありという雑誌を出そうと云うに、手緩い論説で間に合うものか、今日の世の中は尋常普通の議論を唱えていてはなんらの効能もない、『極端なる社会主義は政府を脅喝するの用に適す』とは滑稽記者の持論であるから、極端な新聞を起さすべしであると、大いに反動心が発したので、某氏が来月一日より発行する『大阪平民新聞』というのを尻押しする事になった」

森近運平の墓（岡山県井原市）

読んでスーッとするではないか。手緩い研究会より、森近を選んだのである。啖呵をきる外骨の姿が目に浮かぶようだ。むろん、ここでの某氏とは森近のことである。外骨にとってすでに森近は、仲間割れしてでも支援したい、自分に最も近い同志だった。

だが時代の流れは二人に逆風となった。大阪での活動に挫折した森近は、外骨との別れの挨拶で、出資のすべては印刷代に消え無駄になってしまったと詫びた。だが、外骨の支援は世紀を経て今ようやく郷里で実を結ぼうとしている。久保さんたちは近く井原市議会に森近の名誉回復の陳情書を提出する予定だという。また出身校の岡山県立高松農業高校創立百周年に刊行された『高農百年史』（一九九九年）には「社会主義者森近運平の生涯」の章が設けられ、日露戦争に反対し郷里で農業振興に尽力した森近の復権が記述されている。

森近は弟の良平に宛てた遺書で「死刑、全く意外な判決であった。ただあきれ返って涙の一滴も出なかった。無罪を予期して、温室や温床の構造、イチゴの栽培、果樹やブドウをいかにしようか、地方農家の為にどんなことをしたらよいか。青年にいかにして農業知識を普及させようか美しい空想は、一場の夢に化した」（『森近運平研究基本文献』同朋舎出版）と書いている。無念さが伝わる。

森近の遺骨は郷里の高屋村に帰ったが、逆徒として墓石の建立も認められないまま、生家に隣接する森近家墓所の隅にひっそりと埋められた。その後一家は離散、森近の妹の遺族によって彼の墓が建てられたのは一九六一年、ちょうど半世紀後である。私は戒名の「法運院眞哲義範居士」と彫られた墓石に手を合わせた。

また生家跡に建てられた記念碑の前に立った。一九六〇年に大逆事件五十周年記念事業実行委員会が建てたものだ。森近の辞世の歌を堺利彦が文字にし、荒畑寒村の銘が添えられている。晩秋の空気はもう初冬に感じられ、「命日の一月二十四日は底冷えがするほど寒いですよ」と言う久保さんの言葉が私の耳から離れなかった。

死刑廃止論

森近が師事した幸徳秋水（一八七一～一九一一）と外骨との関係にも、私は興味深いものを感じる。社会主義に関心を持った外骨なら、秋水にも大いに関心を抱いたことは間違いない。二人はとうとう面識はなかったが、もしも秋水が大逆事件で刑死することがなかったら、二人はいつか必ず出会っていたはずだと私は思う。では外骨はいつ、どのようにして秋水を知ったのだろうか。

東大明治新聞雑誌文庫の膨大な外骨書函目録から、私は一冊の興味深いノートを発見した。発見というと少し大げさかもしれないが、私にとっては大きな発見であり、衝撃的だった。表紙には外骨の筆で「死刑廃止論集」と書かれている。一八七七年から一九四七年までの新聞・雑誌記事の切り抜き、書き写し、外骨自身の文章で構成され、テーマはすべて〝死刑廃止論〟。一九四七年五月が最も新しい日付だから、ノートの作成（もしくは完成）はそれ以降、外骨が明治文庫を退職した四九年九月までということになる。

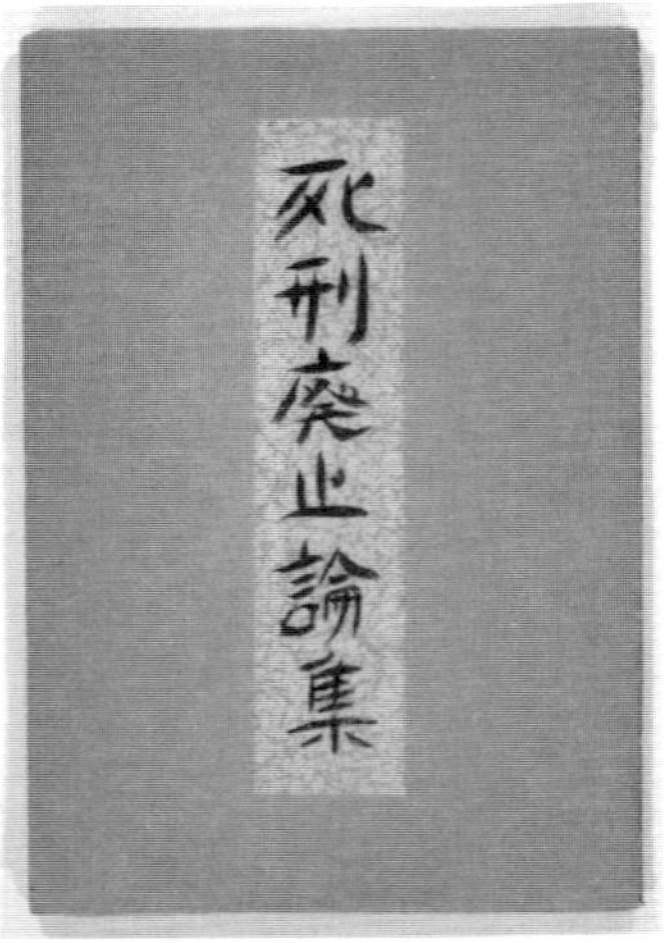

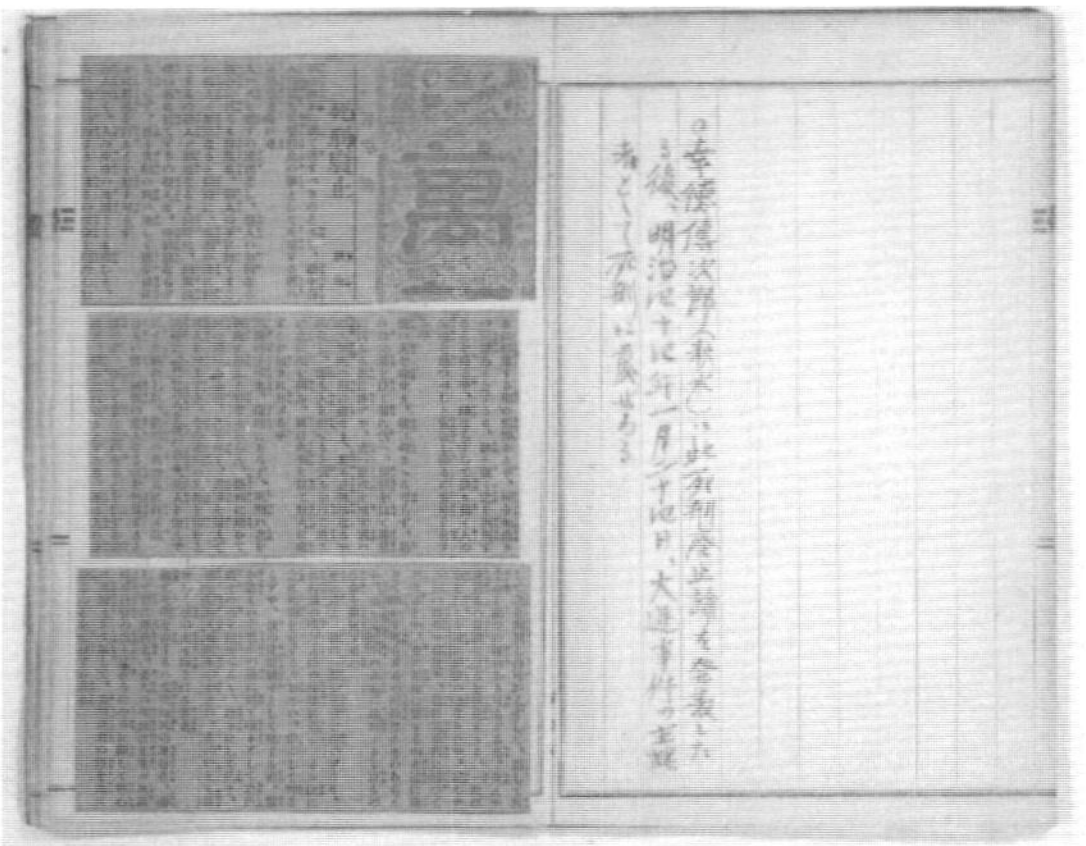

外骨手製のノート「死刑廃止論集」表紙と、萬朝報に掲載された秋水の記事の切抜きを貼ったページ（明治新聞雑誌文庫所蔵）

最初のページは「ソ連で死刑を廃止」と報じた一九四七年五月二十八日の『朝日新聞』記事を外骨が

書き写したもの。明治十年『近事評論』の論評「対国事犯人　死刑廃止論」、同年『法律雑誌』の「死刑廃止可否説」、明治十八年の新聞記事切り抜きなどがいくつか続き、最後は一九〇二（明治三十五）年三月三日『萬朝報』第一面トップ、「言論　死刑廃止　秋水」の記事を貼り付けたもので、このノートの白眉。当時『萬朝報』にいた幸徳秋水のこの記事はあまりに名文で、思わず絶句してしまった。少し抜粋してみよう。

「刑法改正に就いて議すべきのと多し、なかんずく吾人の最も重要緊急の事として希望する所は死刑廃止是也　人は人を殺すの権利なし、殺人はいかなる場合に於いても罪悪なり。個人の手に於てするの殺人が罪悪なると同時に、国家法律の名に於いてするの殺人も、また罪悪ならざる可らず。然り文明の民は決して国家法律が此罪悪を行うことを恕す可らず。西人曰く、人の生命は地球よりも重しと、夫れ世に地球よりも重きの生命を絶たしむるに相当するほどの犯罪ある乎、たといかくの如きの犯罪ありとするも、誰か能く之を判別するとを得る乎、神ならずして誰か能く人の生命を絶つべしと宣告し得るの資格を有する乎。（略）刑罰は懲戒なり。復讐にあらず、死刑は之を報復に用ふる妙なるあらん、懲戒に用いて何の効果ある乎、孔子曰く、其罪を憎んで其人を憎まずと（略）」

私が察するに、外骨はこの記事を読んで感銘を受け、切り抜いて保存していたのではないか。これを後世に伝えようという強い意志と、その秋水を死刑にした明治政府への静かな怒りのようなものを感じる。外骨はその記事を貼り付けた隣のページにこう書き添えている。

「幸徳伝次郎（秋水）は此死刑廃止論を発表したる後、明治四四年一月二四日、大逆事件の首謀者として死刑に処せらる」

外骨もまた後に死刑制度に異を唱えている。

「殺人の極悪罪たる事は云うまでもない事だが、これは原則で、原則には例外があり変則が或る。即ち人を殺しても差し支えのない場合、人を殺さなければならぬ場合がある。殺人公許の最も大仕掛けの実例は戦争である」(『つむじまがり』一九一七年)と書いている。

「オマケに此殺人行為には勲章だの年金だの昇進などという奨励法がついているから、全く以ってドエライ事である。次には国家が執行する死刑も殺人行為である、此殺人をやれやれというのは判事や検事だから、彼らは取りも直さず此殺人行為の教唆者である、(略)斯くの如く、殺人公許の変則も多くあるが、或る方面の人々は、此変則の範囲をズット拡張したいと思って居るらしい」(同)

政府の厳罰主義への危機意識である。外骨にとって国家とは、常に過ちを犯しかねない危険な存在なのだ。外骨の死刑廃止論は、昨今の〝凶悪犯罪〟とされるものではなく戦争や政治犯・冤罪など国家犯罪を想定した論理ではあるが、死刑制度の存続は現在でも世論が分かれる重いテーマだ。

外骨は社会主義者シンパであり、パトロンでもあった。おそらくその理由に、秋水の存在が大きかったのではないか。すでに『萬朝報』の記事などで注目し、畏敬の念を抱いた秋水と、自ら支援した森近運平に謀反者の汚名を被せて殺した明治・軍藩閥政府(名を挙げれば元老・山県有朋と桂太郎内閣)を許せず、その無念の思いを後に『幸徳一派　大逆事件顚末』(龍吟社、一九四六年)に著す。これは「明治社会主義文献叢書」全一六巻の第四巻として出版されたもので、第二、第三巻は秋水文集上・下が収録されている。龍吟社はこれについて、「東大明治新聞雑誌文庫宮武外骨翁の御厚意と御援助の下、明治三十年度以降の『萬朝報』によって豊富に蒐録されたのである。深く宮武翁に感謝する」と書いている。『萬朝報』時代の秋水の記事を外骨が鑑定したのである。ということは、外骨は秋水の記事についてかなり見識を持っていたわけで、とくに注目して切り抜いていたのは前述の死刑制度についての記事だったのかもしれない。

『幸徳一派　大逆事件顛末』で外骨は、「逆徒中の文才があった人々」としてこう書いている。

「予は二十六名中の逆徒中、懇親であったのは森近運平一人であり、単に面識があったのは武田九平と三浦安太郎の二人であり、其他の者は逢った事もなく、文通した事もないが、幸徳伝次郎は首魁であった丈、傑出した人物であり、諸新聞の記者であった事は別の項に記述した通りである（略）」（同）

外骨は森近については特別に思いが深く、「備中人、覓牛と号し、性質温柔」と記し、だいたい次のような主旨である。

森近は東京の社会主義の新聞雑誌に筆を執っていたが、当局の迫害を受け、その機関誌が休刊、潜行しているとき、外骨は大阪で弁護士や教育家連中と共に社会主義研究会を開く事になり、その会の顧問として大阪に招聘した。そこで森近に雑誌『活殺』を編集させ、外骨が発行したのだが、その中の記事が純然たる極端な社会主義と非難され、初号限り廃刊した。そこで外骨は森近単独で『大阪平民新聞』（後に『日本平民新聞』と改題）を編集発行させていたが、第二三号発行後、森近は外骨の家を訪れ、「毎月資金援助をしてくださいましたが発行毎に発売禁止となり、発行前に差押えられ、これでは活版所へ印刷料を支払うだけです。社会主義の宣伝にもなりませんから、もうこれで国許へ帰り、野菜物でも作るつもりです、どうぞおいとまを下さい」という意味のことを外骨に言った。外骨は森近に「あなたの随意になさい」と告げて別れた。森近は大逆事件計画に参加の誘いを受けた際、自分は田舎で妻子を養わなければならない義務があるからと、自分の代わりにと宮下太吉という人物を紹介したが、最後まで死刑に処せられるとは思っていなかったようだ――。

ちなみに、この本が書かれた年の初めに昭和天皇は人間宣言している。それを念頭に置き、外骨は

『幸徳一派　大逆事件顚末』の「自序」でこう書いている。

「大逆事件と云う恐ろしいような言葉、これは支配階級者及び其支持者の側で云った名目、逆徒の方から云えば、民衆の為に一身を犠牲に供した天皇制打倒の失敗事件である。当時の政府当局者が愕いて死刑に処したのは、国家擁護上、正当の措置であった、シカシ人を殺さんとしたのも、人を殺したのも、暴挙、暴力で、双方とも悪行為である。民衆の為めは善事、国家の為めも善事であるとすれば、双方とも善行為であった。されども、官僚の巣窟たる政府当局者が、国家の為めと云うのは、政権壟断の持久策、自家存立の計たるに過ぎないが、其舊制度を破壊せんとする民衆の運動は、些の私心なき純真の愛民愛国が眼目であるとすれば、これほど立派な善事、これほど有意義な壮挙は外にないと見ねばならぬ」

政府官僚と、処刑された社会主義者の国家を思う気持ちは、断じて同じではないことを外骨は言いたかったのだ。そして最後の自跋にはこう書いている。

「抑も大逆事件の起りは、官僚が自作の憲法で『天皇は神聖にして侵すべからず』とした条文に基づいて、民衆を圧迫し、天皇を現人神として故らに崇め奉って居た制度を打破せんとしたのが目的だったが、其の逆徒は殺人犯の予備行為に過ぎないのであるに、官僚は逆徒を死刑に処した、人が人を殺せば死刑であるけれども、その予備行為は二年以下の懲役である、然るに天皇を殺さんとした予備行為に対して死刑に処したのは天皇を神と見たのであるが、今はその神が人に帰したのであるから逆徒は神でない人を神として重刑に処せられた不幸者であった」

このように書いて、大逆事件から三十六年という年月を経て、そしてまた天皇制から進駐軍による占領政策へという時代の時空を外骨は軽々と超越したのだ。こうして外骨が自らの使命として書いた歴史の再編は、私たちへの、過去を忘れるなという静かな怒りのメッセージだった。

日本人のほとんどがアメリカに倣い、時代を変えるのは政治ではなく資本主義経済だという、ほとんどアメリカ教ともいうべき熱狂的な信念を抱いてがむしゃらに働き始めたときに、外骨は一人、こんなことを書き残していたのである。

白虹事件を斬る

八年間発行した『滑稽新聞』を外骨自ら〝自殺号〟と銘うって廃刊にしたが、〝過激と愛嬌〟路線を廃止したわけではない。〝嗤う外骨、怒る外骨〟は大正期に入ってもますます健在だった。とくに官僚・政治家への怒りは頂点に達した。

一九一五（大正四）年三月、外骨は大阪で、第一二回総選挙に自ら「政界廓清、選挙違反告発候補者」を標榜して立候補する。この前年、軍艦・軍需品購入に関する汚職事件・シーメンス事件が起こって国会で問題となり、年末には薩摩出身の海軍大将・山本権兵衛内閣が総辞職するという経緯があった。軍閥政府は国民に人気のあった大隈重信に組閣させ、安定多数を得られるかどうか注目の選挙となり、そのため選挙違反も続出した。

外骨の立候補は、「我は天の使命として選挙界を騒がさん為に起つ者なり　故に勝敗はモト眼中になし」（『ザックバラン』第一号、一九一五年）というもの。どうしても許せない金権候補者を落選させるために立候補したという、ものすごくわかりやすい理由だ。金沢利助とか谷口武兵衛といった大阪の資産家候補者の名前を挙げて非難して回る、今で言えばネガティブ・キャンペーンである。このため陣営同士で喧嘩沙汰、暴力沙汰が絶えず、あちこちでいざこざが起こったが、なにせ庶民の味方『滑稽新聞』の宮武外骨、泡沫候補者にして浪花の名物男なのだ。「われは金毘羅大権現の再来、大天狗の荒神様なるぞ、刃向う者は八ツ裂きにして杉の枝にぶら下げてやる」（同）と演説して多くの大阪市民を喜ばせ、選挙は盛り上がった。外骨の演説会は有料（ただし自らの選挙活動報告機関誌ともいえる『ザックバラン』第一、第二号に無料入場券を附けた）にもかかわらず、大入り満員の盛況だった。だが結果は、二五九票で見事「ミヂメな落選」に終わった。与党の勝利である。といっても、この当時の選挙権は二五歳以上の男子で、国税を一〇円以上納めた者にしか与えられず、国民全体の約一パーセントにすぎない。この時代からすでに有名人が立候補していたようで、与謝野鉄幹は九九票、馬場孤蝶二三票だったと書かれているから、外骨の二五九票という結果はまんざら悪いわけではなかった。

『滑稽新聞』で多大な利益を得た外骨だったが、『此花』や『不二』などその後の出版活動で使い果たし、選挙も落選、一九一五（大正四）年九月十日、もとのスッテンテンになって妻と娘を連れ、「夜逃げにあらず昼去りなり」と、十五年間住んだ大阪をあとに上京した。

だが、外骨は何一つ懲りてはいなかった。二年後の一九一七年四月、第一三回衆議院選挙に「選挙違反告発候補者」を名乗り、今度は東京と大阪を股にかけて立候補する。今回もまた前回同様、当落は眼中になく、

「ひとえに有権者を罵詈してその覚醒を促し、一方、他の悪辣なる候補者の違反行為を摘発」（『スコブル』第五号、一九一七年）するのが目的だった。だが結果は東京で三票、大阪で三票、合わせて六票という本当にミジメな結果になった。外骨の怒りは腐敗政治を許す愚民、つまり有権者に向けられ、『スコブル』第七号にこう書いて憤懣をぶつける。

「金を使って運動する者でなければ、国民の代表者に適当しないと思うのか、糞馬鹿者共奴、とあらゆる実例を挙げて選挙民を罵り尽くし、なお新聞記者の醜陋と不見識、没常識とに対して無遠慮に痛撃を加えたのであった。」

なんだか、世の中は九十年経ってもちっとも変わっていないではないか、という外骨の声が鬼籍から聞こえてくるようだ。

『滑稽新聞』をさらに進化させて創刊したのが、月刊『スコブル』（一九一六（大正五）〜一九一九年、全二七号）である。例によって雑誌の趣旨を創刊号で、茶目っ気たっぷりにこう〝宣言〟している。

「さて本誌が『スコブル』という題号にしたのは、何故であるかというに、本誌は従来世にある雑誌の如く、真正面の事、スマシ込んだ事、オツに気どる事、十人並の事、少しカタブツの事、カタヨルの事、不平な事、頑固な事を書いて、そして読者に頭を少し偏《かた》ぶけさせて、ハテナと云わせるのが第一義であって、第二義としては、スコブル旋毛曲りの事を載せて、スコブル好評を博し、スコブル多く売って、スコブル異彩ある権威を発揮したいと思うだけの事で、其理由はスコブルフザケ、スコブルノンキナ、稚気を帯びたスコブル単純なものである」

こんな言葉遊びは外骨流のカムフラージュで、実際の『スコブル』では政治批判の筆も冴え、時には毒のある批判記事が掲載されて過激的格調高さを覗かせた。

第一次大戦後の日本はシベリア出兵による軍備費の増大や米の買占めなどで物価が高騰する。とくに米価高騰に苦しむ国民の政府批判が高まり、一九一八年、富山県から自然発生的に起こった米騒動は全国的に広がっていった。こうした中、『大阪朝日新聞』は政府を痛烈に批判し、寺内内閣から反感を買っていた。

一九一八年八月二十六日夕刊に、「寺内内閣の暴政を責め　猛然として弾劾を決議した　関西記者大会の痛切なる攻撃演説」との勇ましい見出しで、関西新聞社通信社大会の模様を報じる記事が掲載された。『朝日新聞社史　大正・昭和戦前編』には、

「この記事中の『白虹日を貫けり』の一字句が、創刊以来はじめて、朝日新聞そのものの存亡の危機を招き、日本の言論弾圧史上、特筆すべき筆禍とされる『白虹事件』に発展されることになった」とある。問題になったのは次の部分だ。

「（略）金甌無欠の誇りを持った我大日本帝国は今や恐ろしい最後の裁判の日に近づいているのではなかろうか。『白虹日を貫けり』と昔の人が呟いた不吉な兆が黙々として肉叉を動かしている人々の頭に雷のように閃く……」

書いたのは京都帝大国文科卒の若い記者で、「白虹日を貫けり」とは中国古典で国に内乱が起きるという意味だ。これを見た大阪府警察部新聞検閲官は即日、新聞を発売禁止、大西利夫記者と編集発行人を新聞紙条例違反として告発・起訴し、以後の新聞発行禁止を求めた。直後に大阪朝日不買運動が起こり、社長の村山龍平は暴漢に襲われ、大阪朝日は危機に追い込まれた。二カ月後、村山は社長を辞任、編集局長・鳥居素川と社会部長・長谷川如是閑は退社した。裁判の結果として発行禁止は免れ、記者と編集発行人は二カ月の禁固刑となった

この大新聞筆禍事件の経過詳報を眼光紙背に徹するが如く注視していた外骨は、『スコブル』第二五号（一九一八年十一月一日発行）で、「大阪朝日新聞　発行禁止問題」（この時期にはまだ白虹事件とは呼ば

れていなかったようだ）と題してこう書く。

「世界新思潮の襲来に怖気をふるって居る官僚共が、名を新聞法の制裁に借りて、該社を恐喝したのに過ぎない」

「そは為政者にあるまじき法権濫用の罪を犯す者とせねばならぬ」

と当局の非を看破し批判する一方、〝裏で政府に温情を乞う〟村山龍平の態度に不快感を示す。自分たちが危険思想の言論を主張する者ではないと言うのなら、政府の不当極まりない言いがかりに対して正々堂々と争って自分たちの公明性を表明すべきではないか、それなのに慌てふためいた社長のその態度は笑止千万、おまけに会社の存続だけを守ろうとして長年信頼してきたはずの優秀な社員を放逐するとは、実に軽蔑すべき行為である……、外骨はこう主張して朝日を叱責する。

「東洋第一の大新聞と称せし社長が斯かる醜態陋態を演ずるのを見て、我日本には一人の志士なきかと疑われはしないかと思ひ、我輩は外国人に対して恥ずかしい気がする」とまで書いている。

まあなんというか、さすが筆禍の大先輩にして路頭に迷う社員もいない一匹狼の外骨先生、見事な正論である。大新聞の社長が権力に屈し、一部の社員よりも会社の存続を選んだという醜態に、なぜ当局と正々堂々と闘わないのかと大阪朝日に怒っているのである。最後は、寺内内閣を批判する大朝が「好き」と『スコブル』第二三号で書いたことを取り消し、「好きが嫌になった」と訂正する。

この後、判決が下されてから外骨は改めて怒りを募らせる。かつて『滑稽新聞』で自分を裁いた同じ大阪裁判所が大阪朝日を発禁処分にしなかったことだ。大阪検事局に対しても、判決を受け入れて控訴しなかったことが外骨には大いに不満だった。『滑稽新聞』では外骨本人の入獄二回、関係者の入獄三回、罰金刑一三回、発行停止四回、発行禁止三回といった厳しいものだったのに、検事はなぜ控訴しないのか。自分の筆禍と比べたら〝白虹日を貫けり〟も〝秩序壊乱〟ではないか。

例えば『滑稽新聞』第一六九号で自分は単に「検事には悪い奴が多い」と毒づいたにすぎないのに発禁になった、と外骨は憤懣をぶちまける。『スコブル』二六号で外骨は、大阪朝日が発禁処分にならなかったことを「同じ大阪の裁判所がそれに発行禁止の処分を加えないのは、あまりに擬律軽重の差がヒド過ぎるではないか」と書いている。もっともな言い分ではある。だがこれは、大朝幹部が政府と徹底抗戦しなかったことへのあてつけと考えるほうがいいだろう。村山龍平があちこち命乞いをして、最後はかつて大阪毎日新聞社長で旧知の間柄だった原敬に泣きついて発禁を免れたというように外骨は書いている。原は寺内が辞職に追い込まれた後に首相になり、藩閥出身でも華族でもない原は平民宰相と呼ばれた。

それにしてもつくづく感心させられるのは外骨のアンテナの高さ、情報収集能力だ。当然ながら記者クラブにも加盟していなかったであろう一匹狼の外骨にしては、あまりにも裏情報に通じているのである。当時、その〝大阪朝日「発禁問題」〟についてはどの新聞も戦々恐々として、死んだふりでもしていたのか一切報道しないか、ほとんどまともに報じていない。『スコブル』の詳しさは驚くほどで、どう考えても外骨の周辺に情報をもたらす協力者がいたとしか考えられない。

白虹事件に関しては当時東京朝日にいた大庭柯公（本名、景秋）という人物が思い当たる。大庭はロシア語に堪能で、日露戦争には二葉亭四迷（本名、長谷川辰之助）と共にロシアへ従軍記者として派遣されている。外骨とはおそらく大阪時代に親交を持ったのだろう。大阪朝日、大阪毎日、東京日日、東京朝日、読売記者として筆を執る一方、外骨の『スコブル』『赤』『民本主義』などに寄稿。社会主義者となり一九二一年にロシア革命の取材に赴くが、モスクワで軍事スパイの疑いで逮捕され、その後消息を絶っている。この大庭が外骨に朝日の内部情報を伝えたのではないかと私は推測している。この事件で東朝を退社した大庭は後に『日本及日本人』で「東西朝日新聞堕落降伏史」と題する論文を書き、判決の無難を願うあまり大朝幹部がとった態度を批判した。外骨がリアルタイムで報じたことと多々、符合する。

ちなみに被告大朝側の弁護にあたった名弁護士・花井卓蔵（大逆事件でも活躍）と外骨は、二人がまだ十代のときに大阪で出会った旧知の間柄である。それにしても、外骨の人脈の豊かさには感心させられる。

仮に大朝が社員二人の実刑を控訴し、政府と徹底抗戦していたら、新聞は昭和の侵略戦争をも批判し阻止できただろうか。いや、やっぱり大朝が潰れるだけで終わっただろう。九十年前のメディアと権力の闘いは権力のほうが強かった。

では今はどうか。もしかしたら、白虹事件を教訓として学んだのはメディアや国民の側というより、皮肉にも政治権力者の側だったのではないかという気がする。彼らがメディアの絶大な影響力に気づけば、それを利用し、情報操作することで政策をスムーズに実行できる。その最たるものが戦争の遂行だろう。

「報道機関は国民の知る権利に奉仕するものであって、時の政権に奉仕するものではない」というジャーナリズムの鉄則が今日に至って守られているとは思えない。大正期の白虹事件を教訓としたなら、新聞各社が協力して昭和の軍国主義の暴走を防げたかもしれない。しかしそうはならなかった。軍部に協力したというより積極的に戦意高揚を煽ったのだから、その責任は重い。では少なくとも一九四五年以後、メディアはその反省をしっかり認識しただろうか。

例えば敗戦後から約四半世紀経った一九七二年、外務省機密漏洩事件が起こった。毎日新聞政治部記者西山太吉が沖縄返還協定を巡って日本政府とアメリカとの密約があったかどうかの情報を、外務省女性事務官から得ようとしてスキャンダルとなり、肝心の密約があったかどうかはうやむやにされてしまった（三十年後の米公文書公開によって、密約はあったと考えられる）。そのときもまたメディアは一致協力して政府に密約があったかどうかを追及することなく、国民の知る権利に応えなかった。毎日新聞社には記者が不正な手段で情報を得ようとしたことへの抗議が殺到、不買運動が起きた。社は編集局長を解任、西山記者を休職処分にしたが、このことで経営危機に陥った。

結局、またしてもメディア各社は協力して権力チェックにあたるどころか、これを対岸の火事と捉え、事なかれ主義と不毛の競争を繰り返すことになった。それによって安堵し、喜んでいるのは、いったい誰なのか。

ルポルタージュの名著『震災画報』

一九二三年九月一日の関東大震災に、外骨も上野桜木町の自宅にいて遭遇する。五六歳の外骨が三日目から一冊のノートと鉛筆を携え、被災状況を足で取材し記録、緊急発行したのが『震災画報』（九月二十五日発行の第一冊〜翌年一月二十五日まで全六冊）である。外骨は一八九六年に起きた三陸沿岸大津波の時も現地へ取材に出向いている。生来のジャーナリスト魂が外骨を突き動かすのだろう。

マグニチュード七・九の大震災は、東京市・横浜市をはじめ関東一円を焦土、廃墟にし、両国の陸軍被服廠跡地に避難した罹災者四万人は猛火で焼死した。死者・行方不明者は一四万人以上。地震と火災の大混乱の中で、朝鮮人による暴動という流言飛語で政府は戒厳令を公布。軍隊・警察が動員され、住民による自警団が組織された。その〝朝鮮人狩り〟によって数千人の朝鮮人と約二百人の中国人が殺害された。

「画報といっても真の画報でない写真帖の類はその前後イクツモ出来たが、一種の見識と権威を示したものは本書が唯一であり、また早かったのである」（十月十日発行、第二冊）と外骨は自画自賛している。確かに震災の詳細を報道する新聞以外の画報雑誌としては最も早い出版物だった。外骨の言う「一種の見識と権威」とは何か。ジャーナリストとしての誇りと洞察力・批判精神のことだ。当時、多くのメディアはこの震災を総力と威信をかけて報道し、多種多様の出版物が発刊された。その中にあって外骨の『震災画報』は社会不安と混乱による風俗現象をつぶさに活写し、天災

『大正大震災大火災』（大日本雄弁会講談社）表紙（筆者蔵）と『震災画報』表紙

が〝人災〟になる過程を捉え政府を批判した点において優れている。そうした出版物としてはおそらく唯一のものだろう。近代日本ルポルタージュの名著であり、〝木を見て森を見る〟という一語に尽きる。一つひとつの現場を足で報道し、かつ大局的に問題の本質を捉えた、まさにルポの教科書といってもいい。

〝木を見る〟というのは、例えば連載された「流言浮説集」に現れている。

「人心騒乱の時には、一種の変態心理者があって、何等の根拠なき妄誕無稽の事を言い触らせて喜んだり、又何かの為めにする所があって、捏造虚構の事を吹聴したりするものであるが、今回の大変事に際しては、それが最も多く行われた、後の訓戒となるべき奇言珍説を続載する」とし、第一冊にはすでに、「井戸へ毒薬を投げ入る　朝鮮人が井に毒薬を投げ込むというウソも盛んに行われ、市内各所へ注意すべしと貼紙した者もあり、浅草寺境内の井へ頗る美貌の朝鮮女が毒を投げ入れようとして捕われたなどのウソもあった」とある。

〝森を見る〟の極めつけは、混乱による流言飛語で多くの朝鮮人が自警団青年らに虐殺されたが、官憲が意図的に扇動したことをつきとめて政府を批判したことだ。

「（略）自警団員、在郷軍人等を誤らしめて置きながら、其罪のみを問わねばならぬ事に成ったのは、官僚軍閥の大失態であったと断言する」（第六冊）

続いて「流言浮説に就て」で、こうも書いている。

「此朝鮮人の狂暴という事は神奈川県警察部が本元らしいとの説がある、又陸軍大尉某の談として或人から著者への報告に『当時流言飛語盛んに行われ、これが取締をなすべき当局さえ狼狽した滑稽談がある、それは船橋の無線電信所が発した救護信号に「只朝鮮人の一団五六百名隊を為して当所を襲撃すべく進発しつつあり宜しく救護を頼む」とあったなどは、今に物笑いの種に成って居る云々』との事、後世までの話料であろう」。（第六冊）

またこの頃、渋沢栄一ら政財界の要人が「虚栄で腐爛せんとした日本を天帝が大懲罰を加えた」（第三冊、十一月五日発行）と言って震災を天罰としたことに対し外骨は、「虚業家渋沢栄一が天譴《てんけん》説を唱えたに対し、文士菊池寛が『天譴説ならば栄一其人が生存する筈はない』と喝破したのは近来の痛快事であった」（同）と書き、「天災地異を道徳的に解するは野蛮思想なり」（同）と痛烈に批判した。

被災者である庶民に対して全く理解しようとしない権力者の非科学的で非情な言葉への怒りだった。ここで外骨が渋沢栄一を〝虚業家〟としているのが面白い。また、〝文士〟菊池寛がこのようなことを言ったというのは初耳である。寛はこの年の一月、『文藝春秋』を創刊したばかりで、当時はまだリベラルな一面を持っていたことがうかがえる。だが外骨が菊池寛を評する言葉というのは、後にも先にもこれ以外に見当たらない。

当時の代表的な画報の一つである『大正大震災大火災』（一九二三年十月一日、大日本雄弁会講談社発行）は、外骨の『震災画報』と対極にあるものと言っていい。まず〝権威〟付けに、帝都復興審議会幹事長・内務大臣で子爵の後藤新平、帝都復興審議会委員・渋沢栄一、関東戒厳司令官陸軍大臣・福田雅太郎、文学博士・三宅雪嶺、同じく幸田露伴らの名が連なる。惨状を示す写真や図版は多い。注目すべきは内容で、「機敏なる当局の措置」で当局が朝鮮人を保護して秩序が保たれたというのは、外骨の主張と全く異なる。「目覚ましき各種機関の活動」「人情美の発露！美談佳話」、与謝野晶子の短歌「天変動く」から陸軍大臣の〝覚悟〟など、どれも天災に乗じて権力機関の存在誇示と権威主義が露骨だ。これを見て外骨が自著を自画自賛したのも理解できる。

大正期のさまざまな大衆運動の高揚は、当然ながら政府に危機感を与えた。労働運動、部落解放運動、婦人運動、また朝鮮民族独立運動もその一つだろう。そんな時に発生した大震災は、無法者の暴動鎮圧という名目で、当局による運動への弾圧にすり替わった。外骨のジャーナリストとしての直感は正しかった。この混乱で、亀戸署管内では軍隊によって一〇名の労働運動指導者が殺された。また無政府主義者の大杉栄と伊藤野枝ら三名が憲兵の手で虐殺され、古井戸に投げ込まれた。幸徳秋水ら社会主義者弾圧の大逆事件では曲がりなりにも裁判が開かれたが、大震災の混乱に便乗して〝戒厳令〟が布かれると実質的に軍が実権を握り、裁判など必要とせずに彼らを抹殺できたのである。

やがて震災二年後の一九二五年には、悪法と名高い治安維持法が成立した。

第三章　進歩主義（新しい外骨、古い外骨）

墳墓廃止論

一九五五年春頃突然、外骨は帰郷したい旨の手紙を実家の当主で甥の宮武文一に送った。一九三二（昭和七）年を最後に一度も帰郷せず、おまけに墳墓廃止論者の外骨が両親の墓参りをしたいというのだ。外骨は墳墓廃止論を廃止したのか。老いて主義主張が変化したのだろうか。いや、そうとは思えない。長年にわたる実家への不義理を詫びたい気持ちもあっただろう。強い望郷の念に駆られ、墓参りは口実だったのではないか。外骨は自分の生い立ちやエピソードを数多く書き残してい

現在の宮武家先祖代々の墓

る。出自に誇りを持ち、幼少年時代が幸福だったからだと私は思う。

文一の孫で当時二〇歳の宮武烝《すすむ》（一九三四〜）は、文一から言いつかって外骨へ旅費等としていくばくか、郵便局から送金したことを覚えている。だが外骨は直後に容態が悪化し、帰郷の願いを果たすことなくその年の七月二十八日、世を去った。文一は上京し、葬儀に参列している。

一九一四（大正三）年、外骨は月刊『不二』第七号で「墳墓廃止論」と題して、

「無用の長物、有って何等の益無きは彼の墳墓地なりとす。吾人は吾人等人類幸福の為め地方発達、福利増進の一方法として人跡いたるところ、殊に本邦の如き祖先崇拝国にては、山間僻地、都会繁枢《はんすう》の地を問わず、常に広大なる土地を擁せる墳墓の撤廃を主張する者也」

と書き、日本のような土地の狭い国に墓地は要らないと唱えた。もともと外骨の根本思想は〝人間すべからく平等〟という理想主義で、それに加え大正期には進歩主義、合理主義も顕著になってきた。またジャーナリストらしく悪しき社会現象も見抜き、墳墓廃止の理由にしている。

「現時本邦に於て各派寺院の数八万を超ゆ。仮に各々三百坪の墓地を擁するとするも、其の数二千四百万坪に達するを知るべし、更に驚くべきはこれらの土地は全部無税地なる事を発見すべし」（同）と、寺院に対する納税の優遇を指摘。

「されど吾人は死屍はすべからく風葬処分にすべき事を主張せんとす。風葬とは何ぞや、焼棄して灰となりたる死屍を吹き飛ばす事也。吹き飛ばせば何等跡仕末に吾人等を煩わす事あるなし」（同）

そう書いて風葬説を主張する。人間、死ねば灰にして吹き飛ばせばいい、という無常観も漂う。今で言う自由葬送思想に近い。

翌一九一五年、二十四年間連れ添った愛妻・八節に先立たれ、人生への無常観が現実のものとなる。そのいきさつを『裸に虱なし』（一九二〇年）に書いている。

かつて墳墓廃止を唱えた以上、「その言説のごとく実践躬行せねばならぬ義務がある」と考えるが、外骨は悩む。「マダ死にはすまいと思っていたに、突然永き別れの運命に接したので、その悲哀やるかたなく、落胆憂愁の情はついに神経衰弱症を起したほどであって、愛妻の事は今なお日夜思い続けて忘れる日とてはない」と悲しむ外骨だが、親族が集まって妻の墓所を定めることになった。

「これでは情的のために理智を没し、因習のために言説を無にし、往日『墳墓廃止論』は全く衒奇のたわごとに過ぎない事になる」から、自らの言説を通すか、因習の情に従うか……。だが、外骨は考え直す。

「墳墓は虚栄虚儀のために建てるのである事を切実に感じた」というのは、現代に通じるような社会風潮を皮肉っている。冗談半分なのか「墓はハカナイ」と嘆き、次のように書いてきっぱりと決める。

「故に予は断然墓標を撤去して遺骨を放棄する事にした、亡き妻を偲び亡き妻を弔うには、自家の仏壇で充分である、否予は墓や仏壇に向かわなくても、その哀惜追悼の念は片時も去らない、これ予がさきに公表した論の実行であって、衒奇《げんき》のたわごとでない事を証明するのである」（『裸に虱なし』一九二〇年）

外骨はあくまで、自分の主義と信条を親戚にも理解してもらいたかったのだろう。だが、外骨のように合理的でもない凡人は、死者への弔いの気持ちを〝カタチ〟に表したい。外骨はそうした人間性をすべて否定しているのではないが、やや理屈っぽい。とはいえそこは外骨、自らを信じ、主張を貫くことを宣言したのである。

一九一四年の墳墓廃止論から七年後の二一年、外骨は『一癖随筆』第一号で「廃姓広告」を掲載し、前代未聞の廃姓宣言をする。

「人類がおのおの『名』という符号を附けている事は、相互に便宜であり必要であるが、『姓』とか『氏』とかは無くてもよいものである、（現に我国には姓のない御方がある）そもそも種族という観念が生じたのは、利己排他がモトで、この思想から戦闘が起るのであり、家系を重んずるという観念から差別心が出来たのである、さればいやしくも新思想家をもって世間に立とうとする者は、その伝統的因襲に囚われないで、断然、断乎、この姓氏を廃棄すべしであろうと信ずる」

理想主義、進歩主義のほかに、理由はもうひとつあった。宮武という文字そのものが嫌いだったのである。

「『宮』とは迷信的の文字であり、階級的の称呼である（この外に「宮」を男根切断の義にも使う、これもイヤだ）次に『武』は武道武術の武であり、武威武力の武であって、予の最も嫌いな武断政治の武である、それから、『宮武』の二字は何を意味するのであるか、それも判明しない、かかるイヤな文字を我名の上に冠するのは、予の不快とするところであり、また無意義な事であると思う、その上同姓者の中には予の嫌いな人物もまた少くない」などと正直に書いている。

だから今後は宮武の姓を用いない（戸籍上はどうしようもないから役人の勝手）、郵便物に「宮武外骨」と書いてきたものには返信しない、「宮武さん」と呼ばれても返事しない、というのである。ものすごいこだわりだ。こうして外骨は「宮武外骨」から「廃姓外骨」と名乗るのだが、考えてみればこの〝廃姓〟も姓で、外骨得意のギャグだったのかもしれない。

ちなみにこの後、郵便物に〝廃性〟様というのがあったようで、外骨は怒っている。姓を性と間違えたのだ。
「予はマダ老いたりではなく、壮なりでもなく、若者ナミである、それ故間違いでも『廃性』の字には、少なからぬムカツキが起る、以後はご注意ありたしと申し上げおく」（『逃避文学』一九二三年）。

やがて外骨は、〝廃姓外骨〟から〝再生外骨〟〝半狂堂外骨〟〝復旧宮武外骨〟と、改姓（といっても法的にはいかんともしがたく勝手に）したが、名前にはまだまだこだわる。一九四三年、数え年七七歳の喜寿を機に「がいこつ」を「とぼね」に改める旨の通知を友人・知人に送った。だが、送られた友人の一人の小林一三は、またいつもの冗談で、「とぼね」は「とぼけ」ではないか、と外骨に返信している。さすが粋人の小林、この読みは鋭い。

日本社会は現代に至るまで、名前は自分のものであって自分のものではない。個人の人格権の象徴でありながら、国家に管理されてもいる。そうした制度に半ば冗談を装いつつ、外骨は生涯しつこくこだわったのだ。

一九二二（大正十二）年、養女三千代が嫁ぐと外骨は廃嫡宣言して、「絶家」にしてしまう。廃姓宣言はこの廃嫡の伏線だった。

外骨の進歩主義、合理主義はますます発展し、これで終わらない。五七歳の外骨は一九二四年十一月四日の『東京朝日新聞』〝探しているもの欄〟に、「マダ知識欲の失せない古書研究者」「自認稀代のスネモノ」として「死体買取人を求む」という記事を掲載する。

「（略）亡妻の墓を建てない墳墓廃止論の実行、養女廃嫡のために宮武をやめた廃姓廃家の実行、今は一人身で子孫のために計る心配はないが、ただ自分死後の肉体をかたづける事に心配している」というのだ（だが実際はこの時、外骨は〝一人身〟ではなく小清水マチと同棲していた）。

「自分一身上の大問題」として、まだ「灰にして棄てられるのも惜しい気がする」が、死体を買い取ってくれる人を探しているという広告みたいな記事だ（それにしても外骨は〝広告〟好きだ。これは現今の意味での〝広告〟ではなく記事であり、朝日の依頼に応じたものだが、こんな〝探し物〟は前代未聞だろう）。ただしそれには条件があって、前金で半分を貰い、それを東大医学部精神病科に解剖料と骸骨の保存料として前納しておくから、後の半分は死体と引き換えで「友達の呑《のみ》料」にしてくれという。どう考えてもこれは、ただ誰かに献体を実行してほしいだけなのだ。

「ゆえに死体は引取らないで、すぐに同科へ寄附してよろしい。半狂堂主人の死体解剖骸骨保存、呉秀三博士と杉田直樹博士が待受けているはず、オイサキ短い者です。至急申込みを要する」

いつもの冗談なのか、それとも真面目なのか。なんだかんだ言いながら外骨はこのあと再婚や〝再姓〟を繰り返し、三十年余りも生きるのである。

いかに合理的な外骨といえども、いくつかの謎を残している。

生命力が人一倍強く、生きることの価値を第一とした外骨は、当然ながら死への関心も強かった。殺人についてはあくまで戦争や死刑制度などの国家犯罪に対してであり、市井の殺人事件には、大衆が好みそうな猟奇的なものであってもなぜか興味を示していない。これをことさら興味本位に報じて売上げを伸ばした新聞雑誌も多かった。だが外骨は、人が自分を殺すという自殺については特別な関心を持った。なぜ自殺に関心を持ったのか明確にはわからない。

外骨が『随題随記随刊』（一九三一年）と題して収めた小冊子の一冊に『近世自殺者列傳』がある。明治元年から昭和六年までに自殺して報じられた新聞記事をもとに、著名人であることと〝事実の奇なるもの〟を基準に、五八人を選んで略伝と外骨のコメントを添えて列挙したもの。大上段にかまえた研究書ではなく、「好奇性の興味本位」「自殺研究者の参考」としている。

藩主、藩士、不平士族、政治家、御用商人、神主、軍人、判事、知事、刺客、愛国婦人、資産家の妻、官僚、詩人、小説家、評論家、学生、学者、劇作家、能楽者、男爵、男爵夫人、実業家、節婦、令嬢、女優、音楽家、博士未亡人、俳人など、職業・肩書きからも時代を感じさせる。その中から現代の目で著名人を挙げれば北村透谷、藤村操、川上眉山、乃木希典、松井須磨子、有島武郎、芥川龍之介だろう。年齢は一八歳から七二歳。方法は自刃（切腹、割腹など）、縊死、服毒、猟銃、ピストル、投身、凍死、轢死など。死因・原因として諫死、憤死、殉死、情死、厭世など。それをさらに「面目を失った社交上、食うに困る生計上、闘争上、病苦、恋愛苦、名誉や犠牲、アテツケ、衒気、迷信、発狂」と分析する。〝事実の奇なるもの〟として驚くのは、昭和六年に飛行中の旅客機のドアを開けて飛び降り自殺した商店員を挙げ、「最も突端的な方法」と書いている。

一九三四（昭和九）年、外骨は『帝國大学新聞』連載の「外骨随筆」に「自殺者と死刑囚」を掲載。外骨は以前から死刑制度に関心を持っていて、その死刑と自殺をセットにして捉えたのだ。〝世態の変遷を察すべき資料〟として明治初年から昭和九年当時を比較し、「自殺者は年々増加し死刑囚は年々減少」し、「（年間）一千人だった自殺者が一万人以上、一千何百人の死刑囚が一〇人以下」で「面白い対照」と書く。推測ではあるが、外骨は自殺を死刑と同様、個人的問題としてではなく社会的問題と捉えたのではないだろうか。

現在、自殺者数は交通事故死を抜いて三万人を超え、借金やリストラを苦にした中年男性が目立つという。外骨の慧眼通り、自殺は世相を反映する。近年、自殺は社会的問題として捉えられ、ようやく自殺対策基本法が成立した。

大正デモクラシーとの出会い

吉野作造

若き東京帝大教授の吉野作造（一八七八〜一九三三）が『中央公論』に発表した論文「憲政の本義を説いて其有終の美を済すの途を論ず」で民本主義を説いたのは一九一六年。大正デモクラシーの先覚者であり、敬虔なキリスト教信者の政治学者と、〝危険人物〟外骨との公私にわたる結びつきは、今日においてもまだ広くは知られていないが、とても興味深いものがある。

一九（大正八）年一月十八日、神田青年会館での、吉野ら進歩的知識人で組織された〝黎明会〟講演会で二人は出会う。もともと二人は共通思想を持っていたと私は思う。外骨の平民主義と、クリスチャンである吉野の〝神の子として人間は皆平等〟という思想は通じるからだ。二人は互いに共鳴し、やがて互いの才覚と知識を必要とする間柄になる。

二人の親交を深めたものが同じ〝職業的道楽〟、古書蒐集である。吉野は外骨の『筆禍史』を古本屋で見つけるが主人が売り惜しみをして売ってくれず、直接外骨に手紙を出したのがきっかけだった。『吉野作造選集』（岩波書店）に収録された吉野の日記によると、当時、上野・桜木町に住んでいた外骨は本郷の吉野宅をたびたび訪れている。これぐらいの距離なら健脚の外骨は歩いて通ったと思われる。

二人が本郷や神田で買った古書の話題が中心だが、外骨は吉野に養女三千代の縁談を依頼する。吉野は快諾し、二二年に吉野が媒酌人となって弟子の一人と三千代は結婚するが、三千代は二年後に病死し、吉野は外骨の深い悲しみを知る。吉野は日記の他、『公人の常識』に「外骨翁と私」（一九二五年）と題する一文を書くなど、外骨への敬愛の念は終生不変だった。

吉野は外骨が帝大のどんな学者にもない特別な才能・知識を備えた、得難い学者であると見抜き、尊敬していた。

「外骨翁と私と結びつけるものに外に学問がある。外骨氏がどういう種類の学者かは世既に定評がある。変わった一つの特色をいえば、人の知らなそうな事を能く識って居ることである。其上に彼は何かを尋ねると丹念に調べて呉れる。一番有り難いことは可い加減のゴマ化しをいわぬことだ。云う言葉が奇抜なのから推して茶羅ッぽこをいうと観る人あらば大間違いである。纏った知識に系統立てる方は失礼ながら得意でない様だが、彼のいう事には一々典拠があり、私共は安心して之をたよりにすることが出来る。是れ翁が私を介して中田博士に交りを結び、其の推挙に依て帝大の嘱託を受くるに至った所以でもある」（『公人の常識』より、文化生活研究会、一九二五年）

吉野は外骨に対する世間の偏見なく、まっすぐに観る人であったことがよくわかる。吉野の人柄までわかるようだ。最後にこう結んでいる。

「善かれ悪かれ、彼は一人あって二人とない類の稀な物識りである。切に翁の健在ならんことを祈ってやまない」（同）

こう書いて外骨の健在を願った吉野は当時まだ四十代後半の歳だったが、この八年後、一回りほど年上の外骨より先立ってしまうのである。

この前後、東京朝日新聞社が東大法学部に新聞研究所（仮）を創設したい旨の申し出を吉野を通じて進めていたが、関東大震災で東朝が打撃を受け、この話は中断してしまう。直後に外骨と瀬木博尚とで創設することになった明治新聞雑誌文庫に吉野は協力し、貴重な蔵書を提供した。朝日も巨額の資金援助をしている。もしかして吉野は朝日の新聞研究所設立の申し出には消極的だったのではないか。吉野は根っからの学者肌である。外骨主導の明治文庫創設に積極的に協力したのは、この仕事はやはり自分よりも外骨のほうが適任と思ったからではないかと私は推測している。

また吉野は個人的に中国・朝鮮人留学生を支援していて、関東大震災での朝鮮人虐殺を「言語道断の一大恥辱」（『中央公論』一九二三年十一月号）と批判した。これも外骨と共通している。外骨は『震災画報』で軍部が意図的に扇動したことをつきとめ、朝鮮人への虐殺を批判している。一九二四年、吉野と外骨は「明治文化研究会」を創設。吉野は欧州政治史、東洋政治史に続く三部作として明治政治史を研究するために外骨の知識が必要だったのだ。打てば響く外骨、吉野の求め以上に応じたことは想像できる。その頃の東大には吉野をはじめ中田薫、穂積重遠、尾佐竹猛教授らがいて、在野の外骨を東大に招聘するという、アカデミズムに凝り固まらない自由な考えを持った学者たちがいたということがすごい。

一九三三年、外骨を高く評価した吉野は神奈川県逗子のサナトリウムで死去。享年五五歳。外骨は『公私月報』第三一号（一九三三年四月）に吉野を、

「予を理解せし恩人」と書き、その早すぎる死を「ああ惜哉悲哉《おしいかなかなしいかな》」と嘆いた。吉野の死は外骨にとって〝痛惜無限の大凶事変〟であった。外骨は後で知るのだが、吉野は生前、外骨との交友を知った者から「あんな人と交際しないほうがいい」などと忠告がましいことを言われたことがあったが、いつもこう言って反論したという。

「きみは外骨君を知らないから、世間の陰口を信じて非難するのだろう。彼の性格は誤解されていて、また誤解されることを彼は気にしていない。世間には偽善者は多いが、彼は唯一の偽悪者である。私は偽善者よりも偽悪者を好む」(『公私月報』第三一号、第三三年)

吉野がいかに外骨を理解していたか、このエピソードだけでも実によくわかる。外骨は生涯、実に多くの人物と出会い、互いに影響や刺激を与え合う親交・交流を持ったが、外骨は長寿だったのでそのほとんどの人々に先立たれた。つくづく思うのだが、外骨の幅広い分野の人々との交流を知るにつけ、学ぶところが多い。人であれ事物であれ何であれ、外骨は実に好奇心旺盛だったが、外骨には人への〝情〟があったのだろう。外骨はそれとなく、人への気遣いをする人間だった。自分は合理主義に徹すると言いながら、人には誠実に接した。外骨を知らない人間は、ただ思い込みで外骨を誤解していたか、外骨の韜晦癖にだまされていたのである。そういえば、吉野はこうも書いている。

「(略)翁は自分の好きなことを人にしてやればいいという道楽もの、私は自分はしないが人がして呉れる分には平気で之をうけるという横着もの、是れ彼と私とが相衝突することなくして永く親交を続け得る所以であろう」(『公人の常識』、一九二五年)

谷本富

大正デモクラシーの時期に、外骨が交流した重要な人物がもう一人いる。谷本富《とめり》(一八六七〜一九四六)である。外骨は大正初期に大阪毎日新聞社長の本山彦一と出会うが、外骨に本山を紹介した人物が谷本富と考えられる。その谷本と外骨は、ある〝事件〟で出会う。谷本は高松藩士の家に生まれ高松医学校から東京帝大医学部に合格するが、その後文学部に移籍。卒業後、東京高等師範学校教授となり、文部省視学官を兼ねて欧米留学。帰国後の一九〇五（明治三十八）年、日本で最初の文学博士になり、翌年、京都帝大教授に就任。デモクラシーの潮流と共に、国家主義教育学から大正自由教育運動の先駆者として欧米の新教育論・ヘルバルト教育学を紹介し、次々と著作を発表する。ウイットに富む雄弁家としても有名。

一九一二（大正元）年、谷本は『大阪毎日新聞』紙上、記者からコメントを求められた形で乃木希典の殉死（明治天皇大喪の日の夜、妻と共に自殺）を批判する。この記事をライバル紙の『大阪朝日新聞』が批判的に報じて物議を醸し、谷本は世間から非難ごうごう、ヒステリックな集中攻撃を浴びる。確かに当時の世相としては大胆な発言だったと想像する。

谷本富、1939年ごろ（朝日新聞社所蔵・提供）

乃木殉死四日後の九月十七日『大阪毎日新聞』に掲載された谷本の談話は、「将軍の死は古き時代の遺物であり、奇矯の感なきを得ず」という痛烈な批判だった。毎日新聞社史『「毎日」の3世紀』上巻によると、谷本の論旨はだいたい次のようなものだった。

乃木将軍は嫌いな人だ。乃木大将と東郷大将を比較すれば到底同じとはいえない。乃木には一種の衒気があっていやらしいが、東郷は無邪気にして渾然玉の如しとの一般の評である。両者の違いは、一面には長州人と薩摩人の性格の相違に所以すると思われるが、乃木に衒気があった事は疑う余地はなく、その古武士的質素純直の性格は、如何にも立派であるにもかかわらず、何となくわざとらしいように思われ、こころよしと感じられない。全体的に批評すれば、乃木大将のような人物は、第一流の知識を備えた人とは言えないだろう。死者に対してははなはだ失礼ながら、学問上公平にみて、私はこのように評したい。世の識者とか、あるいは教育者など、往々にして時世遅れの過激な教訓を施す者があり、それを戒めたいとする理由からである。また、殉死は今日の科学観よりして無意味なことは言うに及ばない。人情としてはとても立派な行為にも思われるが、既に垂仁天皇の時、殉死を廃止して土偶を以ってそれに代えられたという伝説もあり、近くは武士の時代でもしばしば殉死は禁止せられたものである。また国法から考えて、復讐と殉死は決して賞賛すべきことではない。乃木将軍の死はたまたま低気圧が通過したようなもので、このことは必ず時勢の悪習を矯正するという教訓をもたらすことは疑いない。——

このような谷本の意見は、現在の価値観で判断してもかなりリベラルである。むろん当時の国民感情とは大きくかけ離れ、かつ正直な発言なので驚く。これに端を発し、新聞は文学博士・三宅雄次郎「権威ある死！」、幸田露伴「将軍は神也」、島村抱月「我々の感慨」など識者の談話を次々と掲載し、約一カ月にわたって紙上をにぎわしたが、どれも谷本とは異なり、乃木の殉死を賛美するものだった。ただし『大阪毎日新聞』は谷本を擁護する意味だったのかは不明だが、「乃木大将自刃と露紙」（九月二十日付け）と題してロシアの『レーチ』紙の記事を載せている。

「……日本人は国家に対して個人は何らの価値なしとせども、欧州文明は個人主義なり。欧州人の美徳となす事が、乃木大将の眼には普通の事としか見えざると同時に、乃木大将の切腹も、欧州人より見れば寧ろ非常識の所為なり」

このように谷本の意見は欧米人の反響に近かったわけだが、当時それを理解した日本人がどれほどいただろうか。ちなみに興味深いのは日露戦争後、新聞社の主筆や記者が署名入りで論を述べる社説や論説とは別に、外部の有識者のコメントを載せるという、いわば今日の客観報道の形が出来上がっていたことだ。

この谷本の発言が発端となって、翌年の京大沢柳教授事件（谷本は六人の教授と共に沢柳総長から辞職を要求され、谷本擁護派の教授会と沢柳総長とが衝突）にまで発展し、谷本は引責して京大を辞職する。明治後半から若くして超売れっ子だった著名な学者が、一夜にして引き摺り下ろされた、と言っても過言ではないだろう。ややカリスマ的で謎めいてはいるが、谷本はかなり魅力的な人物であったようだ。

京都大学大学文書館に保存されている資料の中に、

「明治三十六年九月二十一日、京都帝国大学総長法学博士木下広次殿」

と宛てた谷本自筆の長文、〝マル秘〟資料「文科大学案」が残されている。それを読むと、谷本自身が文学部設立に際しての教育理念はもとより、教授陣の名前からその年俸の金額、授業内容など、かなり具体的に計画していたことがよくわかる。まだ三十代の谷本が欧米を視察して米・英などの教育水準の高さに驚き、それをなんとしても日本の教育に導入したいという情熱が随所に感じられる。今日、京大の校風が東大よりもリベラルで、ノーベル賞受賞者を東大よりも多く輩出したのは、こうした谷本の自由闊達な精神が理念として影響したのではないかと思わせるほどである。かくして大抜擢された谷本が、ややもするとその押しの強さ、自己宣伝の巧みさ・大胆さという日本人離れしたような性格が災いし、敵をつくり、周囲に反感を持つ人物がいたとしても不思議ではない。

さて、谷本の辞職の一件を知った外骨はすぐさま谷本に会いに行く。外骨は知っていた。メディアは人を持ち上げてまた突き落とすが、名誉回復の手助けをすることこそメディアの役割であることを。かつて人気絶頂の谷本を『滑稽新聞』などで批判したこともある外骨だが、一転して四面楚歌、逆境の谷本を擁護する側に回ったのである。健全な批判と支援の典型例だ。

「……商売仇の大阪朝日新聞は得たりとばかりに攻撃し、谷本氏の行動にまで中傷妨害を加えたので、終に京都大学教授をも免になって芦屋の里に閑居するに至ったのであるが、予は新聞の勢力争いに利用された犠牲者の逆境に同情し、再び講演壇上に立つ事を斡旋した……」（一九一七年『スコブル』第六号）と外骨は書いている。

谷本との出会いを詳細に書いた『面白半分』（一九一七年）の「谷本富博士を芦屋の里に訪ふ」はスコブル感動的で、外骨が谷本を初めて訪ねる情景が目に浮かぶ。「理智を根拠とする人情自然の発動は、実に玄妙不可思議である」と書くなど、自分で自分の行動を客観視している。それをここで再現してみよう。

一九一三（大正二）年十二月三十日午前十時、外骨は一人、阪神電車梅田駅から芦屋までの往復切符を買って乗り込んだ。かつて谷本富に対してしばしば批判や罵詈を加えた自分が、今日わざわざ同氏を訪問しようとは想像もしなかった。谷本博士は果たしてどのような態度をとるのだろうか。いきなり無面識無紹介でやってきた自分を玄関払いするのか、それとも迎え入れるのか……。自分ながら面白い問題だと感心しながら、その答えはここ二、三十分後には解決する、そう思うと感慨無量、不思議な快感を覚えた。

車中に偶然、知り合いが乗っていて、どこへ行くのかと訊《き》かれ、外骨は芦屋の谷本富氏を訪問すると告げる。知人は「珍しいことですね」と言って笑い、谷本氏が四、五千巻ほどの蔵書を京都大学へ寄附したと話し、外骨はそっけなく「そんなことは知りません」と答える。知人は尼ケ崎駅で降りた。やがて、散歩や銃猟のためたびたび乗り降りしたことのある芦屋駅に降り立った外骨は、駅前の郵便局で谷本邸はどこかと訊いた。早速人力車を呼び、芦屋川の東岸を上流に辿って谷本邸まで行くのだが、人力車の車夫とのやり取りが興味深い。谷本氏をよく知っているというこの車夫に外骨は早速いろいろ聞き出すのだが、車夫は外骨に、

「あの方はエライ学者だそうですが、乃木さんを悪く言うた人だそうです。どうして乃木さんのようなお方を悪く言うたのでしょうか」と訊き、逆取材される。車夫のこの一言で外骨は谷本を訪問する動機を強め、価値が高まったと思った。こんな田舎の車夫までがそのような質問をするところを見ると、谷本博士は思った以上に世間から反感を買っていると予想され、外骨はむしろ同情を深めた。

さて谷本邸に着くと、前庭の太鼓橋を渡って玄関に入り、女中に名刺を渡して面会の取次ぎを頼んだ。ここ数秒のうちに最初の問題の答えが出ると思うと、外骨は胸を躍らせてワクワクした。やがて谷本博士自ら玄関に現れて、

「やあ、これは珍客、さあこちらへ」と二階の書斎へ外骨を通し、快く迎え入れたのである。外骨は挨拶を済ませ、

「私は同じ讃岐の出身者で、十数年前から『滑稽新聞』を発行し、今回の乃木問題以前からあなたに罵詈を加えましたが、ご承知ですか」と単刀直入に、外骨らしく露骨的に聞いた。

「みな承知しています。『滑稽新聞』はたえず見ていました」と谷本は答えた。

外骨はそれを聞き、今回の訪問の目的を告げた。あなたは非凡なる学識と頭脳を持ち、非凡の弁舌と

筆力を持っている。そんな人物を一日たりとも沈黙閑居させておくのは社会の不利益である。あなたが得意順境の時には私は悪罵を加えたが、今日の失意逆境のあなたに同情を寄せている。決してからかいに来たのではない。乃木問題を聞きに来たのでもない。会うのは初めてだが、あなたの性格はよく知っている。あなたは今日のままで一生を終わる人物ではない、今後の活動をぜひとも聞かせてもらいたい……、外骨はこのように誠意をこめて谷本に語った。谷本はこれに笑顔で応えた。

君のご訪問を受けようとは夢にも思わなかった。お言葉まことに嬉しく、感謝する。かつてあなたの攻撃は大いに誤解されていると思ったが、むしろ面白く拝見していた。乃木問題はもう何も弁解はしない。私の今後の活動について、私も苦慮しているところだ。なんらかの方法をご指導いただけるなら、いつでも立つつもりである。遠路わざわざの来訪、熱く感謝するほかはない……、と言い終え、〝天下の名士たる谷本博士〟はしばし潸然として一語もなかった。

「感情に脆き予も落涙数行、此上多くを語るの勇もなく、氏の細君に初対面の挨拶を済ませ、待たせし車夫の車に乗って、前の芦屋停留所へ帰って来た、折から降る雨に又も羽織の袖をぬらした」と書いて、外骨はこの会見記を結んだ。

実にすがすがしい、感動的なエピソードだ。

私が思うに、外骨は乃木の殉死について谷本の意見そのものに賛同しているわけではなく、むしろ殉死はいいことで、軍人は乃木だけでなくみんな殉死するのが当然だというような考えだったのではないか。このほうがいかにも軍人の嫌いな皮肉屋の外骨らしい。外骨は乃木の殉死を谷本よりもっと現実的で冷ややかに見ていたと私は思う。

では外骨はなぜ谷本を支援したのか。外骨が書いているように、世間からヒステリックな攻撃を浴びた谷本への同情が直接的な理由だったとは思うが、それだけではなかったと私は考える。当時の報道を調べてみると、乃木自殺という衝撃的なニュースは徳富蘇峰の『国民新聞』がスクープしている。それを外骨の〝天敵〟黒岩涙香が『萬朝報』の論説で自ら筆を執り、

「国民は彼れを神として祭る可きか、然り彼れを神として祭らずんば、後誰れをか、神として祭らん」

などと書いて、いち早く神格化したのである。かなり情緒的な文章である。その九月十六日の『萬朝報』は飛ぶように売れてプレミアまでついたという。外骨は涙香の記事への反感と同時に、当時の国民感情や世相への反発もあって谷本の援護射撃をしたのではないかと私は推測する。いかにも涙香嫌いのクールな外骨らしい。

乃木の殉死を批判したのは、実は谷本だけではなかった。谷本の記事が掲載された翌々日の十九日から三日間、涙香の賛美論と真っ向から対立する殉死批判「陋習打破論」を冷静に展開した人物がいた。当時『信濃毎日』で筆を執った桐生悠々である。地方紙とはいえ、当時の風潮からはこれもかなり大胆な記事だった。

『国民新聞』に掲載された乃木の遺書を読むと、多くの若者と二人の息子まで戦死させたことでずっと死ぬ機会をうかがいながら果たせず、乃木家断絶まで嘆願している乃木の自殺は、決して一枚岩ではない軍部への不満を秘めたあてつけであり、世間への衒いであるとも理解でき、谷本の批判がさほど的はずれではないのがわかる。それを外骨は理解しながら、ただ谷本のようにストレートには言わなかっただけだと私は思う。大正デモクラシーの時代を切り開こうとする者から見れば、割腹自殺など野蛮で

時代遅れなパフォーマンスでしかない。乃木は遺書まで書いて精一杯最後の花道を飾ろうとしたが、いずれにせよ権力によってつくられたカリスマであり、その死まで権力に利用される哀れな軍人の最期ということになる。ただ谷本や悠々や外骨のように、当時それを理解し冷静に判断していた人物はやはり極めて少数派であり、涙香の記事を読んで感動する日本人が圧倒的多数派だった。やがて乃木はおそらく本人の意志とはかけ離れ、軍神となって神社まで建てられ、教科書にも登場して長く忠臣として称えられるのである。

谷本について外骨は後に、『人間探究』第二五号（一九五二年）での池田文痴庵（コレクター、洋菓子研究家）との対談「猥褻主義の八十年　続」でこう述べている。

「あれは（注：谷本が）『乃木将軍は世の中に衒ったものだ』と断じて、失敗《しく》じったので京都大学を辞めてから、どこへも出ずにいた。そこで私が『そんな馬鹿なことはない、俺のところへ来い』といって大阪土佐堀の青年会館で演説会を開いた。で『乃木大将の事を一と口でも言うたら承知せんぞ』と谷本富に私が言い渡した。それでほかの在原業平の評論なんかをやりまして、大いに受けたので、はじめてまた世に出たんです。それまでは各府県の教育会から――教育学者ですから――招待されていたんですが、乃木一件からピタリとどこからも講師招聘を言うて来ない。『俺が皮切りにやってやるから、その代わり乃木の事をいっちゃ会場が騒がしくなるから一切言わぬこと』という条件つきでやりまして、ちょうど目的どおりにいったですね」

池田が「それでは谷本先生の大恩人ですね」とはさむと、

「ですから、私がゆくと、外骨は神様みたいな男だといっている。実際自分から見たら神様以上でしょう。私が助けてやったのですからね」

と外骨はずいぶん威張っている。この時すでに谷本は世になく、外骨も八五歳。威張ってもいいだろう。確かに外骨が述べているように、乃木の一件以来、『スコブル』等に掲載されているいくつかの谷本の講演論文では、どれも乃木の殉死について一切触れられていない。外骨のアドバイスというより命令を、谷本は堅く守ったようだ。おまえの気持ちはわかるが、乃木を軍神に祀り上げたい政府や世間はそうはいかない。言ってもわからない者には言うな、というようなことを外骨は谷本に言ったのだろう。このエピソードには、あくまで学者肌の谷本にはない外骨の現実主義的な一面が現れている。

讃岐人同士でリベラルな思想の持ち主だった二人はこれ以後、長く交流を持った。谷本は優れた教育学者だったが、やがて世の中が軍国主義に進むと同時に郷里香川でも谷本の教育論を排除する排斥運動が起きる。教育勅語に従う臣民教育を徹底指導し、こうして谷本富の名は戦後を経て現在に至るまで消されてしまった。彼の教育学者としての業績が、日本教育史上から不当に抹殺されたためである。だが時代の流れはいつか必ず、大正デモクラシーを担った学者の一人として谷本再評価の気運をもたらすと私は思っている。

けったいな弟子

『柳屋』相関図

外骨が恵まれているのは、生家が豊かだったことや、多くのパトロン・支援者の存在だけではない。外骨は弟子にも恵まれた。どちらかといえば一匹狼的なジャーナリストだが、滑稽新聞社時代や明治新聞雑誌文庫時代に、外骨の活動を支えた何人かの弟子や助手の存在があったことは見逃せない。『滑稽新聞』は外骨の個人雑誌と言ってもいいのだが、滑稽新聞社には主筆の小野村夫（外骨）と数人の若いアシスタントライター、いわゆる助筆者がいた。〝滑稽新聞社〟といっても会社組織などではなく、ほとんど外骨が中心となって運営されていたようだ。記事の中では、発行部・編集部・広告部・告発部・意匠部・通信部と分かれていたように書かれているが、実際は外骨以外に助筆者が数人いて、たえず入れ替わっていたと考えられる。他にも投書家といった社外・客員の協力者もいたようだ。誌面では〝三好幽蘭〟の他に、〝雅蘭堂主人〟〝釣月逸史〟〝長門守髭無〟〝ヤングナイチン〟〝対水楼主人〟といったペンネームで登場するが、本名が判明しているのは三好米吉、溝口駒造、板橋菊松、森近運平、松崎天民、結城禮一郎らである。他に寺門咲平という人物がいたようだが、詳細は不明だ。彼らは『滑稽新聞』廃刊後に外骨の下を離れた後も、それぞれ才能を活かした人生を歩んだと思われる（ただし、〝覓牛〟というペンネームの森近運平は大逆事件で処刑され、若くして落命した）。その他、意匠部というのは表紙や挿絵を描く画家・画工で、数人が入れ替わっていたようだ。彼らも皆ペンネームで登場し、〝奴欲内〟〝米野白水〟〝高砂太夫〟〝なべぞ〟〝今一休〟〝墨池亭黒坊〟などである。竹久夢二も一時期、挿絵を描いた。

そうしたスタッフの中の一人、〝何尾幽蘭〟〝幽蘭女史〟という、なぜか女性のペンネームで登場する三好米吉（一八八一～一九四三）は、滑稽新聞社（創刊当初の住所は、西区京町堀通四丁目）からさほど遠くない大阪堂島に近い米屋の息子だった。当時の彼の住所は、西区江戸堀下道一丁目百十五番屋敷。生まれは神戸で、米穀商を営む父・嘉平の出身地である広島県三原市で幼少期を過ごしている。『滑稽新聞』創刊以来の投書家で、外骨の下に出入りするうち二カ月後には入社を許され、それ以後、昭和に至るまで〝外骨の弟子〟として生涯長く交流を持つことになる。師弟関係の典型的なパターンだ。入社当時、まだ一九歳。絵葉書収集やボート漕ぎが趣味という知的でハイカラでハンサムな道楽息子のイメージだが、『滑稽新聞』発行責任者として外骨の筆禍の身代わりに検挙、あるいは堀川監獄へ入獄すること一〇回を数える。なかなかの反骨青年ぶりを発揮しているのだ。

外骨は『滑稽新聞』第六五号（一九〇四年）でスタッフを写真入りで紹介し、米吉についてこう書いている。

「幽蘭子は本誌初号発行後一番がけの投書家で、其二カ月後から本社員となり、其後一時退社したこともあったが、間もなく舊に復して今日まで継続し、熱心社務に従事しているのである、三年の間には同じ社員中に、社金を遣い込みし者、又はズボラのナマケ者などもあったが、幽蘭子にはサル曲事は寸毫もなく、時々予の持病なる肝癪玉に触れし些事はあっても、忍耐事を破らず、温和に

目録雑誌『柳屋』全67冊（第1号〜第20号までは『美術と文藝』、三好淳雄氏蔵）

して従順なること、自ら幽蘭女史と名乗るに適している　一昨年の夏、西警察署ユスリ刑事の一件で、二週間ほど堀川楼に流連をやったほかは、未だかつて一度も茶屋遊びに行った事なく、喧嘩口論をした事もなく、唯其道楽とする所は遠足とボート乗り、毎月新刊の図書を購う位の事で、絵葉書の如きも既に三千余枚蒐集している、実に当世多く得難い純潔の好青年」

と、米吉をたたえている。

米吉は外骨が『滑稽新聞』を廃刊した後、一九一〇年に東区平野町で「柳屋書店」を開業。一九二一年には、店を現在の東心斎橋二丁目に移転し、店名も「柳屋画廊」と改めて本格的な画廊経営に乗り出す。店の装飾は、後に人間国宝となった陶芸家の富本憲吉に依頼。看板や暖簾は竹久夢二がデザインし、与謝野晶子の指導で有名文士の揮毫短冊を廉価で販売するなど、斬新な経営でたちまち評判になった。中でも竹久夢二の作品が人気を呼び、夢二が経営する港屋と共に、「東京の港や、大阪の柳や」と謳われた。まるで宝石のように美しい店は大正ロマン漂うサロン的な雰囲気で、米吉は画廊経営者として文士・粋人との交流を重ねた。

米吉が一九一三年から死の四三年まで発行した目録雑誌『柳屋』（第一号から第二〇号までは『美術と文芸』）全六七冊は、揮毫短冊・色紙などの単なる販売目録を超えた、遊び心たっぷりの米吉の個人雑誌といってもいい。たかが目録、と侮ってはいけない。年二、三回の発行だが、外骨の弟子・米吉が、『滑稽新聞』から学んだことを随所に感じさせるのである。毎号掲載される自分の似顔絵やポートレート、活動日記、米吉を紹介した新聞雑誌記事の転載、子ども自慢、世相への鋭い風刺、ユーモア……。写真や似顔絵をふんだんに使った大胆なレイアウトの誌面には、米吉の個性とともに外骨の影が見え隠れする。

私が三好米吉の長男、三好淳雄（一九三一〜）に会ったのは、二〇〇一年五月に朝日新聞大阪本社が催した「滑稽新聞創刊百年、宮武外骨展」の時である。これを機に、私は『柳屋』など三好淳雄が所蔵していた米吉の資料を初めて見せてもらうことができた。

米吉が残した目録雑誌『柳屋』は長い間、外骨研究者にとって幻の存在であり、ほとんど誰も見たことがなかった。その表紙絵は竹久夢二をはじめ錚々たる画家・芸術家の筆によるもので、大正・昭和期の関西モダニズムといった文化的な分野でも貴重な資料であるが、『滑稽新聞』時代の主に外骨の人柄や人脈がいきいきと描かれている点で、これまで知られていなかった多くの貴重な発見があった。私が注目したのは他にも、太陽のような外骨を中心としたその惑星、弟子たちのジャーナリズム人脈相関だ。

外骨は三好の求めに応じ二度寄稿している。最初は『美術と文芸』第一〇号〝浮世絵の巻〟（一九一七年）の「自慢高慢も芸術の内」。自分が出版した浮世絵専門雑誌『此花』は出版事業としては大赤字で失敗だったが、後に古書として値が上がったので文化芸術事業としては成功だった、と自慢している。二度目は『柳屋』第二六号〝川柳の巻〟（一九二四年）の「やなぎ」。ここでは、江戸古川柳に詳しい外骨が〝柳〟をテーマとした川柳についての知識を披露している。浮世絵も川柳も当代一流の粋人・外骨の寄稿を載せた『柳屋』の意気込みとセンスが光る。商品である著名人の揮毫短冊の中に、少ないが外骨のものもある。例えば、『美術と文芸』第一〇号（一九一七年）に外骨の色紙が初めて商品目録に登場している。これがまた外骨らしいもので苦笑してしまう。

「咄々　従来字を習った事なく、多年活字に組まれる原稿のみを書いて居る予に対して、何か書いて呉れと短冊を送って来た、実に無理な注文ではないか、然し書くには書くが、之を売る奴は横着者、買う奴は馬鹿者、書く奴の大胆は云う迄もない」

値段は一枚、一円五〇銭。ところでこの色紙は売れたのだろうか。第一四号（一九一九年）には、「萬國民本風」といった、おそらく世界的風潮である大正デモクラシーの民本主義を謳っているような短冊も紹介されている。また「腰越の日影は高し皆目ざめ　原という奴朝寝すらしも」と詠んだ歌もある。この〝原という奴〟というのは一九一八年に総理大臣になった平民宰相・原敬のこと。外骨は『スコブル』第二六号（一九一九年一月）に、「原敬等の朝寝坊内閣」と題する記事を書いている。それによると明治の頃から新内閣に国民が渾名をつける風潮があったようで、原首相や陸相、文相らが朝寝坊なのでこの珍名がついた。そこで外骨、

「成程、国民は既に眼を覚まして居るのに、彼等は官僚と同じく舊夢に耽って居るのだから、朝寝坊内閣に相違はない、警鐘一番、暁天に大火が起こって、尻に火でも付かねば眼を覚まさない連中だろう」（同）なんて書いている。

外骨の短冊はどれも一枚、一円五〇銭。この値段が高いか安いかはわからない。他にもっと高いのもあれば、安いのもある。米吉の決めた値段だ。文士の中には、自分の揮毫につけられた値段に釈然としなかった者もいたに違いない。例えば『美術と文芸』第一〇号の外骨と同じページに載っている徳富蘇峰の漢詩は、一枚三円である。蘇峰が嫌いな外骨がこれを見たら、なんと思っただろうか。

『滑稽新聞』の助筆者で『柳屋』に登場するのは、三好以外に松崎天民、結城禮一郎、寺門咲平である。松崎天民（一八七八〜一九三四）は岡山県生まれ。新聞界の怪物記者、名探訪記者と言われた。生家は金川屋という屋号の商家。一〇歳で大阪へ出て、行商、役場職員などの職業につく。二〇歳で上京。工員などをしながら独学、徳富蘇峰の『国民新聞』に入社。一九〇〇（明治三十三）年、『大阪新報』

の記者になり、一九〇三年、『大阪朝日』の記者になる。その後また上京して『東京朝日新聞』、『都新聞』記者を経て作家に転身。一九二八年から趣味雑誌『食道楽』を主宰する。松崎が『滑稽新聞』に入ったのは最初の上京前の時期ではなく、『大阪新報』『大阪朝日新聞』にいた時かそのあとだったようだが、投書家として協力していたのか、どんな記事をなんというペンネームで書いたのか詳しいことは不明だ。『人間世間』（一九一五年）に、この当時、選挙に出馬した外骨の応援記事を書いたことは知られていたが、二人の詳しい関係が不明だった。今回、『柳屋』で松崎が『滑稽新聞』にいたことが裏付けられたのだ。

その一つに、松崎が亡くなった一九三四（昭和九）年の『柳屋』第五一号で米吉が「天民さんと私」と題して彼をこう偲んでいる。

「今から二十七八年も前、大阪西区の江戸堀で宮武外骨先生が滑稽新聞を発行されていた時分に入社して来られた天民さんに逢ったのが初対面でした、私の方が三つか四つ年齢下であったが対世間的には天民さんのほうが大先輩であった。人生の表も裏も悩みも苦しみも知り尽したような天民さんと話でもしていると私などその頃に読んでいた紅葉や鏡花の小説に現れていただけの人情より知らなかった位のもので随分の世間知らずであったらしい」

共に『滑稽新聞』を去った二人が、それ以後も折に触れて大阪のカフェーを飲み歩いたり、会食したりして交流を重ねてきたことを米吉は懐かしんでいる。

松崎以外にも結城と寺門が外骨の弟子だったことが『柳屋』で判明（寺門咲平の人物についての詳細は不明）した。

松崎と同年齢の結城禮一郎（一八七八〜一九三九）は明治・大正・昭和の出版人。号は桂陵。『旧幕新撰組の結城無二三』『江原素六先生伝』の著者で、幕末に新撰組に出入りし、後にキリスト教伝道師となった無二三の息子。『国民新聞』に入社し、徳富蘇峰の指導を受ける。玄文社創立に参加し、雑誌ジャーナリズムに新風を吹き込んだ。演劇誌『新演芸』を発行。結城は『滑稽新聞』廃刊後も三好と交流を続け、『柳屋』に寄稿している。『美術と文芸』第一一号（一九一八年）の「芝居を観る貴重な心」と題された寄稿をはじめ、折に触れて結城の名前が登場している。中でも『柳屋』四四号（一九三一年）に寄稿した「おっさんに抗議」では多くの興味深いエピソードが判明した。〝おっさん〟というのは三好のことである。この中から少し抜粋する。

「おっさん思うても見なアれ、あんたとわしの其の仲は昨日や今日の事かいナ。江戸堀の滑稽新聞で癇癪持ちの宮武外骨とスコヒスの其の細君との間にはさまって毎日コツコツと一所に仕事をしていたのは、あんたとわしの二人やないか。其れから今日まで春風秋風三十年、糸のように細い交際ではあるが、兎に角連綿と続いている。（略）三十年もたつと記憶がおぼろになって仕舞う。どうしておっさんが滑稽新聞へ来て居たのか、何で宮武君と知り合いになったのか、当時は多分話して貰った事と思うが、今はすっかり忘れている。わしはあの時大阪毎日で一ト花咲かせて居たのを小松原英太郎さんに背負い投げされて、大阪新報へ舞い戻った、ところが此処でも気に入らぬ縁談がはじまったので、全く友人間から姿を消し、瓦屋町の裏長屋へ引っ込んで、紡績の織工になった。それを宮武君が勿体ないと言って無理に引っ張り出して滑稽新聞の編輯をやらせてくれた。其の時はじめてあんたに会ったのだが、あんたはあの時分、ほんの坊んちで、はにかみ屋で、何を話してもロクに返事をしなかった。宮武君が釣りの話をする、わしは面倒くさいから相手にならない、仕方がないからあんたに話しかける、あんたはそれを神妙に聴いていたものだ、覚えていなさるか、わしは暫くして東京へ帰った。わしの後は＝すぐあとだったか、二三人置いてあとだったか知らないが＝松崎天民が編輯へ頼まれた、それで天民から其後のあんたの消息を聞いた」

このことからも実に多くのことがわかる。外骨と米吉と結城の性格までわかるようだ。まだ若かった外骨が、もっと若いジャーナリスト志願の若者の中からこれはと思う人物を目ざとく見つけて声をかけ、『滑稽新聞』に呼び寄せたいきさつや、共にどんなふうに雑誌作りに奮闘していたか、その場面が少しずつ目に浮ぶ。明治時代の外骨流・記者ヘッドハンティングは、なかなか人情味あふれるものだったようだ。

結城は他にもジャーナリズム関係者との交流が多かったようで、一九一六（大正五）年に『東京日日新聞』を辞めた神近市子はその後一時、結城の秘書をしたことがある。また三好と親しかったジャーナリスト・北村兼子は結城や松崎とも交流があった。

三好米吉

かつて米吉が大阪ではちょっとした有名人だったことをうかがわせる例として、『柳屋』第三七号（一九二九年）に「浮世絵に余念なく見入るドイツ大使」という見出しの『大阪毎日新聞』の記事を転載している。また同年の第三八号では、「日本航空輸送会社が東京・福岡間の旅客営業開始」という『大阪朝日新聞』

『柳屋』第46号の三好米吉、中国服姿でうたた寝するセルフポートレート

の記事を紹介しているが、そこには「柳屋」の三好米吉が大阪から搭乗したと記事に報じられ、待合室にいる米吉の写真が添えられている。こうした米吉紹介記事は『柳屋』に毎号のように掲載されていて、外骨の『スコブル』などで掲載された「自画他賛」記事を思わせる。米吉という人物がいかに個性的であったかを知る手がかりである。私は米吉のこうしたパフォーマンスに、外骨の〝目立ちたがり屋的性格〟を重ね合わせた。奇人・変人といった世間からの変わり者の風評をもろともせず、むしろそれを楽しみ、まっすぐ自己の道を歩く姿勢はまさに外骨とそっくりである。

米吉は『柳屋』第二五号（一九二四年）でこう書いている。

「青年期より十年余、宮武外骨先生の滑稽新聞社に奉仕し薫陶を受けました」

一九一五（大正四）年九月十日、外骨が梅田のステーションで多くの支援者に見送られて東京へ去った後も、米吉は外骨との師弟関係を終生続

『滑稽新聞』時代の三好米吉（後列中央）、前列・外骨夫妻

けた。例えば外骨の選挙出馬応援、出版記念祝賀会、さまざまな会食などで二人の師弟が会ったことが『柳屋』でわかる。外骨が来阪すれば米吉が必ずといっていいほど出迎えているし、米吉がデパートでの展示会などで上京したときなど、外骨を訪ねている。その一つに、一九三五（昭和十）年二月、米吉が東京・白木屋で即売会を開催した折、外骨を訪ねたことを『柳屋』第五二号の「東京日記」に書いている。

晩年の三好米吉（三好淳雄氏蔵）

「六日　宮武外骨先生をお訪ねして東京の支那料理を馳走しようと奥様と共に池の端の雨月荘へ行く満員、根津の緑風荘へ飛び、数奇の座敷で珍味を頂く、小生食道楽故にとの御心遣い恐縮の外無しです、出版界、新聞界、雑誌のうわさを承る」

この時のことは、外骨も『公私月報』第五三号で書いている。

「同六日　大阪の柳屋が主催で二月二日より東京の白木屋で、『現代名流和歌俳句書画作品展覧即売会』を開いたので柳屋主人三好氏上京、此日荊妻と共に同氏を招待し緑風荘で快談を交した」

また米吉は雑誌『食道楽』からの求めに応じ、「外骨先生（時代）の食味」と題してさらに詳しい一文を寄稿して、

「（略）帝大の新聞雑誌保存館の主任として納まってお出の外骨先生を久しぶりにお尋ねした、ところがサア支那料理を馳走すると、池の端の雨月荘へ行く、満員だ、根津の緑風荘へ行く、渡辺治右衛門氏

の第二号邸だったそうで数寄を凝らした庭と座敷だ、前日の雪の消え残った樹石の風情も殊によい、支那料理を好まれる先生の健康を喜ぶ、童心というのか、ご飯が遅い、さあ会計だ自動車を呼べと私が慣れぬ靴の紐を結んでいる間に玄関から半丁もある門の辺まで駆け出して這入って来る自動車へ乗り込まれる、スピード時代なのか流線形なのか、相変わらず昔ながらせっかちで可なり性急の私でも呆然とする」

などと書いていて面白い。かつての弟子の来訪を喜びながら相変わらずせっかちな外骨に、米吉もあっけにとられている様子がわかる。

外骨と米吉という、この変骨で目立ちたがりで新しもの好きで食通で趣味人で、浪花の〝けったいな〟名物男二人は、どこか似た者同士だった。二人の類似点と相違点を詳しく見てみよう。

「おもしろき　男と与謝野先生が　をしへたまひし　米吉にして」

三好米吉の目録個人雑誌『柳屋』第四四号（一九三一年）でこう詠んだのは、晶子門下の歌人・中原綾子である。〝おもしろき男〟とはもちろん外骨のこと。米吉に柳屋画廊をつくらせたのは宮武外骨と与謝野晶子で、そんな大物二人に教えを受けた米吉もまた、おもしろき男ではないか、と解釈できる。『滑稽新聞』廃刊後、「柳屋書店」を開業して独立した米吉に、文士の揮毫短冊を売るアイデアを教えた晶子は、歌集『みだれ髪』を発表し鉄幹と結婚したが、一一人の子どもを育て家計を支えなければならず、自筆短歌色紙を売ることが大きな収入源だった。以後、柳屋画廊主人・米吉は「日本中の文士の揮毫売買相場は米吉の評価で左右され、絶対の権威を持つ」と言われるほどになる。

米吉は外骨が十五年間に築いた大阪での人脈を受け継ぎ、例えば実業家の小林一三も客として柳屋画廊の暖簾をくぐっている。米吉が惚れ込んだ竹久夢二は、外骨が『滑稽新聞』の挿絵を依頼したことが発端。平民社から招いた森近運平が、当時『平民新聞』に挿絵を書いていた無名の夢二を紹介したが、浮世絵趣味の外骨は後に時代の寵児となる大正の美人画家・夢二の絵をさほど評価していない。

外骨も米吉も共に〝へんこつ〟だが、外骨は生涯、和服で通した明治男。米吉は癇癪持ちではなく、無口で無愛想な商売人。和服も洋服も支那服！　も着て大阪の町を闊歩。外骨のように一夫一婦制支持ではなく自由恋愛派。古い女性観の外骨との決定的な違いはなんといっても、新しい女性で、いかにも〝モガ〟のジャーナリスト・北村兼子と特別な親交を持ったことだ。外骨も新しいもの好きだが、平塚らいてうなどの、いわゆる〝新しい女〟は嫌いなのである。飛行機好きでカメラ好きで、奇妙なセルフポートレートを撮って『柳屋』に載せる米吉は、北村兼子にモダンボーイと言わせた大正男だった。

『柳屋』第三九号（一九三〇年）の巻頭には、西條八十の「柳屋小唄」と題された唄が載った。

「どうせ浮世は風まかせ、ゆれて苦も無き柳屋の　店にさがった短冊の
金に浪速の日がくれる。
仇な羽織の達引きは　江戸の辰巳の梅暦、この米はんは日暦も　繰らずに送る拗男。
浪速の春の雨宿り、せめては覗け、紺のれん、ゆれて苦も無き柳屋の
店のあるじのとぼけ振り」

続いて同じ第三九号で、正岡蓉が「モダン風流　柳屋小唄」を作っている。

「1　柳屋　柳屋　島の内　恋の短冊　エンベロブ　河合ダンスのかの君は　誰にやるのか気にかかる
2　柳屋　柳屋　春の宵　レビユウをとめは松竹座　けふもけふとて絵封筒　どこへおくるか気にかかる

3　柳屋　柳屋　むっつりと　あるじ　黙して
午後三時　北村兼子　スコッチの　服でくるかや気にかかる
4　柳屋　柳屋　断髪の　妾しやモガだが購ふものは　写楽の絵だが　さり乍ら　ジャズにむくかや気にかかる」

米吉が暦も繰らない〝むっつりとした拗《す》ね者〟で、〝とぼけ顔〟というのが面白い。おまけに北村兼子との浮き名まで歌詞にされている。二人の仲はよっぽど有名だったのだろう。昭和初期のモダニズムにあふれた文化が大阪でも花開いた雰囲気をよく表している。

ちなみに第三九号の表紙は、当時フランスから帰朝していた画家・藤田嗣治が米吉の求めに応じて『柳屋』のために描いた北村兼子の似顔絵である。

そんな米吉の『柳屋』は外骨をはじめ、松崎天民、結城禮一郎、寺門咲平といった『滑稽新聞』時代の同僚の寄稿から、今まで知られていなかった外骨との交流や、『滑稽新聞』にまつわるエピソードを数多く知ることができ、興味深い。

結城禮一郎は『柳屋』四四号（一九三一年）への寄稿「おっさんに抗議」と題して、こんなことも書いている。

「（略）宮武君は滑稽新聞で非常に儲けたそうだが、恐らくあんたは其の恩沢には浴していなかっ

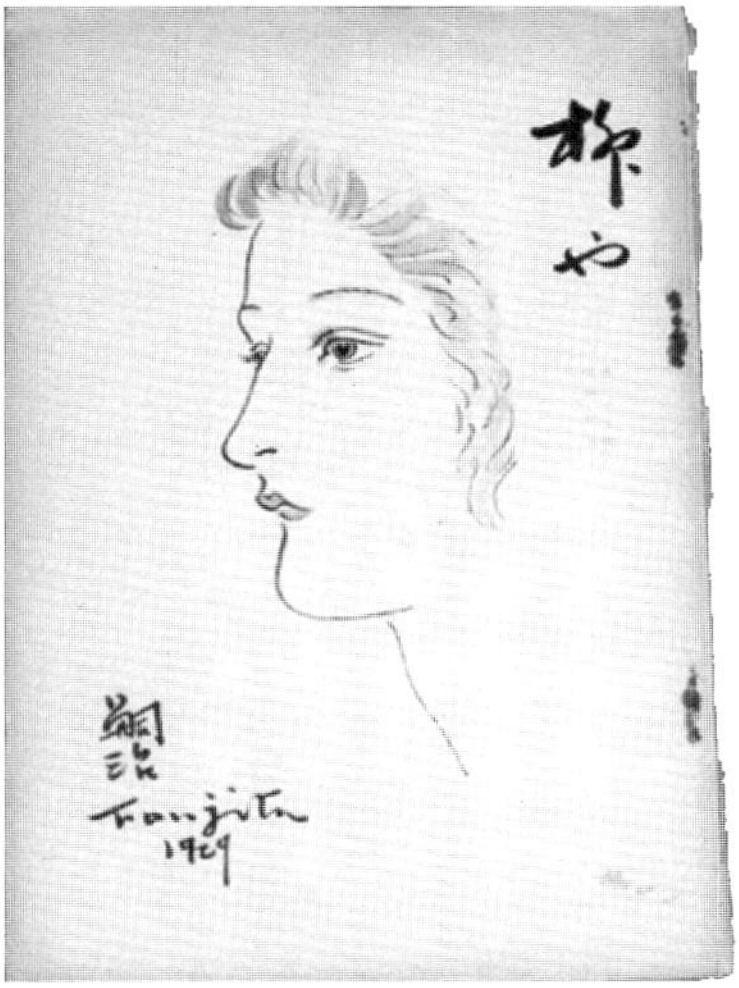

『柳屋』第39号表紙 藤田嗣治が描いた北村兼子の肖像（三好淳雄氏蔵）

たろう。然し此の滑稽新聞にいたことが他日あんたをして柳屋を始めさせた素因になってた事は争えまい。次手にあんたがエロハンターとして今大阪で有名なのも、矢張り宮武君に影響されたものと思っても差支えあるまい。あんたはそれからズウーっと一業に専心して今日の柳屋を築き上げた。押しも押されもせぬ地歩を確かに保占した。事によったら其名天下後世に伝わるかもしれない。（略）最後におっさん、あんたは仕合せの人やナ。仕事と道楽と一致している。それで金儲けが出来る。人生之に越したる仕合せはない。」

結城はここで自分より三歳年下のはずの米吉をなぜか〝おっさん〟と呼んでいる。親愛の情を込めての言葉だと思うが、〝エロハンター〟などという言葉も遠慮なくズケズケと使っている。結城は米吉の噂を知っていたのだろう。好色という意味のことを言っているのだろうが、外骨と米吉の女性観はそれぞれ違うように私は思う。外骨の〝好色趣味〟は学術的であり、自分で言っている通り〝マジメな猥褻〟である。米吉のほうは確かに外骨の影響を受けたかもしれないが、世代間ギャップというか、自由恋愛派として〝実践派〟だったようだ。結城は外骨の世間的な評価でしか見ていなかったのだろうが、外骨の実生活は意外に清潔だった。身も心も焦がし、めくるめくような恋愛は意図的に避けていたように私には思われる。〝古い男〟であることにこだわる外骨は、自分に尽くす女性がそばにいてくれることで満足していたのかもしれない。それにしても結城の、外骨と米吉への観察眼の鋭さが面白い。『滑稽新聞』にいて二人を知る結城だからこそ書けた文章だろう。

もう一人の同僚・寺門咲平は、『柳屋』第四五号（一九三二年）に「柳屋を斯く見る」と題してこう書いている。

「『柳屋』誌上に折々、結城さんが寄書されるのを面白く、そして懐かしく拝見している。殊に前号

『おっさんに抗議』などは、稍や楽屋落ちではあるが、我がままでガムシャラな外骨翁と、そのスコヒス夫人（結城先生の用語借用）との間に、矢張り同じ様に挟まって苦労?ならしたことのある僕には多少の感も手伝って、なかなかに興が深かった。（略）他人に対して恐ろしく肝癪持ちの外骨翁も僕には慈父のように親しまれた。というように親しませてくれた。その昔翁から頭ごなしに叱られていた或人に此の頃会って聞くと、『いや近頃すっかり好好爺になりましたよ』と話した。色気と肝癪の大元締め、日本有数の畸人、変人の外骨先生も、年と共にそのつむじ曲がりが直って来たと聞くに、三好さんは反対に年と共につむじが余計に曲がって行くように僕には考えられるのが如何にも不思議である。畸人、変人として一代に鳴った外骨先生でも、僕たちにとっては畸でも変でもなく只の人であったのに、只の人とのみ思った三好さんが年々に少しずつ其度を増して、廿年後の今日では全く訳がわからなくなって仕舞った。氷の如くにして折々は火を発し、黒きが如くにして白く、照ると見れば忽ち曇りも見せる。僕は実に不思議とも不思議、先ず三好さんの様な人物は初めてである。やさしい人だと思うと怖ろしい我がままで肝癪持ちだし、随分勝手な男の様でいながら義理固くて親切でサッパリしている。奇とか変とかいうのは三好さんのような人に対して冠すべき文字であることを僕はしみじみと悟った」

この寺門の記事もなかなか重要な証言である。外骨は妻・八節に頭が上がらず〝嬶大明神〟と呼んでいたが、その八節に弟子たちは〝スコヒス夫人〟（スコブルヒステリーの意味か）という渾名をつけていたことなども面白い。また、外骨が寺門だけに優しかったというのが気になる。「外骨翁に途方もなく世話をかけた」という寺門とはどういう人物だったのだろう。これ以外に寺門の寄稿がないのが残念だ。寺門は慈父のような外骨よりも、米吉のほうに鋭い人物評を下しているのがとても興味深い。彼は米吉についてこうも書いている。

「柳屋が天下に知られているのは、その畸に徹した三好さんの商売振りである。之だけは唯一独歩、誰も真似が出来ない。おそらく是が三好さんの全面目だ。それは何かと言えば無類の正直さである。純正な商売道だ。三好さんが店で売る品物の価格は、市場の相場とか他店の評価に頓着なく、自分が安く買った物は安く売り、高く買った物は高く売るという策も術も弄さぬ天真なやり方である。之は何でも無い事の様ではあるが、其実なかなか商売としては出来得ないところだ。（略）畢竟するに之なども三好さんに商人としてのアクが無く、無味無臭、淡如たる風格のなせる業であろう」

〝淡如たる風格〟、これは米吉を語る上で重要な描写だ。

『滑稽新聞』で修業し、外骨に薫陶を受けたことを誇りとし、そこから多くを得た米吉と外骨との類似点はもう一つ、人との出会いに恵まれたことだ。米吉に「柳屋」を作らせたもう一人の功労者である与謝野晶子が死去した一九四二（昭和十七）年、米吉は『柳屋』第六五号で「与謝野晶子さま」と題してこう書いている。それはまるで米吉の生涯をも語っているように思える。

「女流歌人の第一人者晶子女史が去る五月二十九日遂に逝去されました、一昨年五月再度のご発病で私は同年秋十月親しく御病状を御見舞いして意識明瞭の夫人と握手して帰りましたが、爾来私の病弱にて東上し得ず御尋ねの出来なかったのが甚だしい心残りです、私が商人になったのは今より三十二年前三十歳の時でした、古本新本より文芸美術書、錦絵版画、絵封筒に手拭団扇、地方玩具等々凡そ趣味的の品々を扱っていた時に、晶子先生に教えられたのが歌短歌を売ることでした。

なつかしき道頓堀の初芝居雪は降れども車して行く　というのが最初の短冊頒布会の内にあったのを今もよく覚えているのです、北原白秋氏、吉井勇さんと紹介され、また支那の名優梅蘭芳に傾倒して、柳屋の若きあるじも物を思わん　など歌われたのもその頃でした。竹久夢二の女、富本憲吉の図案にも夢中になって、富本さんなど柳の図案は書き尽した、と云われたものでした、書家では渓仙、芋銭に親しまれました、いつでしたか私がもう若く無い、と云った時、妾はあなたより三つ年上だが今でも若い気持ちである、あなたも若い気持ちで動くことです、と云われました、私の書く手紙の『啓上』は晶子氏譲りです。

その晶子さんが亡くなられた、清少納言紫式部以来の才媛は既にこの世を去られた、私は病体を押して六月一日の告別式当日青山斎場へと駆けつけました、遙々と文字通り遠路のところを御葬式に東上したのは、先には北村兼子、後には与謝野晶子刀自、いつも女の方ですね、とある人に言われました。作歌の自由自在な点、蓮月尼とよく似てもいた。（略）滞在中お訪ねした宮武外骨、大曲駒村、斎藤茂吉、今井邦子、多賀博の諸先生には御馳走を頂き秘蔵品を譲られ、病状の注意を受け、ほのぼのとしたお話も承り、夢二の墓地へ案内さるる等、御親切御歓待を厚く御礼申し上げます」

外骨や晶子、富本憲吉、竹久夢二、北原白秋、吉井勇といった錚々たる人々に助けられたことを感謝し、決してひけらかすことなく、淡々と綴っている。米吉の人柄がにじみ出るようだ。そして「いつも女の方ですね、と或る人から言われました」などという文章はどこかせつない。北村兼子と晶子、自分が愛し敬った女性に先立たれた男がふと漏らす、人生への〝刹那さ〟が文面から読み取れる。何度も妻に先立たれた外骨とは違う文体だ。

この一年後の一九四三年十月六日、外骨の異色の弟子・三好米吉は六十一年の生涯を閉じた。師よりは短命だったが、生涯に錚々たる人物と接し、薫陶を受けるという幸運を得た米吉は、〝ミニ外骨〟ではない独自の世界を創り、外骨のように弟子を持つこともせず、大正ロマン・昭和モダニズムの時代に

〝柳屋一代男〟として淡々、飄々と生きた。

翌年早春、米吉の長男で当時一二歳だった淳雄は、養母で米吉の妻・品《しな》と共に上京して東大の明治新聞雑誌文庫に外骨を訪ねた。米吉の死を報告するためだ。六十年余りを経た今、外骨の風貌の記憶はおぼろげで、本郷の明治文庫に行ったことは覚えているが、外骨が仕事をしていた文庫の薄暗い部屋で母と外骨が交わした会話の記憶は全くない。おそらく母に促されて外骨に挨拶をし、外骨もまた自分に言葉をかけたように思われるのだが、外骨がこの時どんなことを言ったのかは思い出せない、と語る。ただ一度だけだが、三好淳雄は生前の外骨に会ったことのある今や貴重な生存者である。

一九四五年三月十三日、二七九機ものＢ29の襲撃を受けた大阪大空襲で、米吉が一代で築いた「柳屋」は灰燼と化した。

米吉の墓は、米吉が幼・少年時代を過ごした広島県三原市の宗光寺にある。のどかな瀬戸内海が一望できる高台の境内で、三好米吉は両親や妻と共に眠っている。

モボとモガ

与謝野晶子門下の歌人、中原綾子は『柳屋』第四三号（一九三一年七月）の巻頭でもう一つ、こんな歌も詠んでいる。

「米吉の　浮名といふにあらねども　疾くきたるなり　飛行機のごと」

浮き名というわけではないが、米吉の恋の噂が飛行機みたいに舞い込んだ……、そんな意味の唄だ。その〝飛行機〟には、暗にある女性をも掛け合わせている。わかる人にはすぐわかるのだ。それもなんと、このページの横に「頭から見た米吉さん」と題された北村兼子の寄稿が掲載されていることでもすぐわかる仕掛けだ（米吉も兼子も自分たちの噂など平気だったのだろうか……）。寄稿の最後に「昭和六年六月五日、立川飛行場前高島屋旅館にて」とあり、このとき兼子は飛行士免許取得のため上京中で、取得後には立川からロンドンまで大陸横断飛行する計画だった。その兼子に米吉はまたいつものように原稿を依頼した。

「飛行機操縦も最早よほどの御上達で……と、ここまでは三好米吉氏一流のおべんちゃらの手紙の文句、その次が……太平洋を一と飛びに賞金十万円をお獲りになったら……とすぐこれだ、すぐ金だ、大阪ものむき出しである。『どうだす、もうかりまっか』という口頭挨拶を手紙辞令にかえただけだ。それが手紙の趣旨かというに、さにあらず、その次に雑誌柳屋に何か書けと一篇の主旨が結尾を掉っている。結尾の重い金魚文である」

冒頭からかなり〝つんけん〟している。兼子は大阪商人・米吉が嫌いなのか。そんなはずはなかった。

「私は大阪に生れて大阪ぬけがしているといわれるが、柳屋さんは大阪が骨まで浸透している。大阪人でないところは風流に対する一隻眼である。この試験官の前にはカンニングの仕様もないが、評点が金銭に換算されて雑誌柳屋に載るところは大阪人である」と、自分や他の有名文士一人ひとりの揮毫に容赦なく値段をつける米吉に鋭い批評を加え、

「毛の薄くなりかけた頭の天辺から見下ろして書くのは飛行家ならではできない立体批評である。思うままにこきおろして自ら江戸っ子を任じているような気ぶらいのある三好さんの正髄を贅六にきめつけてしまったが、気にさわっても風に柳屋と、たのみます」

なんて書いている。これまたいつものように彼女の得意とする痛烈な皮肉だ。兼子は米吉に悪態をつ

いても許されることがちゃんとわかっているようでもある。おまけに愛嬌ものぞかせる兼子は、なんだかあの人物とそっくりではないか。米吉の師、外骨だ。ましてこれが外骨ではなく、育ちのよさに加え、若くて賢くて魅力的な女性ジャーナリストとくれば、米吉がぞっこん惚れこんでしまったとしても無理はない。なにせ米吉は反骨のジャーナリスト・宮武外骨の弟子にして、師の身代わりに堀川監獄にぶち込まれたこともある〝つわもの〟である。そんじょそこらの男とはわけが違う米吉が、普通の女性の〝並み〟の魅力に満足できるとはとても思えない。

しかしながら運命とは儚いもので、この「頭から見た米吉さん」が少なくとも『柳屋』での兼子の遺稿になってしまった。

北村兼子 大阪朝日新聞記者時代（朝日新聞社所蔵・提供）

大正末から昭和初期、大阪に北村兼子（一九〇三～一九三一）というジャーナリストがいた。女性記者そのものがまだ珍しかった時代だが、まさしくそれまでにない新しいタイプの女性記者の登場だった。大阪・天満の造幣局に近い漢学者の家に生まれ、一九二五（大正十四）年四月、関西大学法学部在学中から大阪朝日新聞記者に迎えられたという才媛だった。『朝日新聞社史　大正・昭和戦前編』によると、昭和二年に大朝五人目の婦人記者である隅野滋が社会部に配属されたとあるが、「大朝には恩田和子や、北村兼子などの婦人記者がいた。このうち北村は昭和二年七月に退社したので、隅野はその後任となった」と書かれている。ということは、兼子は大朝始まって以来四人目の婦人記者だったことになる。

兼子は入社して間もなく反戦平和や女性問題に取り組み、社会部記者として鋭い社会批評記事を書いて活躍する。その一つとして、社会部の企画「人間市場に潜行して」の取材で、神戸と福岡の歓楽街へカフェーの女給に扮して〝潜入取材〟をやってのけたのだから、当時の大阪でいかに注目されたかがわかるというものだ。

それで思い出すのは、アメリカのフェミニズム運動家のグロリア・スタイネム（一九三四〜）が一九七〇年頃、女性の性を商品化していると女性団体から抗議されていたプレーボーイクラブに、自らバニーガールに応募して潜入記を書いたことである。だが兼子はそれより四十年以上も前にやっていたのだからすごい。

朝日新聞大阪本社に、その取材時の兼子の写真が保管されている。日本髪に和服、白いエプロン姿で、何人かの女給たちが店の前で一緒に並んでいる中で、一人だけなんともチャーミングな素人くさい女性が、兼子である。

彼女はまた当時流行の最先端を行くようなファッションセンスでも注目された。朝日に残された彼女の写真はどれも、帽子・スーツ・靴と、〝モガ・スタイル〟である。今でもこんな格好で取材をしている女性記者を、私は見たことがない。この当時の婦人記者はまるで女優のような服装で取材していたのかと思ったが、もしかしたらこれは兼子だけだったのかもしれない。婦人記者というだけでも好奇の的であったに違いないこの時代に、知的でチャーミングな彼女がいかに注目の的になったかは、写真で見ても想像に難くない。こうした華々しい活躍と注目を浴びたことで、大衆紙から「一ダースの愛人がいる」などと激しい中傷攻撃にあい、入社から二年余りで大阪朝日を退社する。その後はフリーとなり、欧米での国際会議出席や飛行士免許まで取得する活躍ぶりを見せている。その直後、一三冊の著作を残して二七歳の若さで急逝した。死因は盲腸の手術後の悪化による腹膜炎だった。

そんな兼子に、米吉がいつ注目していたかは定かではない。兼子は大阪朝日時代、すでに注目を浴びていたから記者時代からと推測するが、大阪朝日を退社した直後に、おそらく米吉は兼子に手紙を書いたと思われる。『柳屋』に兼子が初めて登場するのは第三六号（一九二八年）で、彼女がフリーになった一年後である。これがきっかけで兼子と米吉は親交を持ち、以後『柳屋』に毎号のように兼子の名前が登場することになる。

米吉が兼子に初めて原稿依頼したテーマはなんと〝漫才〟。漫才は当時、大阪で大ブームになっていた。兼子は米吉の求めに応じ、「万歳《ママ》怪談」と題して寄稿する。その中で、「才蔵に太夫さんの裏打ちのあるお方が、私に萬歳《ママ》を注文したのは何か寓意がありそうで気持ちが悪い」と書いている。おそらく兼子は見抜いたのではないか。漫才で言うツッコミの太夫とボケの才蔵、つまり過激と愛嬌を併せ持つ宮武外骨の弟子・米吉の本質を。米吉も兼子を見抜き、世間が貼った兼子へのレッテル〝硬派の女闘士〟とは別の、ユーモアあふれる魅力を引き出すことに成功する。第三六号の編集後記に、米吉はこう書いている。

「（漫才に）私がいかに無我夢中になっていたかは　モダーン北村兼子嬢にまで『万歳を見たこと無い記』を依頼したあわてぶりにても察してください。然るに聡明にして美しくそして若い北村さんは『万歳怪談』を十月二十四日の朝書いて頂きました。機知に敬服しています」

彼女のそれまでの記事や著作にはない新たな兼子像を知る上で、『柳屋』に登場する彼女の寄稿は貴重な発見だ。もしかして米吉は、あの時代（今でも？）にしてはかなり過激で自由奔放な女性ジャーナリストとしての兼子の中に、師の外骨をオーバーラップさせたのではないか。

もしも、外骨が兼子と出会っていたらどうだろう。いかに新しい女嫌いの外骨も兼子の魅力には……、などとつい想像してしまう。

『柳屋』四四号（一九三一年十一月）は、四三号の寄稿に書かれた日付から一カ月余り後の、七月二十六日にあっけなく急死した兼子の追悼特集である。文士の一人はこう書いて兼子の死を惜しむ。

「よかれあしかれ、こんな女が大阪に一人位いても左程大阪の不名誉にもなるまいと、一部の大阪人は北村兼子と云う女性の存在をハッキリと意識して居た。彼女の活発な奔放さはその人達にも『然し変な女やで』と幾度思わせた事か。（略）彼女の死を人一倍に、寂しがる柳屋居士、三好米吉老は、彼女の絶筆になる短冊の値上げをしたかどうか知らぬが、兎も角近来の悲痛事として、確かに白髪の三本位は増えた事であろう」（藤村武雄「柳屋の子守唄」）

また別の文士、しげる・なみきは「ミス・キタムラの三好米吉論点描」と題し、兼子の死を嘆く。

「ぷらちなのような陽光が、青葉にぎらぎら映る七月下旬朝のニュースは、北村兼子の死をもたらした、といっても一段みだしで十行足らずの記事として……。ウルトラでモガで鋭突でシークでスマートでイットで、いいえ断然新語のカクテルのようなミス・キタムラの死としては、まあなんと淋しき文字に葬られたことよ」と書き始め、「婦人記者に女政客に文筆浪人に国際的スパイに飛行家に　あらゆる意味における有名女人ミス・キタムラについては、わたし共は多くの思い出を持っている」と書き、兼子のエピソードを一つ披露する。それによると……、一九三一（昭和六）年一月五日の宵、帝都銀座のカフェ「タイガー」に四人の男女がいた。目撃者のしげる・なみきと、『モダン日本』の名編集者N、『犯罪科学』編集者T、そして紅一点で「その頃大陸への恋愛行脚か？　空の女王か？　この二つに迷うていたらしい」兼子である。編集者Nが、「大阪のような都会から北村さんのような女性が出るとはねえ」と口火を切ると、兼子はいつものくせでトボケたような瞳を眼鏡越しに輝かせて、「まあ、そうかしら！」とNに微笑みかけた。ペパーミントのカクテルで頬をほんのり紅色に染めた彼女は、急に演説口調になって大阪都市論をぶつ。「昔なまめかしい宗右衛門町花街の反逆は、あの上海にでも見るようなジャズとエロとグロのカフェー現出となり、奥床しいお寮人はんの反逆は、近頃めっきり増えた喫茶店のクイーンとなり、それから船場いとはんの反逆は、まああたしみたいなものかしら。それから……、それからまだいるわよ！」と彼女が言うと、六つの眼は彼女の顔に釘付けになった。

「それは大阪商人、いわゆる、会えば儲かりまっか？　を交わし、バッタのように頭を下げるのをおしまない、その大阪商人の反逆として是非推薦したい人、それは心斎橋通りに近い八幡通りの柳屋さんのこと、三好米吉さんよ。書画、色紙、短冊、有名人の原稿を売買している大阪はおろか、日本にだってあまり数少ない店よ。この主人公、米吉ちゃんは、いわゆる大阪商人気質の反逆どころか、東京の商人にだって見られないムッツリした方よ。ムッツリした顔をじっと凄い眼を光らして椅子にドカリとかけて、お客さんがくると、いらっしゃい！　と言うかわりに、白い歯でニイッと皮肉な笑を投げつけるのよ。米吉さんこそ、断然三十一年型大阪奇人の一人として挙げますわ」

ミス・キタムラの米吉賛美論はまだまだ続き、

「奇人と同時に、断然モダンボーイよ！」と眼を輝かせる。

最初は兼子の話題だったはずが、いつのまにか兼子によって米吉にすりかえられてしまった。

「いったい米吉さんはいくつで、どんな服装をされているのです？」とNが訊くと、兼子は平気で続けた。

「五十歳近くて、いつも支那服を着ているわ！」

一同、笑いの渦となる。彼等と同席している女たち、ミス・タイガーたちも一緒に笑う。なおも中心は兼子だ。兼子は話し続ける。米吉の頭脳には常に新鮮な血が流れ、新奇なものを勇敢に追い求め、新しい世界に生きる……などと、米吉を肴にして喋り続ける。

「文士や書家の価値、将来の価値まで知ることにおいては、ヘボなジャーナリストや文学青年よりも詳しいわよ。痛快じゃないこと？」

そう言って兼子は勝利者のように、いかにも痛快そうに靴を踏み鳴らした。

男性三人と一緒にお酒を飲んでいる席で、その場にいない男のことを喋り続ける女。そのうちの男二人は米吉のことを全く知らないのだ。しかも彼らは、彼女が話のネタにしている男を上げたり下ろしたりして、誉めているのか、けなしているのか、さっぱりわからない。おそらく兼子はカクテルに酔っぱらって自分でも何を言っているのかわからなくなっていたのだろう。だが、意識はしっかり醒めている。それでも喋らずにはいられないという心境……。もしかしたら、何事も核心をズバリ衝いてはずさない賢明な兼子が、いつもムッツリ、何を考えているのかわからないような男・米吉に少々イライラさせられていたのではないか、そしてそのうっぷんをここぞとばかりに晴らしていたのではないか。

実はその前年の八月下旬、『柳屋』四一号（一九三〇年十一月）に、米吉は梅田の阪急百貨店で「現代名家和歌俳句展覧会」を開催した時の事を載せている。阪急の繁盛振りに驚いたこと、さらに「支那へお嫁入りしようかと相談されたキタムラさんに賛成したのが六階の和食堂」と米吉は書いている。兼子のことはそれだけしか書いていない。米吉も、思わせぶりな男である。親子ほど年の差のある二人の仲は、すでに歌人・吉井勇に見抜かれ、中原綾子に歌われ、正岡蓉に唄の文句にされ（実はこの正岡蓉が兼子にフラれて自殺未遂したというエピソードもある）、多くの文士達もその噂のあれこれを『柳屋』に寄稿しているのだ。

で、実際はどうだったのか。米吉も一人の男ではあるにせよ、前途洋々の兼子が娘のように可愛くて仕方がなかったのではないかと私は推測する。いや、娘としてではなく、本当は愛すべき一人の女性だったのかもしれない。一方、兼子はなぜ自分の結婚を米吉に相談したのだろう。賛成してほしかったのか、反対してほしかったのか。それとも、賛成するか反対するか、試したのだろうか。米吉に賛成されて、兼子は喜んで〝支那の男〟と結婚する気にでもなったのか。それとも、他の男との結婚を賛成する米吉に失望したのだろうか。失望したとすれば、兼子は米吉に何を期待したのか。

そもそも〝お嫁入りの相談〟なんてあやしいに決まっている。米吉には「支那へお嫁入りしようかしら」なんて言ったとされているが、しげる・なみきの言うところの、「大陸への恋愛行脚か？　空の女王か？」迷った兼子は、米吉に結婚を賛成されたというのに、逆に空の女王を選択している。それにしても「大陸への恋愛行脚」とはいったい何の話なのだろう。中国人の恋人がいたというのか。兼子自身が周囲の男性に恋愛や結婚問題をほのめかしているのはどうやら事実としても、それをそのまますんなり受け取ってはいけないのである。

兼子をいつも〝女史〟扱いする米吉に〝つんけん〟した態度をとり、ボーイフレンドにはその米吉を誉めたりこき下ろして攪乱したつもりでも、根は一途で可愛い女性だったのではないかと私は思う。だいたい、兼子の周りで支那服を来て大阪の町を闊歩する男なんて、米吉以外にはいなかったはずだ。フリージャーナリストとして生きることを決心したばかりの若い兼子が、本気で結婚を考えているとは思えない。『柳屋』第四一号では、お嫁入りに賛成した、などと米吉はとぼけているが、兼子のちょっとした心の揺れや迷いをぶつけられ、上手にあしらったつもりなのではないか。米吉はそうとは書かなかったが、いや書けなかったのだろうが、こんな謎はちょっと考えたらすぐに解ける。一時の情熱に任せて「支那へお嫁入り」（＝「大陸への恋愛行脚」）したいと我が儘をぶつけても、肝心の〝支那服の男〟米吉には貞淑な糟糠の妻がいた。おまけに彼には〝エロハンター〟の異名さえある。二人の噂をそのままほうっておいて自分を全身で受け止めようとしない男なんて、若い兼子から見れば〝ずるい〟に決まっている。米吉なんか、柳に風の男なのだ。いかに兼子とはいえ、どうにもならなかったのではないか。

もしもこんなことを外骨が知ったら、不倫の嫌いな師は〝女たらしの弟子〟に雷を落としたに違いない。すでに大阪を離れて東京に住む師匠に知られることは免れたとしても、どう考えても二人の〝恋愛〟が不釣合いなのは、父親ほど年上の米吉自身が最も自覚していたはずである。できることとできないことの分別ぐらい、大人の米吉にはわかっていたはずである。自分が兼子にできる唯一にして最善の方法、それは黙って見守ることだと……。

一九三〇年の夏の終わりの午後、昭和モダニズム情緒たっぷりの阪急百貨店六階和食堂で、五〇歳近い〝奇人〟の男と、二十代半ばのまさに輝くばかり才色兼備にして〝変な女〟は、どんな言葉を交わし、あるいは交わすことなく黙ったまま過ごしたのだろうか。その一年後、〝空の女王〟を目前にしながら、兼子はそれを果たせることなく逝ってしまった。しげる・なみきは追悼文の最後にこう書く。

「痛快なミス・キタムラはポッツリと地下に落ちた」

『柳屋』四四号は実質的に兼子の追悼号となり、カメラ好きの米吉が撮ったと思われる立川飛行場での兼子の写真が遺影として添えられていた。「在りし日の北村兼子　立川飛行場にて」と書かれたこの小さな写真の兼子は、長い髪をお下げにしたままである。ラフなスタイルのプライベートな女性の写真を撮ることのできる人物は、限られている。彼女のこういう写真は珍しいのではないかと思い、朝日新聞大阪本社が所蔵している〝勤務中〟の彼女の写真を見てみると、やはりどの写真も彼女の髪型は長い髪を後ろにまとめて、断髪風スタイルになっていた。

一九三一年七月二十八日、東京で急逝した兼子の告別式に、袴の嫌いな米吉が紋付袴姿で大阪から駆けつけた。喪主は兼子と交流のあった結城禮一郎が務め、同じく交流のあった松崎天民も列席していた。米吉と共に、なんと三人の外骨の弟子が偶然にも青山斎場で奇妙な再会となったのだ。

「北村兼子さんの告別式に臨んで、人生の変転無常を痛感しつつ兼子さんの告別式に東上しました。式場は青山斎場で結城氏や天民サンのまるい顔や外史将軍の長い髭、婦人参政同盟の若き一女性が亡き人へそそぐ涙も見ました。兼子さんの得意の句に『埋め立てて千鳥を遠く押しやりぬ』といふのがあり、それに真似て飛行家卒業の女史へ　夏寒く乙鳥を遠く押しやりぬ　悼句のつもりです」

と、米吉は『柳屋』第四四号で書いている。淡々と、しかも痛切に。

同じく第四四号の読者通信欄には、

「悼北村兼女逝去　なき笑ひ　あざける如き柳屋の　顔に濃きかな　さびしさのかげ（読人不知）」という投稿も掲載されている。

「奇人」、「変な女」、そういわれた米吉と兼子はどこか似た者同士で、互いを他の誰よりもよく理解していた。一部の大阪人の間では〝公然の仲〟であり、『柳屋』に登場する文士たちにさまざまに描かれ、ひやかされ、噂の種にされた。それらを米吉は否定も肯定もせず、そのまま掲載したのである。

米吉と兼子、この〝モボとモガ〟は共に飛行機好きで一緒に乗ったこともある。出会いから永遠の別れまでたった三年の二人が、本当はどういう関係だったのかという野暮な詮索はやめておこう。だが短くても濃密な時間を共に過ごしたということは、少なくとも、画廊経営者にしてよき理解者とジャーナリストにして表現者、といった単なるビジネス上の関係のみならず、明らかにそれを超えた親密な関係だったと私は想像する。さらに言えば、一種の愛人関係とでもいおうか、ちょっと不可解で謎めいた大人の男女の付き合いをしていたのではないか、とも思う。米吉はジャーナリストではなかったが、ジャーナリストに憧れ、宮武外骨と間近に接した経験から、ジャーナリストがどんな人生を歩むことになるかをよく知っていた。米吉が兼子に惹かれたのは、兼子の中にジャーナリストとしての優れた資質を見抜いたからこそではないか。

米吉に短冊の揮毫を依頼されて、兼子はこんな歌を遺している。

「努力てふ　言葉のもてる慰めに　さみしく暗きみちあゆむわれ」

まだ若い兼子が世の中の残酷さを身をもって知り、自らの孤独と逃げることなくまっすぐに向き合い、ジャーナリストとして生きる決意がこの歌に込められているようだ。兼子はまた、母・勝野にこんなことを語っている。

「あたしは誤解の衣を装って生きているのよ。世人はどんなに嘲笑しても、非難しても、また黙殺してもいいのよ。あたしは誤解の衣の影で、最も重大な、最も意義のある仕事を遂行しつつあるのよ」

（『柳屋』四四号、しげる・なみき「ミス・キタムラの三好米吉論点描」）

世間から誤解され、〝変な女〟と嘲笑われても、「私は決して潰されない、私は私の人生を必ず全うする」という強い意志が、頭から足の先まで、兼子の小柄な身体に満ちあふれていたかのようだ。その緊張が、特別な男性と共に過ごす密やかな時間の中でのみ甘え、解き放たれたとしても、私は不思議とは思わない。育ちの良さや聡明さや勇気を妬んで嘲笑う世間への、冷静かつ挑戦的な兼子の姿勢に米吉はたくましさも感じ、時にハラハラさせられ、またいじらしくも愛しくも思ったはずである。二人は父娘ほどの年齢差があったが、米吉はあくまで彼女の才能に敬意を持って接した。その一方で特別な愛情を持ったとしても、それもまた私は不思議とは思わない。〝敬意〟と〝愛しさ〟という、一見矛盾したようなどっちつかずの米吉の態度に若い兼子が時に苛立ち、悪態をついたとしても、米吉はあくまで大人の男であり、大阪の商売人だった。

偶然にせよ必然にせよ、人はどこかで自分と最も似て非なる他者を直感的に発見する。それはとてもドラマチックな瞬間だ。一九歳で『滑稽新聞』を発見し、魅了され、外骨の弟子になった米吉は、以来、与謝野晶子や北村兼子、そして竹久夢二との、運命的な出会いと別れを繰り返してきた。相手が男であれ女であれ、米吉は生涯、〝美〟を求め続ける貪欲なハンターだった。師の〝過激にして愛嬌〟人生が「烈しさと面白さ」なら、〝無口で無愛想な商売人〟〝奇人でモダンボーイ〟三好米吉の人生には、「華やかさとせつなさ」という言葉が似合う。

兼子が逝って三カ月後の一九三一年十月、柳屋画廊にいた若い女性が男の子を産んだ。彼女はまだ一九歳だったが、「夢二の絵のような美人」と評判の看板娘だった。まるで兼子の生まれ変わりのようにこの世に生を受けた子は、米吉が五〇歳にして初めて授かった子どもである。米吉の妻・品《しな》は、淳雄と名づけられたその赤ん坊を自分の子として可愛がり、育てた。以後、米吉は人が変わったように、〝子煩悩の商売人〟に徹した。それから後の『柳屋』には「私のページ」とともに、「二世のページ」が連載されることになった。かつて外骨が愛してやまなかった養女三千代を誌面に登場させ、親バカぶりを発揮したように。

兼子の死から三年、『柳屋』第五〇号（一九三四年）には『文章報国』（一九三三年六月号）に掲載された記事が転載され、そこには米吉のことがこう書かれていた。

「三好米吉翁先生二世が生れてから若返って元気がよい、一と頃、北村兼子を飛行機にのせて東京へ遊びに行ったり、（略）今では商売大事に働いて、金も腐るほど出来たといふ噂、商売大事に浮気もやめて　顔も四角に暮らすなり」

この号を最後に、目録雑誌『柳屋』から北村兼子の名前が消えた。

謎の絵師〝黒坊〟

私が初めて手に入れた『滑稽新聞』は第一一六号（一九〇六年）で、そのキュートな鯉幟の表紙絵を書いたのは墨池亭黒坊《ぼくちていくろぼう》だった。中身よりもまず表紙絵に惹かれたのだ。大胆にして繊細、且つポップ。それを描いたのが外骨お気に入りの絵師・黒坊だったことを知ったのは、ずっと後のことである。

黒坊の入社について外骨は、第一一五号（一九〇六年五月）にこう記している。

「（略）次に今一休氏は遊ぶ事に多忙な人であるから、今般同氏の補助として墨池亭黒坊という人に入社して貰った、此人も中々画才がある、等号の『蟹と穴』の蟹にハートの草を挟ましてあるなどは、チョット凡人には出来ない意匠だ、などとアマリ塩の辛い手前味噌をこね過ぎてもイケナイから止めて置こう」

謎の絵師・黒坊がこの第一一五号から新顔の絵師として登場している。基本は浮世絵的な技法ながら洋画的なハイカラさもあり、アールヌーボーを思わせる大胆な構図といい繊細な筆致といい色気といい、そのセンスは外骨も感心するほどだった。外骨がアイデアを出すと、そばでたちまち斬新な絵を描いたのだろう。今見ても少しも古さを感じさせない。最初は今一休の補助だった黒坊が、たちまち『滑稽新聞』の人気画家となり、すぐに「本社の黒坊は浮世絵専門家であるが、又類聚其他の考案事にも巧みなので、記者連の補助員として前号以来編輯をも兼ねる事になった」と書かれているように、外骨に信頼されていく。

この黒坊が、当時の大阪でなかなかの有名人だったことがうかがえるエピソードがある。『滑稽新聞』第一六〇号に、宝塚温泉に黒坊のニセモノが現れたという記事が載っているのだ。旅館で羽織の鐶《かん》を落としたという者が「我は滑稽新聞社の黒坊という画工だ」と名乗ったらしく、滑稽新聞社にその旅館から黒坊宛てに、鐶が落ちていたから預かっているとの葉書が来た。

「本社には知らぬ所へ行って滑稽新聞の社員だぞという者は無い、若しそんな事を言う者があればすべて偽者と知り給え」と、外骨は書き添えている。

外骨がこの黒坊といつどこで知り合い、入社させたかといった詳しい経緯は不明だが、明治になって江戸浮世絵の伝統が途絶えていき、新聞雑誌の挿絵に画家の仕事が移行した時期でもあった。浮世絵に造詣が深く、雑誌のビジュアルな面白さを重視した外骨は『滑稽新聞』で多くの絵師を使っている。実力がありながら糊口を凌ぐ毎日の浮世絵・美人画家の若手絵師たちに仕事の場を与えたことで、彼らの絵の魅力が『滑稽新聞』の売上げを伸ばした一つの要因になったことは間違いない。ただ、彼らはほとんど匿名でアルバイトをしていたから、詳しい経歴や本名すらもわからない者が多い。

人気の墨池亭黒坊も何者なのか、長く不明だった。外骨ファンの多くも、彼のことをもっと詳しく知りたいと思っていた。その黒坊を、いとも簡単に「前野春亭しか考えられない」と言った人がいた。尊那骨茶（本名、十亀忠義）さんである。一九一七（大正六）年生まれ。香川県三豊市在住の浮世絵研究家にして外骨ファン。〝江戸文庫主人〟を名乗り、書画骨董古書のコレクターでもある。外骨の出版した浮世絵専門誌『此花』をはじめ、多くの浮世絵研究書を所蔵。その尊那骨茶さんが、黒坊が上方の歌川派浮世絵師・前野春亭（本名、一廣）であると私に教えてくれたのが、一九九四年頃。外骨が明治四十一年と四十三年に滑稽新聞社から出版した『浮世絵師　百家美人画譜』上・下も所蔵し、その本に挿絵担当者として「前野春亭臨模」と署名されていたことや、ちょうどこの頃、雅俗文庫から創刊した『此花』の挿絵を描いたのも春亭だったことなどから割り出したのだ。

やがて、決定的な資料も見つかった。郷土研究雑誌、『上方』明治挿絵画家号（一九四二年六月）に掲載された「挿絵漫談」という記事である。書いたのは渡邊虹衣という人物。本名、源三。『大阪時事新報』の記者だった人だ。外骨が大阪にいた時代、共にジャーナリストとして交流があったと考えられる。渡邊はこの記事で、時事新報社の大阪支局が支社に昇格してから一九〇二（明治三十五年）に第一号発行以後、

「私が専らこの方の仕事をするようになってからも読物の変わる度に挿絵を描く人を物色、その読物に適した絵を描く人を求めましたのでかなりいろいろの方が登場しました、例えば竹久夢二、田中良、大橋月皎、歌川琳舟、宮田重雄、難波春秋、吉田清、島成園……」と、編集局員として関わった多くの

挿絵画家の名を挙げている。竹久夢二についてはさらに詳しく書いている。

「（略）変ったところでは宮武外骨氏の経営して居られた『滑稽新聞』『此花』『絵葉書世界』等々をはじめ、日刊不二新聞等に常傭の画家として彩筆を揮った人が二人あった。その一人は日本画の前野春亭、他は洋画家の松本硯生、今は二人とも故人です、前野氏は色が黒いので、黒ン坊という戯名で滑稽新聞や絵葉書世界に筆を執り、此花には春亭の名で執筆されたこともあった、妖艶な絵が得意であった」（『上方』明治挿絵画家号、一九四二年）

と書いていることで、黒坊が前野春亭であることが裏付けられた。春亭は戦前にはもう既に亡くなっていたようだが、これ以上のことはわからない。

「春亭は歌麿や春信など美人画の模写が得意でとても器用だったから、どんな注文でもこなして書くことができた。外骨に上手に使われたのでしょう」と尊那骨茶さんは言う。なるほど、そうかもしれない。黒坊の画才を見抜いた外骨の眼力には感心するが、それに応えた黒坊もなかなか腕のある絵師だったと思う。そしてなにより、墨池亭黒坊というペンネームがとてもいい。色が黒かったから黒坊、というのは安易なようだが、ユーモアがあってインパクトがあって華もある。『滑稽新聞』にぴったりだ。自分で考えたのだろうか。それとも外骨がつけたのだろうか。

顔の色が黒いから黒坊とつけたことは、『滑稽新聞』第一三二号の挿絵でなんとなくわかる。黒坊が描いた挿絵に、「美なる醜業婦、醜なる美術家」という風刺画があって、〝美なる醜業婦〟のほうには美しい花魁の絵が描かれていて、〝醜なる美術家〟にはまるで黒人のような顔をした画家を描いているのである。その画家のそばに、大きく黒坊のサインがある。この風刺画は対比の象徴としての例で、ちょっとした〝自虐ギャグ〟だったのだろう。花魁の絵の浮世絵的なタッチといい、黒坊の誇張されたユーモラスな顔といい、これを黒坊自身が描いた似顔絵と断定してもいい。

黒坊の画才の特徴はなんといっても西洋的なデザインで目を惹き、基本的な浮世絵の筆致で色気と妖艶さにあふれ、それにユーモアのセンスがあることだ。『滑稽新聞』の挿絵にその才能がたっぷり開花していると私は思う。竹久夢二は大正ロマンを代表する女性的な繊細さや叙情、儚さなどの表現で一世を風靡した。黒坊の絵の中に夢二的な画風やデザインを予兆させるものもあるが、黒坊はあくまで浮世絵正統派の末端に属する画家としてその人生を終えたのだろう。『滑稽新聞』の彼の絵は江戸の浮世絵そのものでもないが、明治初期の風刺画・ポンチ絵からもはずれている。また大正期に花開く夢二とも違う。よく言えば両方のセンスを持ち、悪く言えば曖昧である。江戸趣味と文明開化を彷彿とさせ、なおかつ大正の斬新さも予感させる、明治中期から末期に生きた職人的な挿絵画家だったといえるだろう。

大正男の三好米吉が惚れ込んだのは夢二だったが、明治男の外骨がパートナーに選んだのがそんな黒坊だったことが理解できるような気がする。長い時代を経て現代の目で見れば、夢二が斬新で黒坊が古臭い、というわけではないのだ。無名ではあったが、黒坊もま

『滑稽新聞』第132号、黒坊自筆の似顔絵

た外骨によって見出され、『滑稽新聞』『此花』という表現の場を与えられ、明治という時代に独特の才能を発揮した稀有な画家だったのではないか。

こうして黒坊が何者だったかをあれこれ追跡するというのは、本当は野暮かもしれない。謎は謎のままにしておくほうが粋というものだろう。謎の絵師・黒坊は大阪時代の外骨の、まさに黒子的なパートナーだったのだ。それにしても外骨は本当に人との出会いに恵まれている。権威や既成の評価に惑わされず、研鑽を積んだ自らの判断を信じ、その人物の長所、斬新な才能を見抜く天才だったからかもしれない。

二人の奇人

人との出会いに恵まれた外骨の生涯には運命的とも思えるものがいくつかあったが、瀬木博尚や吉野作造との関係のように本人たちがそのことを強く自覚しているものばかりではなかったようだ。外骨と南方熊楠（一八六七〜一九四一）の場合は、後世の我々が客観的に見て、二人の強烈な個性の出会いを近代における極めて稀で、素晴らしい邂逅と信じたいという希望のほうが、実際の友情よりも大きいのかもしれない。

青年の頃から外骨の著作や雑誌を愛読していたという俳人の種田山頭火は、死んで極楽へ行ける者として「一人は紀州の南方熊楠翁で一人は半狂堂外骨翁である」（『北羽新報』、一九二四年）と書いている。考えてみれば山頭火も変な人である。奇人は奇人同士、直感的に強く惹きつけられるものがあるのだろう。明治・大正のジャーナリストで、大阪朝日、大阪毎日、東京朝日、読売などで筆を執った大庭柯公は、〝大正の三奇人〟として外骨、熊楠、小川定明（新聞記者）を挙げている。熊楠と外骨はすでに大正期、一部の人々から天下の奇人と目されていたのである。

熊楠はここに記すまでもないが、和歌山県生まれの博物学・民俗学者。東大予備門を中退して渡米。さらに渡英し大英博物館の嘱託となり、東洋図書目録の編纂に携わる。一九〇〇（明治三十三）年、和歌山に戻り植物採集に没頭。那智、田辺と移り住み、〝野人〟と言われるようになる。一九〇九年、貴重な植物が絶滅するのを恐れ、自然保護を訴えて神社合祀反対運動を始める（裁判の弁護は外骨の友人・日野国明が担当）。一九一二年、外骨の浮世絵雑誌『此花』への寄稿がきっかけで熊楠と外骨の文通が始まる。大英博物館で浮世絵の編纂に携わった経験から、熊楠は『此花』の愛読者だったのだ。外骨はこれを喜び、以後、熊楠は外骨が一九一三年から創刊した月刊『不二』にも次々と寄稿する。それを知った柳田国男は外骨を毛嫌いしていて、「彼はわれわれが門にも立つべき者ではなく候」（『宮武外骨』吉野孝雄、河出書房新社、一九八〇年）と熊楠への手紙で外骨を非難している。熊楠は柳田への返信で外骨を、

「はなはだ品行のよき人にて、きわめて篤実温厚の人の由、この人を毎々扱いし警官その他より承り候。（略）小生へ

南方熊楠『アサヒグラフ』1951年6月13日号（筆者蔵）

の書信などで判ずるに、この人に少しも浮薄なるところなし」（同）と評し、外骨を擁護する。民俗学者の大家にして農政官僚出身の柳田国男が熊楠や外骨とは決定的に異なるのは、〝猥褻〟の研究や被差別部落問題を避けてきたことだろう。熊楠が反骨・在野精神を共有する外骨を擁護したのは当然のことだったのである。

熊楠は大山神社合祀反対運動の件で一九一三年（大正二）年九月に来阪した際、二十九日から四日間、大阪・浜寺公園の外骨宅で宿泊し、日野国明弁護士と会見している。外骨は月刊『不二』第二号の「かきあつめ」にそのことを、「南方大先生　和歌山県下の某神社合祀の無法に激しその反対運動のため過日来阪された南方熊楠先生は、日野国明氏の尽力によって該神社合祀の議も撤せらるる形勢になったので数日滞在の後田辺に帰られた」と書いている。熊楠を〝南方大先生〟などと書いているのが外骨らしい表現だ。一方、熊楠もこの時のことを日記（『南方熊楠日記　4』八坂書房、一九八九年）に記述していて、さらに興味深い。

それによると熊楠は二十九日朝、和歌山を汽車で出発して午後、浜寺の外骨宅を訪れる。外骨は夜帰宅し、熊楠は外骨と「一寸話し、夕後予は臥せしも不眠」だったとある。二人は何度も文通した間柄での初対面というのにいささかそっけない。実は熊楠はこの日「電車中にて大便しきりに下痢を催し、大にこまる。宮武氏方に至りまぬかる」とあり、体調が悪かったのだ。翌三十日熊楠は「終日宮武邸にあり、内室（注：外骨の妻八節）と話す」。夜になって外骨が帰宅し、日野も来て「共に西洋料理を食す」。そのあと神社合祀裁判の件を日野と相談して、「宮武氏も予も早く臥す」。この夜も「予は終夜不眠」。十月一日も「終日在宅。眠らんとすれども不能、宮武氏内室にビール貰い飲むも不眠。夜も早く二階に臥すも終夜不眠」。翌二日も熊楠は終日外骨宅で裁判所に提出する書類の原稿を七枚書くなどして過ごし、夜外骨が帰宅。その後、熊楠は外骨と書生に駅まで見送られて和歌山の弟・常楠方に帰る。「此夜、始て眠り得」と日記に書いている。

この日記で、〝下痢〟や〝不眠〟などで、名だたる〝野人〟の熊楠も意外にデリケートな精神の持ち主であることがよくわかった。こうして三泊四日の奇人同士の興味深い会見は熊楠の体調不良のせいもあってか、どこかぎこちなく、さほどドラマチックではなかったようだ。それにしても、外骨が妻・八節ともども熊楠に敬意を表し丁重にもてなしていたことがうかがえる。

だがこの直後、熊楠の訴えもむなしく大山神社は合祀されることが決定し、おまけに『不二』に書いた熊楠の記事が風俗壊乱罪で告訴され、熊楠と外骨にそれぞれ百円と二百円の罰金刑が科せられることになった。十一月の大阪裁判所の呼び出しに熊楠は欠席しているから、この時二人は会っていない。熊楠の罰金は弟の常楠が払ったようだ。せっかく意気投合して書簡のやり取りを頻繁にしながら、この筆禍以降、二人の交流は途絶えてしまうのだ。文通の交流が始まってからたった二年余りというのは短すぎた。同じ〝奇人〟とはいえ、あくまでマイペースの熊楠と、熊楠の才能を理解しつつも編集者であり出版者という立場の外骨との間に、些細な感情的な行き違いがあったのかもしれない。その上、外骨はいつも多忙だがこの時期もかなり多忙で、同じ十一月に日刊『不二』第二三号の記事「美人の衝立」が秩序紊乱に問われ一カ月間入獄している。一九一四年も次々と自著の出版に加え選挙にも出馬し、翌一九一五年には大阪の地を離れて上京してしまう。もしも熊楠の原稿が筆禍に問われることがなかったなら、二人はもっと交流を深めていたと思われてならない。外骨が田辺を訪問し、二人がゆっくり会談することも実現したかもしれない。それを思うと残念である。ただ、熊楠は外骨を案じていたのか、十二月に外骨が無事出獄したことを知り、日記に書き記している。

『近世庶民文化』第三〇号（一九五五年）に、「外骨先生と私」という一文がある。筆者は斎藤助次郎で、〝徳川公爵の運転手〟だったという人物。海軍出身者で『スコブル』の愛読者だった斎藤は熊楠のファンでもあった。一九二二年五月から八月までの三カ月、熊楠が「南方植物研究所」設立資金募集のため上京した折、旅館に熊楠を訪ねて外骨の話になり、熊楠は外骨を「怪しからん男だ」「わしに罰金を払わせおった」「だが、外骨ほど愉快に官僚攻撃をする男は他におらん。あれは天下一品だ」と語ったと回想している。斎藤はその足で外骨を訪ねてその話をすると、外骨は「南方が上京しているのは聞いたが、怒っているという事だから訪ねもしない。あんな呑んだくれは珍しい。仕様のない男だ。だがしかし、本当の博士というのは、ああいうのが本物だ。他に並ぶものはあるまい」と言ったという。内容が少し違うが同じ頃、外骨の『逃避文学』（一九二二年七月）の「売名的の奇男子」には、熊楠と外骨のことを〝奇博士〟〝奇男子〟と紹介した雑誌を〝斎藤且力子〟が持ってきた、などと書かれている。この人物が斎藤助次郎とみていい。

いずれにしても、こうして近代稀に見る二人の奇人は互いに畏敬の念を抱きながら、その頑固さゆえに再会する機会を逸したのである。斎藤はそのことを後悔している。一九二二年の熊楠の上京は、月刊『不二』の筆禍事件からちょうど十年経っていたことになる。もはや熊楠の言うような罰金のことなど忘れて、二人になぜ会するように促さなかったのか……。斎藤は、

「この機会に会って話をされたらと言えば、いづれも異議なく旧交に復したかもしれなかった。しかし当時私は二十五六の青二才で、それ程の考えも浮かばず、そのままにしてしまったことは、今尚当時を思い出すごとに、残念なことをしたと思っている」（『近世庶民文化』第三〇号）と後悔している。

実は熊楠と外骨がこの後、再会したという話があり、それが事実ならビッグニュースである。エピ

ソードとしては魅力的なので、未だにそのことが取り上げられ、それを信じている人がいるのだ。だが残念なことに、私が調べた限りではその話は事実ではない。

平野威馬雄（一九〇〇～一九八六）著『枠外の人々』（白夜書房、一九七八年）の中の「くまくすばなし」では、外骨が田辺の熊楠に会いに行ったとされている。

「南方翁に負けない天下の奇人、宮武外骨が、昭和六年の師走の末《ママ》、飄然と田辺の町にあらわれ、熊楠を訪れたのだから、天下の奇観である。宮武外骨対南方熊楠……、東西の両横綱の対面！　その時の思い出を、外骨が昭和二七年三月に書きのこしている」

と著者・平野威馬雄は書き、このあとに外骨が『南方熊楠全集』（乾元社版、月報10）に書いたとされる一文が転載されている。ただしその転載文にはなぜか外骨の署名が記載されていない。この文章を外骨が書いたものだと、平野氏が自著で断定しているだけである。

ここで私はちょっと変な気がしていた。昭和二十七年三月に外骨が当時を懐かしんで書いたものとされるが、外骨はこの時すでに八五歳で、この頃は臥床することが多くなっている。雑誌のインタビューには答えるなどしていたようだが、筆を執ることはもうなかったようだ。読んでみてさらに変だと思った。直感的に外骨が書いたものとは思えないのである。文章そのものはとても興味深く、あくまで民俗学に造詣が深い者同士が旧交を温めたと思われる様子が微笑ましいのだが、外骨と熊楠ならもっと他に話すべき話題があるはずだと私は違和感を持った。昭和六年の年末に熊楠のほうから遊びに来るよう手紙をもらい、当時、神戸に住んでいたというこの筆者は喜んで七年の元日に田辺へ出かけたと書いているが、ここでもうこの筆者は外骨ではない、と気づく。外骨は当時、神戸ではなく東京に住んでいたのだ。いずれにしても昭和七年一月一日に外骨がどこで何をしていたかは調べればすぐわかることだ。

「一月一日は郎党を集めて新年宴会　二日午前出発で荊妻同伴熱海行」（『公私月報』、第一七号、昭和七年二月五日）と外骨は記していて、やはり外骨がこの日に田辺に行ったとは考えられない。

そもそも「南方熊楠全集」（一九五一〜二年　月報10、乾元社）に掲載された原文を探せばもっと話が早い。いくつかの図書館で調べてみたが、熊楠全集は揃っていても肝心の月報は見つからなかった。昔は月報など捨ててしまったのだろうか。だが他にその月報の文章を転載した著書が見つかった。

飯倉照平著『南方熊楠　人と思想』（平凡社、一九七四年）の中に、「南方家訪問の思出話」と題された一文が掲載されていて、『枠外の人々』に転載されたものと全く同一文である。筆者は「宮武省三」（一八八二〜一九六四年）と明記されている。熊楠の弟子で、高松市出身、早稲田大学卒業後、大阪商船会社入社。退職後、読書と民俗学調査に専念。著書に『習俗雑記』などがある。詩人で熊楠研究者の笠井清の叔父。外骨と同姓で同じ讃岐人だが、外骨との関係は不明である。

故意ではないとすれば、平野威馬雄はこの宮武省三を外骨と勘違いしたとも考えられる。

『枠外の人々』が発行された二年後の一九八〇年、『宮武外骨解剖』第八号（崙書房）で「二〇世紀最期のアウトロウ詩人平野威馬雄　明治ジャーナリズムの奇才・怪物　宮武外骨を解剖する」と題され、平野威馬雄、鈴木国郭、吉野孝雄の三氏の鼎談が掲載されていて、記事はとても面白く興味深い。平野は熊楠とは面識があるが、外骨とはない。一九一八年の米騒動の時、外骨が『東京朝日新聞』に予告した日比谷公園で集会を開くという広告を見て日比谷公園へ行ったが、外骨は警察に拘束されていて会えなかった、というほど外骨にも思いが深い。鼎談では外骨の話のみならず、平野の著書『枠外の人々』や熊楠のことも話題に出るのだが、不思議なことに熊楠と外骨が再会したという例の一文の話題は出てこないのである。

結局、例の一文が外骨の著作目録にも記載されていないにもかかわらず、この二人の再会のエピソードが訂正されずに（否定も肯定もされないで）、そのままになっているようだが、もしかしてそれは二人の再会を期待するファンが多い証拠なのだろうか。とすれば、ここで私がその夢をぶち壊し、無粋なことをしてしまったことになるのかもしれない。

熊楠と外骨の共通のファンは今や山頭火や斎藤助次郎や平野威馬雄にとどまらない。二人は意気投合しながら筆禍という当局の妨害もあって友情を育てられず、意地を張って喧嘩別れしたような形になったが、心の中では尊敬し、気遣っていたのだ。そしてそれぞれ独自の道を歩み、類稀な業績を築いたが、それでも外骨と熊楠がこの世で出会い、互いに畏敬し、短い期間ながら親交を持った事実は小説よりも奇なり、運命的ですらある。

猥褻主義

小清水マチとの出会いと別れ

外骨は生涯に一七〇点ほどの著作を遺したが、読者に女性を想定した著書・婦人雑誌類は一つもない。女性を風俗文化の研究対象にしてあーでもない、こーでもないと得意の蘊蓄と風刺を縷々《るる》述べるだけで、「生身の女は眼中にない」と言わんばかりである。だが外骨の女性観は膨大な記事の中から随所に読み取ることができ、自らの女性遍歴として『自家性的犠牲史』（一九三一年）など、著作に残している。何事も正直な外骨だが、ただしそこには猥褻研究家としての顔と、偽悪者という性癖もあることは考慮しておく必要がある。

外骨はいったいどんな女性観を持っていたのか。そしてその生涯には、どんな生身の女性が登場したのだろう。

外骨は基本的に、マザコンである。ねだられると大金を与えた母マサノは四男の外骨に甘かった。外骨自身も「予は多くの兄姉妹中で、最も母に愛された」（『書物展望』一九五〇年）と述懐している。末の男の子で甘えん坊だったわけだ。美少女との初恋や琴平の芸妓に淡い恋心を抱いたことは、ちょっとマセた亀四郎坊ちゃん時代だから別として、一八歳で上京し、次々と出版した風刺雑誌が売れて気を良くした外骨は、二〇歳で出版した『頓智協会雑誌』が当たって毎晩のように吉原遊郭で遊んでいる。成人男性が政府公認の遊郭という場所で玄人の女性と〝遊ぶ〟のはこの時代では特別に放蕩者というわけではないから、これも黙認しよう。

外骨は生涯に法律婚・事実婚合わせて五回結婚している。一八歳で、没落士族の娘・西村房子と結婚を誓うが周囲に反対され、東京へ駆け落ちする。二二歳、例の不敬罪で外骨入獄。外骨に愛想つかした房子は高松に帰郷し他家へ嫁ぐ。二五歳で出獄後、今度はしっかり者の緒方八節（彌世、やよ）と結婚。三九歳、弁護士・日野国明の娘の三千代を養女にする。四八歳のとき、〝嬶《かかあ》大明神〟八節病死（享年四四歳）。五五歳、愛娘三千代は吉野作造の弟子と結婚。その二カ月後、二五歳の元吉原の遊女・小清水マチと同棲。五七歳、三千代一九歳で病死。五九歳、マチを入籍して正式に結婚。六一歳、マチ自殺（享年三一歳）。なんとその五日後、三九歳の〝一番美人〟（外骨の弁）水野和子《まさこ》と結婚。七三歳、和子病死（享年五一歳）。九カ月後、三四歳の稲田能子と最後の結婚。

外骨は確かにマザコンだが、宮武母子は鷗外母子みたいにベッタリではない。生命力が人一倍強く、いくつになっても女性を求めるのは人間的ともいえる。外骨は誤解されているのだが、そもそも〝自由恋愛派〟ではなく、現代で言えば〝恋愛結婚派〟。似ているようで違う。外骨の恋愛観・結婚観は幕末・明治という時代を抜きにしては語れない。そもそも恋愛という言葉は明治中期に北村透谷（一八六八〜一八九四）によってもたらされた新しい概念である。昔からあった地域の下層社会における男女の結婚は野蛮な肉体的結合（＝野合）であると軽蔑し、神聖なる恋愛＝プラトニッククラブの流行が主に都市の一部のインテリ層に広まった。しかし依然として上流・中流層は見合い結婚が主流で、自由な恋愛や結婚が広く受け入れられるのはまだまだ後のことである。北村透谷は「恋愛は人生の秘鑰《ひやく》なり」と提唱して結婚しながら、「結婚という枯れた恋愛」に失望して二五歳で自殺した。

そんな明治のトレンディーな自由恋愛派などではない外骨が、北村透谷を嘲笑したのはよくわかる。二人の年齢は変わらないのだが、そもそも慶応生まれの讃岐人で、下層階級に属するわけではないが江戸時代から続く民衆の自由な男女交際を自然と受け入れる外骨は、一部のインテリが崇拝するプラトニッククラブなど理解できなかったのではないか。女性との関係は〝恋愛〟などではなくあくまで〝肉体的結合〟であり、〝恋愛＝結婚〟であるとする外骨は、言い換えれば一夫一婦制支持でモラリストなのである。だから結婚や同棲に結びつかない自由恋愛や、複数の異性と同時に関係を持ったり、妻帯者が愛人を持つ不倫は否定しているのだ。ただし、外骨は元遊女・マチとの結婚を周囲から反対されたとき「坪内逍遥の妻も元遊女。平民主義の外骨が遊女と結婚してなにが悪い」と啖呵を切ったものの、嫉妬などせず彼女の不倫を許してやればよかったと、後に深く後悔している。

このマチとの出会いと別れのいきさつを、外骨は後に「〝恥を偲んで〟我が家の猫いらず騒動」（『婦人公論』一九二九年三月号、後に『自家性的犠牲史』一九三一年に収録）と題して書き綴っている。これは小説ではなく自伝ではあるが、私はこれこそ近代におけるどんな私小説にも負けない、男のいじらしさ、いさぎよさ、ずるさ、哀れさを最もよく表現している傑作のような気がする。

「みずから恥さらしと認める事件をみずから筆して天下に暴露するのは痴か狂かと嘲罵あるいは冷笑する人もあろうが、元来予は半痴半狂堂主人と自称するスネ者、その嘲罵も冷笑も甘んじて受ける。しかしながら予一身の恥さらし事件であっても、単なる恥さらしに止まる記述ではなく、これを道徳的に見れば性的生活の懺悔録であり、これを文学的に見れば小説戯作の好資料であり、これを社会的に見れば現代政治の犠牲史であり、これを宗教的に見れば悪因悪果の悲惨記である」（同）

こんな個人的な体験を綴った〝慙愧に堪えない恥ずべきこと〟を犠牲史として役立ててくれというのだから、やはり外骨は骨の髄までジャーナリストである。

私が外骨の生涯に登場する女性の中で最も関心を持ち、心を寄せるのは、この小清水マチである。外骨にとって日常生活になにかと都合のいい控えめな女性ではなく、それとは逆に自我の強い生々しい女として外骨を悩ませたのは、外骨の生涯においてマチがただ一人の女性だったからである。

マチは一八九七（明治三十）年五月八日、神奈川県中郡西秦野《はだの》村というところで生まれた。貧しい一家の暮らしを助けるために長女のマチが一八歳で新吉原遊郭の娼妓になったのは、この時代の貧しい家庭ではとくに珍しいことではなかっただろう。数年後、彼女はそんな茶屋生活から抜け出してマジメな生活をしたいと一念発起し、製本屋の女工や女髪結いの助手や内務省の弁当屋などを転々としたが思うようにならず、学生相手の下宿の炊事賄いの仕事をしていた。だがそこも学生が減ってリストラされかねない状態になって途方に暮れているとき、彼女に声をかけたのが、外骨の助手で池内昇次という中央大学の苦学生だった。池内は外骨が妻・八節に死なれて不自由な一人暮らしをしていることを心配していて、マチを外骨に世話しようと思い、外骨にマチのことを話す。

マチはそのとき養女三千代よりわずか八歳年上の二五歳だった。美人というほどではないが賢くて、グズグスするのが嫌いという勝ち気な性格。裁縫も上手く、おまけに英語も少々喋れるというのである。外骨は池内の話に乗り気になった。外骨は以前、仲人を世話してくれる人があって、八節の死後に五〇歳近い〝性的枯渇のお婆さん〟と同棲したことがあった。外骨は養女・三千代が結婚した後は廃姓・廃嫡を唱えて一代限りの絶家としたいというと、それが不服でその〝お婆さん〟が去って行った。この次はぜひとも若い女性を、と望んでいた矢先だったのである。また、マチが子どもを産めない体であるということも気に入った。廃嫡宣言した外骨としては好都合だったのだ。

二人が見合いをしたのは一九二二年十一月四日夜。この時、外骨五五歳。二人には三〇歳の年齢差があったが、「来て貰いたい」「参りましょう」で即決する。その時、マチは外骨にこんなことを言って問いただしている。

あなたは昨日まで盗賊であった者でも改心すれば世話する方だそうだが、私は吉原で一年半娼妓家業をして、その後呉服問屋の番頭に落籍されて囲い者になって離別した身、それでもいいのですか、という主旨である。マチの賢さがよく現れている。一瞬ヒヤリとした外骨だが、

「若い女が老人のお伽に甘んずるまでの覚悟をするには、自己の欠点汚点を自覚した上の決心でなくばならぬ。尋常無垢の女には出来ない問題である」と考え、マチの心情を察したのだった。ところでこの時代、五五歳は老人だったのだ。

「今の自白と詰問には人を食った凄味もあるが、要は観察の明を有する慧眼の女と見ればよいと、涎

を垂らさぬまでの近惚《ちかぼれ》、これが今回の禍因とは『後にぞ思い知られける』であった」とあるように、最初は「遊女の果てとは忸怩たらざるをえなかった」外骨だが、その実、マチに一目惚れだったのである。

「恋愛という本能は種の存続が目的で性交が手段であり、家庭をつくるという事も生殖が本位で生活が方法である。しかれども進化した我々人類は生殖が目的でなく娯楽を目的とするに至った。特に予のごとき廃姓を唱えて一代廃家を主張する身には、生殖を目的とする妻妾の必要はないのである。それが妾を入れるのは、家政婦としての勤務を托する外、自己の錯誤本能たる性の満足を得んがためである」と書き、外骨は彼女との結婚を〝性の満足〟のためと正直に書いている。パートナーを〝家政婦と愛人〟と考えているのが気になるが、当時の恋愛観・結婚観を考えればそんなものだろう。外骨がとくに許せない、というわけではない。自分たちの結婚を、外骨は冷静にこう分析している。

「そこで妾として入り来る女も生殖が目的でなく自己の生活が目的である。語を換えて云えば、一方は遊戯的、一方は経済的で結合した非条理不自然の家庭が出来上がるのである」

外骨は〝妾〟という言葉を使っているが、外骨は独身だったから〝めかけ〟というより、今で言えば〝愛人〟か〝恋人〟とするのが適切である。だが、実態は妾に等しかった。外骨はおそらくマチの父親の年齢に近かっただろうし、一時はマチに要求されるまま、その〝実父扶養料〟まで支払わされている。外骨には面白くなかったに違いない。

二人の同棲が四年経ち、マチの我が儘が増長されていく。服装が派手になり、旅行、観光に出かけて遊びにふける。だが外骨は「元来が愛と愛との結合でなく、性的奴隷に甘んじているその報償を要求するもの」とマチの我が儘を許し、四年間放任していた。マチもマチだが、外骨も夫というより、なんだか放蕩娘を許す父親のようでもある。ふくれ面をした、まるでブリジット・バルドーみたいな小悪魔・

マチの顔が目に浮かぶようだ。そんなマチがある時「おヒマをください」と言って、とうとうプイと家を出て行ってしまった。

が、マチは一カ月たって外骨の元へ帰ってきた。嫌で去ったわけではなくメカケといわれるのが辛かったからで、本妻として正式に入籍してほしい、と外骨に改めて頼むのである。こんな言い訳を真に受けた外骨はよっぽどマチに未練があったのだろう。外骨はマチを許し、マチの望み通り籍を入れる。花嫁道具も新しく買い入れて、仲人を立て結婚式の祝宴を催し、二人は晴れて正式の夫婦になった。そのとき、いかにマチに甘い外骨も、マチに「妻となれば姦通の際に刑を受けねばならぬが承知か」と念を押すが、マチは「十分承知しております」と答えている。明治憲法下で妻にだけ課せられた姦通罪である。外骨はなんらかの予感があってそう言ったわけではない。むしろ、我が儘を許していたから、マチはそんなことはするまいと思ったのである。ところがそれが裏目になった。「妾根性が失せなかった」マチは毎月衣服を何枚も新調し、家事は女中に任せたまま午前中からお花や料理や義太夫の稽古などで外出し、やれ演劇、やれ活動写真見物という、逸楽放縦の日々が続く。そんなとき、問題の〝恥さらし事件〟が起こる。

一九二八年十一月十七日夜、その日は体調がすぐれず昼間から二階で臥せっていた外骨が便所へ行こうと階下へ下りたところ、居間に電気がついていたので覗くと誰もいない。女中と書生某は浅草の酉の市見物に出かけたのは知っていたが、マチの姿が見えない。不審に思って隣室の襖を開けたところ、マチがさっと走り去った。そこに、早く帰ったはずの松井という書生が隅のほうで腹痛がすると言って臥していた。外骨はそれだけしか見ていないが、異変を察知して二人を問いただすと、最初はシラを切っていたが、マチはとうとう不義密通を認めた。

「誠にすまないことをいたしました。魔が差したのがもとで、悪いことをしたのは申し訳がありません。告訴なさいますか」とマチは言い、許しを乞うたが、外骨にしてみれば自分の知らない男とならまだしも、松井は自分が面倒を見ている書生で、しかも毎日顔を合わしているのである。外骨は許すことはできず、さりとて告訴もせず、「どこへでも行くがよい」と放逐を言い渡した。翌日、マチは仲人で外骨と親交のあった神山五黄（京都大学哲学科出身で易者）夫妻と共にやってきて詫びたが、外骨が許してくれないと悟ると、便所に駆け込んで発作的に多量の猫いらずを飲んだ。神山夫妻がマチを拉致するように自動車で病院へ運んだが、手当ての甲斐なく大苦悶の末、翌朝、マチは絶命した。

マチの懐に郷里の妹へ宛てた遺書があり、「わたくしは悪人でありました、死んでおわびを致します」とあった。マチの遺体は荼毘に付され、遺骨は郷里の親族に渡された。

考えてみれば、マチの一件は外骨の側の言い分でしかわからない。だが、果たして彼女はどうしようもなく我が儘な性悪女だったのだろうか。確かに彼女は不幸な境遇の女性だったが、親孝行な娘であり、若い身ながらなんとか苦界から抜け出そうと自立を目指し教養を持とうと努力した、けなげで賢い女性だったと私は思う。外骨は彼女の性的魅力に溺れ翻弄されたことを強調しているが、それは自分が猥褻主義を標榜する著述家であり、また男としてのメンツにこだわったからでないだろうか。まして偽悪家で有名な外骨である。それを考えれば、外骨もまた一人の人間として彼女に深い同情を寄せ、いささかではあるにせよ父性的な愛情もあったのではないかと私は思えてならない。ストーリーとしては、元遊女の自堕落な若い女と父親ほどの年齢の猥褻主義著述家との不幸な結婚の破綻、としたほうが面白いに決まっている。それは間違いとは言えないし、そうした一面は確かにあっただろう。だが、決してそれだけではない。外骨は後に書いているように、マチがなにくれと世話をしてくれたことや、関東大震災のときは共に野宿したことを懐かしんでいる。とくに病気のときはシモの世話までしてくれたことを感謝している。外骨の記述からはマチの過ちを許してやらなかったことを後悔し、彼女の死を不憫と思っているのがよく伝わってくる。苦学生を助け、恵まれない底辺の人々に思いを馳せる外骨が、彼女の不幸な生い立ちを思いやらなかったはずはないのである。性愛のみならず父性愛にも似たヒューマニズムが少なからず介在したと私は思う。

そのことが隠されてしまった理由は他にもある。晩年の外骨と親交を持ち、戦後は性風俗研究家として活躍した斎藤昌三は『三十六人の好色家――性研究家列伝』（創芸社、一九五六年）の中で外骨を取り上げ、八節に次いで二番目の妻マチのことをこう書いている。

「第二世マチは吾々の間では『猫』と呼ばるる女で、平凡寺（注：三田平凡寺）が、『思い知る事件が起る』と忠告しても、老が意に介さなかったのは、猫が多年吉原の娼妓として千軍万馬を相手に、性交上の秘技に練達していたので、老としては他人に話せぬ魅力に独り悦に入っていたのであろう」

私はこれを、斎藤の穿ち過ぎで、ほぼ誤った推測と判断している。確かに外骨はこう書いている。

「予が彼女に執着した原因は、その容貌姿態に惚れたのでなく、その気質性格に惚れたのでもない、七年間女性らしいヤサシイ言葉を聴かされた事もなかったのみか、何か気に入らぬ事があると、フクレ顔をして一日も二日も無言でいるような反抗態度に出られた事が月に一、二回はあったにかかわらず、予が常に彼女を愛撫して捨てなかった理由は、ここに公言を憚るべき一事のためであった」（『自家性的犠牲史』一九三一年）

外骨がマチの性的魅力に溺れていたとしても、外骨の言う〝公言を憚るべき一事〟がそれほど好色的だとは私は思えないのである。外骨が自称する〝猥褻著述家〟的側面に、斎藤は自らも性風俗研究家として憶測を膨らましすぎているのではないか。外骨は風俗研究者としては優れているが、私生活では〝自称・好色家〟であったと捉えたほうがいいと私は考えている。

外骨は明確にこう書いている。

「世間では予を淫蕩者と誤認しているようである。それは職業的操觚者の販売策上、下劣な色情記事を多く載せた事があり、また著書に猥褻研究の発表は多くあるなどによるのであろうが、事実はむしろ正反対の謹厳であった。青年時代の乱行は別として、妻帯後は淫蕩と目さるべき行為はなかった」（同）

外骨は俗にいう「口淫乱者」であって、「淫蕩とは妻に空閨を守らせおいて己は他の異性と遊戯的性交を遂げる事である」と考え、本当は道徳・倫理観を大事にする〝清潔な〟私生活だった。それにもう一つ挙げれば、この時期の外骨は多忙だったはずだ。もともと外骨の人生に暇な時期などなく（戦時中にさえなかったのだから）、大正から昭和にかけての著作活動や東大明治新聞雑誌文庫の創設期にあっては、とくに多忙だったと思われる。そんな時期に、外骨は自分で言うほど、マチに溺れていた時間はなかったと私は推測している。

さらにまた考え直してみたいことがある。猫いらずを飲んで苦しんだ挙句、無残にも命を落としたマチの死は不幸な出来事だったが、当時の社会的風潮から見れば、外骨が〝恥さらし〟と言うほど残酷で珍しい事件だったのだろうか。確かに痛ましい出来事だったが、外骨とマチが共に暮らし始めた一九二二（大正十一）年から二八（昭和三）年の丸六年という歳月は、いったいどういう社会風潮だったのだろう。明治・大正・昭和初期という激動の時代と共に、女性の社会的状況も大きく変遷していった。

長谷川時雨は『近代美人伝』（一九三六年）の中でこう書いている。

「歴々たる人々の正夫人が芸妓上がりであるという風潮に誘われて、家憲の正しいのを誇った家や、商人までが、一種の見得のようにして、それらの美女を根引きし、なんの用意もなく家婦とし、子女の母として得々としたことが、市民の日常、家庭生活の善良勤倹な美風をどんなに後になって毒したかしれない」（『太陽』所載「明治大正美女追憶」一九二七年六月）

明治の近代化によって、形式的にではあるにせよ士農工商の身分制度は廃止され、それと共に政府高官や華族、資本家たちといった権力や金を得た男たちが競って美しい芸妓を妻や妾にした。建前や観念としては身分を超えた自由な恋愛を認める時代の到来であったが、その一方で、現実には貧富の格差や道徳・倫理観による束縛も一層強固となった。そうした時代に翻弄され、悩み苦しんだ多くの男女の〝色恋沙汰〟が世間では好奇の的にされていった。一九一六（大正五）年にはアナーキストの大杉栄が葉山の日陰茶屋で東京日日新聞記者の神近市子に刺され、同年には子爵夫人・芳川鎌子がお抱え運転手と心中事件を起こす。一九一九年には女優の松井須磨子が島村抱月の後を追って自殺。また平塚らいてうと作家の森田草平が心中未遂事件を起こし、一九二三年に作家の有島武郎が『婦人公論』記者で人妻だった波多野秋子と心中した。こうした著名人・知識人の自殺や情死がスキャンダラスに報じられたのが、明治末期から昭和初期にかけての二、三十年の間だった。恋する男女は時に生死の淵をさまよい、恋愛は命がけでもあったのだ。社会に与えた影響も少なくなかったと思われる。ちょうどこの時代に出会った外骨とマチだけが、特別にスキャンダラスだったというわけではなかったのではないか。

いつの世も男たちが時代を切り開いていくとき、女もまた同時に華々しく火花を散らし、登場する。明治の初めは、明治維新の功労者や権力者の愛人となった美しい芸妓・娼妓がメディアに初めて登場し、やがて彼女らの多くが鹿鳴館時代には貴婦人となり、女学生がもてはやされ、華族から成金まで、上流階級の令夫人・専業主婦といったいわゆるセレブ女性がメディアによって大衆の憧れの的になるのだが、こうした風潮が善良な市民の美風を毒したと長谷川時雨は嘆く。だが、人は時代の風潮を一切感知せず生きていけるわけではない。おそらくマチは時雨の言うように〝毒し毒され〟て若い男と不義を犯し、一時の激昂で命を落としてしまったが、苦界から曲がりなりにも〝奥様〟に這い上がったマチを、私はただの見下げた堕落女と言いたくはない。

彼女には自分の運命を切り開いていく力量があり、好奇心旺盛で上昇志向の強い、教養を身につけることのできる女性だったと私は思う。平塚らいてうは〝若い燕〟の奥村博と同棲し、柳原白蓮は夫の伊藤伝右衛門を捨てて若い宮崎竜介のもとへ走った。らいてうや白蓮には及ばないかもしれないが、マチだって若い書生の松井と結ばれたかったに違いないのだ。それがなぜいけないのか……、というマチの声が私には聞こえてくる。外骨が彼女に求めたのは性的快楽だけではなかったと私は思うのだが、マチにはそうとしか考えられなかったようだ。なぜ外骨はもっとマチを違った形で愛せなかったのかと私には不満があるが、外骨には年齢差や、一種のやましさがあってうまく表現できなかったのかもしれない。だがそれでは父親ほど年上のくせに嫉妬だけは深い、普通の男と変わらないではないか。「愛と愛の結合ではない」と割り切っていたなら、外骨がマチの生活や正式な妻という体面は満足させられても、自らの性的欲望だけ満足して若い彼女の性的欲望はなんら心に留めなかったのだろうか。外骨はトルストイの『アンナ・カレーニナ』を読まなかったのか。確かに当時は姦通罪という、妻の側だけにあった法律があったし、入籍のとき、外骨はそのことをマチに念を押し、マチは了解している。だが性的枯渇の女性ならいざ知らず、性的魅力にあふれた若いマチを娶ったのであれば、自分は六一歳の〝老人〟らしく、若い男に求める彼女の性愛を黙認するぐらいの寛容な気持ちがあってもよかったのではないか。それほどの度量がなければ、〝猥褻主義者〟の資格はないだろう。

マチもマチである。惜しむらくは、猫いらずを飲むような勇気があるのなら開き直って出て行けばよかったのだ。男は外骨や松井だけではないのだから。

この松井史亭という男は一九〇三（明治三十六）年生まれというから、マチより六歳年下である。一九二六（大正十五）年、「明治初期の新聞に現われたる小説」というテーマで卒論を書きたいといって外骨のところへやってきた時は二三歳だったことになる。面倒見のいい外骨は松井にいろいろ便宜を図った。やがて帝大卒業後、文士となった松井を外骨は明治文庫の助手にし、その縁で外骨の家にしばしばやってくるようになった。松井はどうも若い女性に好かれるような優男《やさおとこ》だったようだ。三味線を教授できるようになったマチが知り合いの男女数名に手ほどきをしていて、松井もその中に加わった。夫が洋行して不在中の女性がいて、やがて松井とその女性は不倫関係になり、外骨の家で泊まったりしたが、マチも松井に気があったらしく、若い三人はとうとう三角関係になった。三人で抱擁している写真も撮ったりしている。青春を謳歌する者同士、楽しかったに違いない。だがこうした時間は長くは続かなかった。そのうち女性の夫が洋行から帰ってきて、三角関係が終わってしまった。あとは、二五歳の松井と三一歳のマチとの関係となった。客観的に見れば、別に不自然なことではない。

ずっと外骨の家で起きたことなのに、ここに至るまで、日々多忙な外骨は全く与り知らないことだった。まさに蚊帳の外だったのである。外骨にとってみれば、松井は自分がいろいろ面倒を見てやったのに、とうとう小説を地で行くような背徳行為をされてしまった憎い男である。噂によれば、外骨の言う〝色魔的醜事〟をあちこちで重ねていたらしい松井はこの事件以後、「奇人変人で有名な男のカカアを盗んだ」と喧伝されて、日本にいられなくなったらしい。支那へ行ったという風説もあり、もしフランスへでも行ったとすれば、

「今頃は皿洗いをやっているだろう」と外骨は書いている。どうも外骨は自分を裏切ったこの松井を許すことができなかったようで、「六二歳の老人」（満年齢では六一歳）と自分で言うわりには男としての嫉妬深い面が強く感じられる。

それにしてもマチは本当に死ぬ気だったのか……。外骨の目を盗んで続けた松井との恋は、おそらくマチにとって初めて恋心を燃え上がらせた愉しい日々だったと思う。だがひとたび発覚してしまえば、その気持ちの高揚も萎み、虚しい火遊びだったと諦めたようだ。いかにもグズグズすることの嫌いな性格のマチらしい。頭を冷やせば、たちまち経済的に困窮することになる、だから外骨に棄てられるのはなんとしても避けたい、と考えたのだ。「妾根性の失せない」マチの悪い打算が働いたと考えられなくもない。だが猫いらずを飲んだのは、逆に打算も何もない、一途なところもあったのだろう。外骨に拒絶された瞬間、マチの脳裏に〝死〟がよぎったのかもしれない。そこをなんとか思いとどまって生きてほしかった。外骨と暮らした間に三味線の手ほどきもできるようになったのだから、それで自立できる道もある。なぜそこに気づかなかったのか。彼女なら持ち前の魅力としたたかさで、また運命を切り開いていくことができたはずである。外骨には夫というより父親として、自分の後ろ盾になってほしいというようなことを頼めばよかったのである。男としてのプライドが傷ついたとしても、外骨は情のある人間である。マチが心から正直に気持ちを伝えれば、必ず外骨は応えてくれたはずだ。なぜそれがわか

らなかったのか。マチが外骨に出会ったことは、生涯の宝だったのだ。それがわかるまでは生きていてほしかったと、私はつくづく残念でならない。

やがて昭和の幕開けは〝奥様〟から〝職業婦人〟の時代となって、自立する女性が脚光を浴びるというのに、三一歳で死ぬのはもったいない。自我と欲望に目覚めたのなら、簡単に死んではいけないという自覚をなぜ持たなかったのか。なぜもっと外骨から生きるということを学ばなかったのか。外骨なんかすぐに気持ちを切り替えて、数日後にはまた若い女性と再婚したではないか。

外骨が生涯に出会った女性の中で、

「あなたは身も心も焦がすような恋をしたことがあるのか」

と外骨に詰め寄ることのできる女は、このマチしかいないだろう。外骨にとってマチは、生涯に出会ったただ一人、自分の思い通りにはならないじゃじゃ馬で〝毒婦〟で、もてあまし気味の女性だった。共に性愛を求めるという意味で外骨とマチはいわば我が儘同士、似た者同士だったが、自我の強さではなんといってもマチは外骨に及ばなかった。だからといって外骨は決して非情な男ではない。外骨が自分で言うように、マチが「性の満足」のためだけの存在だったとは私には思われないのだが、時間とエネルギーをほとんど自分のために使う多忙な外骨が、主導権を持てないような恋愛をする男とも思えない。マチは非を認めて命を絶ったとはいえ、その瞬間いくばくかは、自分を許さなかった外骨に対する恨みのようなものを抱かなかったとは言えないだろう。

三田平凡寺が看破した通り所詮二人はうまくいくはずがなく、結局は年齢差を越えられなかった。マチがいかに性的魅力にあふれていたとはいえ、自殺された直後のゴタゴタでマチのような女性はもうこりごりと外骨は思い、早速、控えめでやさしい気遣いをしてくれそうな和子という女性と、まるで厄払いをするかのように急いで再婚した。マチのときのように、周囲に誰一人反対する者のない結婚だった。現実主義的な外骨の一面がよく現れている。

だがその三年後、外骨は「未練男の愚痴」のようにマチを想い、暗涙にむせび泣くのである。

「かかる情人を再び帰らぬ冥土へ追放したのはくれぐれも無残であった。我一個の料見でいかようにも為しえたものを、一時の憤怒に駆られて、アタラ彼の死を早めたのは我一生の不覚であり失態であったと後悔の外はない」(『自家性的犠牲史』一九三一年)

元来、外骨の中には新しさと古さが同居している。こと女性に関しては古い。ただし、外骨の古さは明治末期に新しい女性が誕生した頃のことで、時代によっては〝古い〟が〝新しい〟こともあるのだ。例えばフェミニズムの論理から見れば外骨は古い男かもしれないが、そのフェミニズムがずっと新しいとは限らない。ラジカルでリベラルな精神の一方で、常に〝男のロマン〟として女性を愛した外骨の女性観は、古いとか新しいとかの概念を超えているような気がする。それをもう少し詳しく見てみよう。

女性観

『自家性的犠牲史——予の蓄妾伝』(一九三一年)で外骨はまず、

「種族存続法の要諦たる性本能の衝撃を満足せしめる手段は、一夫一婦制を人倫の大道とするが、世間には公娼私娼の存在があり、また蓄妾という事実も行われる。その蓄妾に娯楽的と実用的との二種類あるが、予の蓄妾は一夫一婦制の実用を兼ねた娯楽であった」

と書いている。〝蓄妾〟という言葉で誤解を招きかねないが、少なくともここでいう〝予の蓄妾〟は、妻帯者が妾を囲う意味ではない。外骨の女性との関係の基本的な考え方をわかりやすく言えば、今で言う一夫一婦制の結婚と同じである。ただし外骨は事実婚を前提とし、臨機応変に入籍にも応じるというものだ。そうした結婚を実用と娯楽を兼ねたもの、としているのはいかにも外骨らしい表現だ。当時の既婚男性の性的娯楽は遊郭へ行くか妾を囲うかだったのだから、外骨はむしろ、現代の多くの若者の結婚観とよく似ている。そこにはセクハラなどという意識は微塵もない。自分は女性を尊重しているとさえ思っていただろう。

また「予は正妻のある時代に権妻《ごんさい》を抱えたのでなく、家政と性事を兼ねた一時の賃傭婦であった」と書いているが、つまり妻がいながら愛人を持ったことはないが、やもめ暮らしの一時期に家事とセックスだけの女性はいた、と言うのだ。明治の権力者の名前（例の伊藤博文など）を羅列して、彼らのように妻がいながら権妻（二号、愛人、隠し妻、カリの妻）を何人も囲ったようなことはしていない、自分は一夫一婦制支持だと自慢しながら、便宜上愛のない関係を持ったことを自白するのである。正直である。

一八八五（明治十八）年から一九二八（昭和三）年まで、年齢で言えば一八歳から六一歳まで、妻に先立たれたなど独身の間に「取っ替え引っ替え」関係した〝妾〟は一六人。これまでしばしば、外骨は一六人も妾を囲っていたというふうに誤解され、そう書かれた文献もいくつか見られるが、そうではない。外骨の言う〝妾〟とは恋人のことである。「予の十六妾は本妻のある者が娯楽的に抱える慰み者とは違い、本妻の代わりに権《か》りの妻」と書いている。今で言えば、結婚には至らなかったが、付き合った〝元カノ〟のことで、それが一六人いたというわけだ。それらの女性を外骨は「撫子とあざみ」に形容している。どちらかと言えば自分が表現者であり、自己主張が強いのは当然だから、〝薔薇や牡丹〟みたいな女は嫌いだったのである。

女性遍歴も正直に告白するからといって、外骨をフェミニズム論で評価するとなると、相当厳しい目が注がれることは間違いない。いくら私が外骨に寛容とはいえ、このことだけは指摘しておきたい。自らを「讃岐平民」と名乗り、平等主義を標榜して身分・階級・民族差別に断固反対してきた外骨だが、女性に対しては差別的だったと追及されると弁護するのがちょっと苦しい。誤解されそうだが、外骨は決して女性差別者ではない。これは確かだ。だが、時に〝言葉のセクハラおやじ〟スレスレだったのは否めない。例えばこんなことを書いている。女の糞尿は男の糞尿より肥料として価格が低いと農民に聞いた外骨は、

「女を侮辱してはスマナイが、新しい女への教訓として一つ云いたい、女は其排泄した糞尿までも、男子に劣るじゃないか、男女同糞でない限りはあまり威張れはしまい」（『面白半分』一九二三年）と書いている。〝男女同糞〟にはつい「座布団一枚！」と言いたくなるが、これは当時、男女同権という言葉が流行ったことへの皮肉なのである。皮肉屋の外骨、よっぽど新しい女が癪に障ったのだろう。でもこんなギャグで皮肉られると、もう怒る気にもなれない。

新しい女たちの男女同権論を外骨流に〝真面目に〟茶化しているのが、『スコブル』第八号（一九一七年）の「疵物　貞操を蹂躙された女」という記事である。

「貞操無視の新しい女　近頃の所謂新しい女は、女の貞操を否定している、その言い草は、男は何ら貞操を守らず、至る所で肉欲を恣にしているのに、社会がこれを咎めない以上は、人間として優劣の差はないから、女だけに貞操を守れという要求は不条理だというのである、故に新しい女は貞操を蹂躙されても、疵物になったとは思わないから、自由恋愛などといって貞操を無視するのである、従って疵物の当人は平気で大手を振って歩いている、始末におえぬシロモノである」と外骨はいう。外骨がなぜ女

の貞操は守るべきかというその理由は、

「法律が何故男の貞操を閑却して、女の貞操のみ保護を与えるかというに、生理上から言っても、社会の習慣上から言っても、男は発動的で、女は受動的であり、又女は妊娠という大役を背負わねばならぬから、保護の必要がある」からである。だから
「完全な女が貞操を蹂躙されたために疵物になれば、価値の減ずるのは当然であるから、賠償を要求するのは無理もない、そして国家の法律が之を容認するのを見ても、男女は或点に就いて同権でないという事の証明になる」

というわけだ。なるほど、「女は保護されるべき弱い者」という外骨の言い分は〝男のロマン〟にあふれ、理解できないわけではない。が、今や「男の貞操の蹂躙」という逆セクハラも、ともに人権を著しく侵害するものだ。この時代、勇気をもって発言し始めた〝新しい女たち〟が〝疵物〟という言葉にも違和感を持ち、抗議している真意が皮肉屋の外骨には通じなかったのだろうか。〝貞操の蹂躙〟は男も女も関係なく、今で言う人権蹂躙である。かつて明治憲法を嗤ったリベラルでラジカルな外骨も、明治末期から大正期にはもはや〝中年オヤジ〟だったのか。

外骨は〝女の貞操の蹂躙〟は守るべきだと言いながら、言葉のセクハラには全く配慮に欠ける。我儘で手に負えない女性を槍玉に挙げ、雑誌でたびたびこんな言葉を使う。「あばずれ」「スベタ」「蓮っ葉」など。他にも「いかず後家」「売れ残り」「出戻り」「疵もの」「老嬢」「妖婦」「毒婦」「姥桜」「妖怪婆」はまだいいほうで、「淫売」などというひどいのもある。まるで女性差別用語の見本市だ。ただ、外骨だけが言っていたわけではない。そういう時代だったとはいえ、一六歳の時、神戸のイギリス人から買った自転車を高松丸亀町商店街で乗り回し、表現の実験・冒険を繰り返してきた新しもの好きにし

ては、なんという古臭さだろう。自分がいかに斬新な人間であったかを、

「当時、我が国ではほとんど誰も乗っていなかった最新輸入品たる自転車を、神戸のダラム商会（英人）から購入、それを大得意で乗り回したのであった。（略）まさに日本一の先端男であった」（『書物展望』「宮武外骨自叙伝」一九五〇年、西田長寿による口述筆記）などと、死ぬまで自画自賛しているのである。

自転車と言えば『スコブル』第三号（一九一七年）に、自分が一六歳で自転車に乗ったことは棚に上げて、「自転車に乗るオテンバ女」と題してコンナことを書いている。そう目くじら立てずに笑って読めばいい、と外骨は言うかもしれない。まあ、確かにバカバカしくて怒る気にはなれない。

「オルガンを鳴らす女は、其股部の摩擦に因って、自然に性欲を誘致されるという実験談もあるが、それよりか一層甚だしいのは、オテンバ女の自転車乗りである、自転車に乗る女は、他の運動に較べてズット強い刺激を受けるので、淫奔な性情が倍々増長し、後には片時もヂットして居られないで、間がな隙がな情人を漁り回る事に成る」のだそうだ。で、

「（略）マダ本夫の定まらない令嬢、又は情人をなくした未亡人などは断じて自転車に乗らない事にせねばならぬのである、世間の自転車に乗る女の素行を調べて見たまえ、淫奔の性情でない者はあるまいと思う、論より証拠、此自転車乗りの写真を見ても、その性情の如何は察し得られる、ハンドルを握った手に力を込めて居るのは、ヤルセナキ自烈体《じれったい》との感じを現し、左の手を後ろへ回して居るのは、痒い臀部を掻いて居るのである、そして何か欲しそうな眼つきで其処らあたりの男に秋波を送って居る、斯くの如きイヤ味な表情が見えるのも、ヤハリ自転車が及ぼした影響とせねばならぬのである」

内容よりも、オテンバとかヤルセナキとか自烈体とか秋波とか、もはや死語みたいな言葉が現代から見れば妙に新鮮で、どこか外国語みたいな気もする。

好奇心旺盛で新しもの好きの外骨が、なぜ〝新しい女〟が嫌いなのか。明治男の限界か。風刺の対象として面白がっているのか。彼女らへの毛嫌い、嫌悪ぶりといったらスコブルイヤミで、言葉の〝セクハラオヤジ〟すれすれだが、逆に外骨にとって理屈っぽくて色気もユーモアも感じさせない〝新しい女〟は、揶揄する対象以外の何者でもないということなのだろうか。

一九〇一年に与謝野晶子の『みだれ髪』が刊行され、一一年に平塚らいてうが『青鞜』を創刊。以後、次々と登場する晶子、らいてう、松井須磨子、神近市子など時代の先端を行く女性たちをからかう。例えば晶子は、『スコブル』第一八号(一九一八年)で「不釣合=美醜の夫婦くらべ」と題し、美夫醜婦(亭主がブリヨシで女房がスベタ)の中に入れている。与謝野寛‐与謝野晶子、といった具合だ(ちなみにこの中には、福沢諭吉の娘婿・福沢桃介‐福沢ふさ子夫婦もいる)。外骨から見れば晶子は〝スベタ〟ということになる。逆に美婦醜夫(女房がスコテキで亭主がドズラ)というのもある。スコテキというのはスコブルステキ、という意味か(ちなみに日向きむ子‐日向輝武、江木欣々‐江木衷夫婦なども入れている。むろん外骨は自分のことは棚に上げている)。

らいてうは『スコブル』第一号(一六年)で、「其亭主の名を知って居る乎」の中に、「平塚明子——新しい女の元祖として有名だが其亭主の名は知るまい…それは奥村若燕」と外骨に書かれている。妻は有名人で夫は無名ということを揶揄っているのだ。松井須磨子も『スコブル』第一号で「松井須磨子の十五面観」と題して、「妖婦として」「カチウシヤ劇の元祖として」「スコブルわが儘な女として」「美人として」「代表的女優として」「性欲研究資料として」「亭主泥棒として」など一五の顔を持つ松井須磨子、と書かれている。

神近市子も『スコブル』第四号（一九一七年）で「自由恋愛論者の神近市子」として登場。神近は前年の十一月、葉山の日陰茶屋で愛人の大杉栄を刺して裁判中だった。当時も今と同様、こんなスキャンダラスなニュースは千里を駆け巡ったようだ。東京日日新聞記者時代の市子の渾名が〝山姥〟で、「それは市子の顔が能楽の山姥の仮面によくにているからであるそうな」と外骨は書く。事件の前に婦人雑誌が出した「罪なくして夫に離縁されんとする場合、婦人の執るべき態度に就いて」という問題に答えた市子の記事を目ざとく見つけた外骨は、「気の毒とは思うがそんな妻に同情はしない」という旨の彼女の答弁を取り上げてこう書いている。

「『罪なくして情夫に嫌われたる場合、婦人の執るべき態度に就いて』という問題を出したのであったならば、市子は何と答えたであろうか、マサカ『そんな薄情な男は殺してしまって、自分は潔く其刑罰を受けたがよいでしょう』とは云わなかったであろう、そうだとすると、新しい女と云う奴もイヤなものだ」（『スコブル』四号）

なるほど、皮肉屋の外骨らしい見方だ。外骨は自分よりも過激で〝女たらし〟の大杉栄に同情しているわけではないが、市子にも痛烈である。

そんな彼女らの中でも、外骨がとくに痛烈に槍玉に挙げた一人の女性がいた。下山京子（一八八九〜?）という女性である。

「東京名物女の一人たり、明治二二年牛込矢来町生る、女学校卒業後、時事新報記者となり大いに手腕を認められ……」（『大正婦人録』）と脚光を浴び『一葉草紙』『紅燈の下』（共に一九一四年）の著書もある彼女を、外骨は『スコブル』第一〇号（一九一七年）に写真入りで「堕落女」として紹介する。外骨が彼女を知ったのは明治四十年、大阪。彼女はわけあって大阪へ流れつき、『大阪実業新報』主筆の〝妾〟兼記者と評判になり、その後東京で『時事新報』の記者になり、福沢桃介（福沢諭吉の娘婿）の妾に、やがて待合いの女将に、役者に、義太夫語りに……、落ちぶれて今は何処でどうしているやら……てな調子だ。ちなみに古い新聞雑誌など複数の文献によると、福沢諭吉に才覚を認められて娘婿になった実業家の福沢桃介はなかなかの美男子だったようで、日本で最初の女優・川上貞奴も彼の愛人だったという。下山京子だけではなかったのだ。

明治末から大正にかけて婦人雑誌が次々と創刊され、令夫人や令嬢といった当時のセレブ女性をグラビアで紹介し部数を伸ばす。下山京子も花形婦人記者として明治四十五年七月号『新婦人』に颯爽と登場し、「深刻紙背に徹する才能と、美貌と、……女史今や時事新報記者として、其才華を擅まにしつつ」と才色兼備を讃えられた。当時二三歳。『滑稽新聞』で記事を書いた作家・松崎天民（一八七八～一九三四）も、『人間世間』（一九一五年）の中で彼女のことをこう書いている。「婦人記者から、お妾から、女将から、新女優から、さて此の後は

『スコブル』第10号（右）で外骨に“堕落女”と揶揄された下山京子と、『新婦人』1912年7月号に掲載された時事新報記者時代の下山京子（ともに筆者蔵）

何うなり行く身の上やら……」。彼女にしてみればあれこれ言われる筋合いはないのだが、メディアによって華々しく登場しながら〝堕落〟すると、その波瀾万丈の様をまたメディアに弄ばれる。〝アイドルからヘアヌード写真集〟みたいな、現代と変わらない構図。

もしかして外骨は、女性たちにそのことを警告したかったのではないか。下山京子のジャーナリストとしての才能に注目し期待していたのに、それが裏切られた。メディアに消費されない、堕落しない〝美人〟、本物の新しい女の登場を、本当は願っていたのかもしれない。期待から罵倒への豹変。いかにも外骨らしい。

猥褻研究

晩年、雑誌の対談で「思想的に先生は何主義ですか」と問われ、即座に「まず、猥褻主義です（笑）」（『人間探究』二五号、一九五二年）と答えている。この時、外骨八五歳。

異性をどう見るかというのは、その人間のセクシュアリティーと深く関わっている。外骨の性意識は、大正期になって〝猥褻〟という極端で過激とも思える言葉で表現されることになる。外骨は教条的な〝主義〟を茶化す一方、〝お上〟の嫌う言葉を使うことによってそのお上意識を挑発するように〝猥褻〟を公言し、なおかつ真面目に捉えたのだ。外骨ほど、生涯「男のロマン」「男の美学」「男の性」にこだわった男を私は知らない。そこには近代における個人の恋愛観、結婚観から風俗文化、生理科学、政治や家族制度などの法律に至るまで、性にまつわる諸問題を内包しており、それを外骨は個人的問題としてではなく社会的問題として捉え、こだわり続けた。

明治初期に目覚めた外骨の基本的な性意識は、江戸庶民文化の系譜〝浮世絵的好色趣味〟といってもいい。だが明治政府はそれまでの土着的で自由な民間性風俗・風習を卑近で〝ワイセツ〟なものとして弾圧し、子孫繁栄が性交渉の目的とされ、男女の性行動まで帝国主義国家の枠組みへ押し込めた。自由な性は決して国家の言う〝ワイセツ〟なものではないと考える外骨の猥褻主義と反骨精神が反発し、性のタブーに挑戦したのは当然である。それを最もよく表しているのは、

「過激と猥褻の二点張りと言うべき予の性格、その予が企画せし官僚政治討伐、大正維新建設の民本主義宣伝を妨害され窘迫さるれば、自然の帰着として性的研究の神秘漏洩に傾かざるを得ざるべし。これ本書編纂の理由にしてまた予の天職なり」（『猥褻廃語辞彙』一九一九年）と書き、発禁・罰金となったことだ。

明治末から大正期、外骨にとっては明治政府とは別の新たな〝敵〟が出現した。性を弾圧する明治政府よりも厄介な、男女関係における肉体的結合よりも精神を重視して自由な恋愛を謳う恋愛至上主義である。月のように神秘的な存在であるべき女が、平塚らいてうのように〝太陽である〟と公言して自らの意志で男を選び愛するなど言語道断、外骨にとって〝男の沽券〟にかかわるのだ。男性社会がつくった女性性への女性からの抗議というジェンダーの視点を、あくまで男のエロティシズムにこだわる外骨は無視して茶化すのである。らいてうと同棲していた年下の〝若いツバメ〟をはじめ、〝太陽に振り回される〟与謝野鉄幹や島村抱月や大杉栄や有島武郎は、外骨には〝ふがいない男〟と映る。らいてうや神近市子や松井須磨子などの〝新しい女〟を外骨がなぜ嫌ったのかその理由は、彼女たちの人間性を否定しているのではなく、外骨が男としてこだわった性愛、エロティシズムにあったのだ。

外骨はさらに危機意識を高め、検閲を挑発するように、『猥褻風俗史』（一九一一年）、『猥褻研究会雑

誌』（一九一六）、『男女性学雑誌』（一九一八）、『猥褻廃語辞彙』（一九一九）、『売春婦異名集』（一九二一）、『半男女考』（一九二二）、『猥褻と科学』（一九二四）など次々と出版（その多くは発禁処分）し、猥褻とか変態とか、いかにも過激な言葉を使い、ムキになって自らの猥褻ワールドを言語化してみせようとする。

例えば、一九一六（大正五）年の『猥褻研究会雑誌』はスコブル大マジメである。第一号で〝本会雑誌の主義綱要〟に、「なまめきたる挑発的の雑誌にはあらず」とちゃんと書いているのに、創刊号即発禁処分になってしまった。発売直前になって外骨宅に谷中警察署の刑事がやってきて、理由も告げられないまま没収されたのだ。内容はマジメなのに〝猥褻〟という言葉が過激なのか！　理由を言え理由を！　と怒る外骨の顔が目に浮かぶ。

『スコブル』第３号で外骨に口髭と顎鬚をつけられた平塚らいてう（筆者蔵）

外骨がいかにマジメかは雑誌を読めばわかる。「『もの』は云いようによって角がたち、筆も執りようによって軟が硬に成る、美といい醜と云うも筆次第、猥褻研究という文字に驚き給うな」と綱要で断っているのだが、検閲係には馬耳東風、猫に小判、豚に真珠、全く通じなかった。「予は過激な議論を唱える事と、猥褻な記述を好む事との二つが癖で、これは予の長所であり又短所であるのだ、（略）近年は専ら猥褻のマジメ研究をやって居る」と書いているが、少なくとも彼らには外骨のいう〝猥褻のマジメ研究〟が理解できなかったようだ。

『猥褻研究会雑誌』と云うのだから、何でも挑発的のキワドイ事を書いてあるのだろうなど、想像するような人々は、この極めてマジメなのに呆れるだろうが、そんな人々の入会は真っ平御免を蒙って、真摯に色道研究をせられる学者態度の人々百名ばかりの会員を得たいと思う（略）、そして所謂醜事を美化せしめて以て、学術上の利益と成り、処世上の興味と成る働きをしたいのである、と云うのが本会雑誌の主義綱要であるから、風俗壊乱の記事は一切載せない」（同）

こう明言しているのに、〝挑発的のキワドイ雑誌〟と決めつけた当局のほうがよっぽど〝ワイセツ〟で〝フマジメ〟である。確かに外骨は挑発的だが、いわゆる〝キワドイ雑誌〟を作ってはいない。外骨にとって猥褻とは、あくまで人間らしい自然の行為だから、性を〝みだらでけがらわしい〟ものとする当局に反発したのは当然のことだ。フマジメなようで実際は超マジメな、いかにも外骨らしい〝もの言い〟だ。だから外骨の雑誌はいわゆる〝ワイセツ〟を想像する人には期待はずれだったかもしれない。外骨の極めてマジメなのには、本当に呆れる。国家にも相容れられず、ワイセツ好みの輩にも「もっとマジメにやれ」と敬遠され（?）、さりとて学者としてアカデミックに性科学研究を追及するというのでもない。門外漢ではあるがスコブルマジメな研究者にしか理解できない奇抜な雑誌を断固として作るというのは、やっぱり〝道楽〟なのだろう。

それにしても外骨はいったい、どんな雑誌を作ろうとしていたのかが今ひとつわからない。男女の性愛に関し、その実践・実技についてのノウハウとか演出に一役買う雑誌というのならなんとなくわかるが（いや、詳しくは知らないが）、そうでもなさそうだ。愛欲や肉欲に溺れようとしている男女がすぐさま本屋に駆け込んで「宮武外骨の『猥褻研究会雑誌』創刊号はありますか」と言って、いや黙って探して購入し、すぐに入会するとは思えない。そうではなく、もうその道からは一応卒業したような、ある種のディレッタント（好事家）を読者の対象としたのだろうか。ラベルが、いやレベルが高いのか。正直なところ、レベルが高いと言えば高いし、だからといって学術的にハイレベルとも思えないところが微妙だ。

そもそも猥褻なる語源とは何かを、「語義としては『みだりがましきこと』」（『猥褻研究会雑誌』一九一六年）と外骨は説明している。それによると、〝猥〟は犬が吠えることで、犬が男女の野合を見て怪しい姿態と怖れて吠えるという意味。〝褻〟はケガラワシと読み、衣をとること、すなわち陰部が顕になること。「陰部の顕はること、之を『ケガラハシ』と云うならん乎」（同）と書いている。こういうことにこだわって詳しく説明するところは、いかにも風俗研究家・外骨らしい。

外骨の設立しようとした猥褻研究会には規則があって、第一条には「本会は男女両性の契交に関する事物を心理上生理上社会上の神秘的重要問題と見て真摯に研究せんと欲する研学者の結合を主旨とす」とあり、七条まである。この〝心理上生理上社会上の神秘的重要問題〟というのが面白い。性の本質は精神的で肉体的で、しかも神秘的というのが意味深長だ。とはいえ、外骨はいったい、何を以って〝神秘〟と考えたのだろうか。当局は外骨にそれを書かせまいと、すぐさま発禁にして葬り去ろうとした。当時も外骨ファンはいたようだから、発禁にさえならなければそれなりに雑誌は売れたかもしれない。性の神秘をその気になってとことん追究してくれれば面白いのに、そこまではしていない。外骨の悪い癖で、時々中途半端にして放り投げている。しかし、諦めてはいないのだ。

外骨はますますムキになるかのように猥褻研究を深め、「政教文芸の起源は悉く猥褻なり」（『面白半分』一九二三年）と力説する。

「原始時代における百事の起源は悉く自然の発作として天真爛漫、毫も虚偽なきものたりしが故に、後の政治家たり宗教家たり文学家たり美術家たる人々は、その本源に顧みて、現今の如く表面の虚飾にのみ苦心して、その内実は猥褻以上の醜陋事態あることなく、正直に露骨に、（略）所謂ザックバランの態度に出でられん事を望むにあり」（同）

言い換えれば、そもそも人間の性って大らかで自由なものなのに、虚飾に満ち満ちたこの現実社会こそが醜くてワイセツなのだ、なにが政治家だ宗教家だ文学家だ美術家だ、エラソーに言うな！　といったところだ。さらには、

「世間の人々が猥褻研究を卑陋なりとする傾向を有することは予も認むる所なり、然れども、予には予の信念ありて、敢えて猥褻研究に従事せるなり、古淫書の刊行は、為政者若しくは道学者の圧迫に対する反抗なりと説く者あり、自ら逃避的事業と称する予にも幾分其反抗心なきにあらず、又仮りに猥褻其事物を卑陋なりとするも、学者として卑陋事物の研究を為すに何の不可かあらん、世には糞尿研究の学者すらあり、況や卑陋なりとする習慣打破の信念あるに於てをや」（『猥褻と科学』自序、一九二四年）

と開き直っている。

外骨の言う猥褻の本質とは、一口で言えば男女の〝性愛〟である。さらに〝肉欲〟でも〝快楽〟だけでもない、一種の〝神秘〟と捉えていたと私は思う。セックスは想像力がもたらす歓び、科学、歴史、文化であることを証明しようとしたのだが、その一方で、性を科学では定義しきれない神秘の領域にあるとも考えている。セクシュアリティーとは単純ではなく、視線と言語、脳下垂体と前頭葉、情熱と理性、肉体と精神、エロスとロゴスの中にあり、複雑怪奇な世界である。ジャーナリストとして性への弾圧と闘い、学者として性風俗知識を披露して繰り広げられる摩訶不思議なエロス論は、元来、天真爛漫

にして神秘なものと外骨は自らの猥褻主義を定義している。

だがまたしても外骨の猥褻主義が危機に晒される。昭和の軍国主義と経済恐慌がもたらした〝エロ・グロ〟と混同されたら、外骨が怒るのもムリはない。

「梅原北明という性格の悪い駄法螺吹きの男があって、何かに書いたという事を新聞紙上で見た、『宮武外骨は猥褻物発行で天下に名高い人である、彼は今までに四十何回とか発売禁止の処分を受けたそうであるが、我輩はわずか一年間に八回の発禁をやられた、外骨を凌駕すること易々たるのみ』という内務省や警視庁を食った宣伝をやったそうである、それで一層睨まれて拘留されたり、保釈中逃走して隠れたり、ついには没落の姿になったと云うが、予が四十何回の発売禁止を受けた中には、風俗壊乱でなく治安妨害と秩序紊乱でやられたのが約半数である、それで北明のごとき春本同様のものを無届で発行した事は一回もなく、また随って拘引されたり拘留されたりした事もない、いずれも滑稽の記述や学究的解説のためであった」(『風俗壊乱雑誌』一九三二年)

おまえなんかと一緒にするな、と外骨は梅原を攻撃しているのである。

大正末期に左翼知識人として出発しながら、〝猥本の帝王〟と呼ばれた梅原北明(一九〇〇〜一九四六)は、戦後、斎藤昌三や今東光ら性風俗研究者や作家などに多大な影響を与え、野坂昭如の小説『好色の魂』のモデルにもなった人物である。早稲田出身のインテリだった梅原は中退後、クリスチャンになって京都の同志社大学に転校し、左翼運動から今度は部落解放運動に没頭して浄土真宗・本願寺教団を運動の場としたが、それも挫折。ボッカチオの『デカメロン』を翻訳し、雑誌『グロテスク』『文芸市場』などを創刊。そこで本願寺法主の性生活を暴露したりしている。その後、雑誌『変態資料』を創刊するが、風俗壊乱・出版法違反で度重なる発禁処分を受ける。梅原の筆禍史は外骨と並び賞せられるようになり、自分もそれを意識していく。やがて外骨を畏敬し〝罰金祝賀会〟を開くなど〝反骨の性文献ジャーナリスト〟を自任するようになる。

梅原は外骨を目標にしながらその思いは屈折し、反感となって募らせていく。

「（略）頭から私を非難罵倒し、あまつさえ若し、剽窃であったら忽ち訴えてやろうとまで興奮なすっておいでの或る有名な変態学者のあることは巷間に聞きました。不愉快な事実です。著述家的嫉妬にしては余りに無礼過ぎやしないかと思います」（『明治性的珍聞史　上』一九二六年）と梅原は書き、外骨のことを〝有名な変態学者〟と書いて牽制している。

昭和初期には帝国ホテルを数室借り切って事務所にし、また検閲を逃れて上海に拠点を持つなど派手な活動を繰り広げる北明は、アウトローだが時代の寵児だった。世間では一目置かれ、自他ともに認める〝帝王〟の自分を嫌う外骨を〝著述家的嫉妬〟だとして反論するが、やはりどう考えても、梅原の猟奇的でグロテスクで刹那的な性風俗と、外骨の猥褻主義とは一線を画すものだった。梅原が外骨の『変態知識』を意識して著した『変態十二史』『変態資料』や、また『明治大正綺談珍聞大集成』『近世社会大驚異全史』『近代世相全史』なども、外骨の性に関する時代考証や文献主義を梅原が踏襲しようとしたことは認められるとしても、結局は虚無・厭世しか見出せない性と、生きる喜びと権力からの解放に向かう性とは決定的に異なると私は思う。外骨は女性の社会的性差、いわゆるジェンダーを無視し、また揶揄したが、梅原のように女性を性的に蹂躙してはいない。二人とも性のタブーに挑戦する猥褻主義反権力を標榜してはいるが、ある意味では、グロテスクで露悪趣味的な梅原のほうがマジメなワイセツで、外骨は〝フマジメ〟でアカデミックと言える。

梅原を〝性格不良の駄法螺吹き〟（『公私月報』第一七号、一九三二年）と一蹴した外骨の眼は鋭く、梅原は反権力を気取りながら太平洋戦争中には軍部に協力し、戦争協力者となるのである。おそらくその屈折が酒と賭博に溺れさせ、やがて彼は発疹チフスに罹り、敗戦直後に四五歳の若さで死去した。外骨のように〝健全〟な猥褻主義者として生きることができなかった〝性格不良〟の梅原に、私はなんとなく同情する。梅原はしたたかで極端ではあったが、どこかで純粋だったのではないかとも思う。だが純粋さは、簡単に挫折につながることもあるし、左翼は右翼に似ていたりする。反権力は、いつのまにか権力にも擦り寄っていく。梅原はこうした哀れな例かもしれない。外骨が非権力を貫き、左翼シンパでありながらイデオロギーというものを信用しなかったのも、そこに気づいていたからだ。

梅原の〝性格の悪さ〟は、昭和初期のエロ・グロ・ナンセンスという〝時代の悪さ〟もあっただろう。明治期に『滑稽新聞』で闘った外骨も昭和の軍国主義時代には黙殺されたも同然だったし、大正デモクラシーは人々に希望を与えたが、関東大震災後から昭和に至っての軍政による弾圧はファシズムをもたらし、とくに若いインテリはニヒリズムに陥った。財閥が栄え強大な力を持った昭和初期の繁栄は見せかけであり、一皮向けば侵略戦争という厭世的無気力、追随、憎悪、密告、暴力の時代を予告したものだと一部の敏感な知識人が察知し、その中で反発する者は落命し、迎合・転向する者が堕落していったとしても、さほど不思議ではない。

ちなみに経済至上主義の歪みがもたらすポルノや児童買春など現代性産業の実態を知ったら、外骨はまたなんといって怒るだろうか。

外骨の性科学的視点を最も表しているのが、『半男女考』（一九二二年）だろう。かねてから外骨は主に生物学上の雌雄同体者の存在に着目していて、そうした学説から写真・図版を挿入し、文献や新聞雑誌からの情報を整理してこれを書いたようだ。自序として外骨は、天の創造物には時に例外が生じ、それを奇形物と称するが、人間の奇形に半男半女がある、彼らは一つの性ではなく男女二つの性を有していて、不具者ではなく〝過具者〟とするべきだ、と書く。外骨生来の不遇な境遇者への優しさも見てとれる。

「これ抑も造化の悪戯か過失か、有意か無意か、はた因果律か自然律か、其純正哲理は我これを知らずとするも、斯かる性の決定なき曖昧の例外物、複性無性の奇形児を造ること多きは、我々人間学の一つとして攻究すべき問題とせざるを得ず、只漫にこれを珍とすれば珍、怪とすれば怪、面白しと云えば面白く、惯れといえば惯れなれども、予はこれを科学的に観察し、古往今来の文献や如何、又社会がこれを如何に遇せしか、国家はこれを如何に見るか等を明晰ならしめんとして、ここに本書を公刊するに至りしなり、若し本書の公刊に罪ありとせば、其罪の責は、予に在らずして造化に在りと知れ」

肉体的に曖昧な性を持つ人間を社会は興味本位な眼で見ているが、科学的に考察してその存在を認めるべきだと外骨は言っているのだが、それを理解しない当局の検閲を懸念していることがわかる。外骨はそのことを予見し、「一般販売は内務省の諒解を得ざるべしとの忠告を受け、不得止『非売品』とし」たが、外骨の予測どおり風俗壊乱で発売禁止になった。外骨は自跋で「還元動物か理想的人類か」と題して、「性的にも対等、即ち無男女無差別が人類進化の究極なるやも知れずと思惟す、果たして然らば、今日の多数決にて奇形と呼ばるる半男女はやがて単性の男或いは女を目して奇形と呼ぶに到らんか」と書いている。やや極端ではあるが、究極的には半男半女のほうが進化した人類になるかもしれないと外骨は言う。

確かに時代は〝進化〟し、ますます揺れていく性の境界線。それはまるで、肉体的精神的人権問題と捉えた性同一性障害の存在が提起され、広く理解を求めつつある現代社会の到来をも予見しているようだ。

第四章　遊び主義（面白半分という闘い）

宴会の達人

外骨の身の上話に「花嫁の替玉」という両親の結婚のエピソードがあるが、外骨が生まれる前の話だ。その次の宴会が一四歳の時の、長兄の結婚式である。この話は「初めて恋を知った事」と題されて、『奇抜と滑稽』第五号（一九二七年）に掲載されている。

長兄・芳太郎は宮武家の家督相続人であり、盛大な婚礼披露が開かれた。五日間連続の祝宴で、初日は親族、次の日は懇意の者、小作人招待と続いた。この時、金刀比羅宮のある琴平の遊郭から酌婦のほか芸妓を五名雇い、泊まり込みで昼夜お客の接待をさせた。飲めや唄えの大宴会はちょうど春の陽気に浮かされて、まだ異性体験のない外骨までが「春の情けを覚えるように成った」というから大変な宴会だったようだ。

というのも、その芸者の中にお絹という二〇歳ぐらいの美人がいて、酔い疲れて横になっていたとき、彼女は外骨に向かって、

「ボウさん、ここへ来て一しょにおやすみなさい」と声をかけたのである。

「四辺に五六人居たが、予はそれを聴き、怖いという感もなく嬉しい気がしたので、すぐに近づいてみた、甲斐絹の長襦袢に触れた快感は今に忘れない、二十女と十四の少年、何をすると云うでもなく、ただ柔らかな手足に接するのと、白粉の香がするのを楽しみに、毎晩抱かれて寝たのであった」と外骨は書いている。

それで根っからの宴会好きになったのかどうかはわからないが、忘れられない体験だったことは間違いない。

人生の節目節目に、外骨はなにかというとすぐ宴会を開いている。だいたい宴会というものはそんなものだが、外骨の宴会は普通の人よりも回数も多いようだし、なにより普通の宴会とはちょっと趣向が違う。宴会はイベントだから、目的や主題がある。外骨はその都度もっともらしいタイトルを付けて、しかもどうせやるならと一流料亭で、ほとんど自分が主役かプロデュースしている。これがまたスコブル面白半分なのだ。類は友を呼ぶのか、そんな宴会をみんなで楽しんでいたようだ。真面目なようで不真面目なような宴会を、ちょっと覗いてみたい。

外骨が最も多く宴会をやった時期はなんといっても『滑稽新聞』時代。三〇歳代から四〇歳代というイケイケの男盛りだ。『滑稽新聞』になぜか内輪の宴会告知が何度も出てくるのでわかりやすい。『滑稽新聞』時代の宴会は一九〇二（明治三十五）年十一月の中之島・森吉楼での、外骨の身代わりに入獄した三好米吉の「何尾幽蘭無罪祝宴会」がどうやら最初のようだ。これは第三二号で外骨の「西警察署のユスリ刑事」が官吏侮辱罪で告訴されたことが発端。怒った外骨が第三四号で「東警察署も又陋劣手段を擅まにす」でさらに攻撃し、また官吏侮辱罪で告訴され、署名責任者だった三好米吉が入獄。外骨はそれでも屈することなく攻撃し、とうとう検事局があきらめて三好米吉を釈放した。その一件を誌上で暴露し、ついでに祝宴会を開いたのだ。
『滑稽新聞』の勝利である。こっちが正しいという、読者や世間へのアピールと同時に、内部の結束を図るためにも宴会というパフォーマンスはなかなかいい方法だと外骨は気づいたのかもしれない。
そしていよいよ、本人の「入獄送別会」。転んでもタダでは起きない外骨、一九〇四年五月、警察署長収賄摘発記事による官吏侮辱罪で入獄前夜、高級料亭・堺卯楼にて開く。その席上、支援弁護士・伊藤秀雄は、
「我生れて四十年来、入獄するに際して祝賀の宴を開くというがごとき極端な会合は聞いた事も無い、宮武君は極端な人である、そうして君の極端な性質は、君をして極端な刑を受けて極端な所へ行かねばならぬ事に成った、極端という事は好い事では無いが、予は現今のごとき時世においては殊に極端の必要を感ずるのである、今夜の宴会のごときも実に空前の極端である、予は宮武君が堀川の別荘に於て、益々其極端手段を研究し、之を吾々に分かたれんことを望む」（『つむじまがり』「入獄祝賀会と出獄祝賀会」一九一七年）
と演説。その六年後には社会主義を支援し桂太郎内閣を批判して秩序紊乱罪とされ、「入獄送別会」を中之島・銀水楼で開催。二カ月後には同所で「出獄祝賀会」を開く。席上、外骨は
「予は一千巻の読書の外、種々の研究または考案を運らして来た、この外今後出版すべき著作物の腹案も多く出来た、（略）余が多くの知識を得て帰った事を永く快楽的にご欽羨あらんことを望みます、呵々《はははは》」（同）などと挨拶するのである。
一九〇六年七月には銀水楼で「笑―滑稽新聞没書川施餓鬼会」開催。これは没にした投書を供養する読者向けパフォーマンスのようである。『滑稽新聞』には実に多くの投書が寄せられていて、中でもこ

れは、というものを外骨が選んで掲載するのだが、あまりにバカバカしいものも多かったようで、その扱いに苦慮していたのかもしれない。実にいい方法を思いついたものだと感心する。むろん、自分たちが楽しむ一石二鳥宴会でもあったわけだ。この宴会はなかなか趣向を凝らしたもので、『滑稽新聞』第一二〇号で詳しく報じられている。仏法の儀式だから滑稽新聞社社員をはじめ参会者は坊主頭のかつらをかぶっている。午後二時に本物の坊主が来て読経が厳かに始まり、やがて飲めや唄えの乱痴気騒ぎとなり、散会したのが午後十時頃だったと、挿絵入りで報告されている。

この年にはほかにも五月に銀水楼で、弁護士・日野国明の娘・三千代を養女に迎えて「滑稽記者一家私事披露会」と題する宴会を開いている。

一九二七（昭和二）年三月二十八日、大阪時代の旧友・支援者に東大明治新聞雑誌文庫創設の報告を兼ね、北浜・灘万にて祝宴を開く。参会者として小林一三、本山彦一、谷本富、日野国明、三好米吉らが駆けつける。

一九三一（昭和六）年、「東洋自由新聞完全入手祝賀会」を本郷〝鉢の木〟にて開催。木村毅、白柳秀湖が発起人で吉野作造、長谷川如是閑、柳田泉らが参会している。

なんといっても宴会シリーズの〝トリ〟は一九三四年十月十一日、日比谷公園内・松本楼での「頓智協会雑誌筆禍雪冤祝賀会」である。この時、外骨六七歳。やっと長年の鬱憤を晴らすことができた、生涯で最も輝かしいパフォーマンスだったのではないだろうか。

「怨み骨髄に徹して日夜現当にも夢寐にも忘れえないのは、予の（頓智協会雑誌）筆禍事件である。官僚政治の犠牲となって春花に背き、石川島の鉄窓に秋月を見ること三年」（『公私月報』第四九号附録、一九三四年）と書くほど恨みは深い。

二二歳で不敬罪となって以来四十五年、松本楼には友人・支援者ら四二名が集まった。彼らもまた歳をとっていたが、生き延びたからこそ再会という喜びも味わえるのである。外骨の宴会はどれも興味深いものだが、中でもこれは生涯において最も中身の濃い、意味深い宴会だろう。続く『公私月報』第五〇号附録には、長尾藻城、尾佐竹猛、伊藤痴遊、今村力三郎、江見水蔭、高島平三郎、小林一三、穂積重遠、白柳秀湖、永見徳太郎、瀬木博尚、斎藤昌三、西田長寿、石井研堂、柳田泉らが参加したことや、祝辞を述べた内容も詳しく報告されている。この祝宴のお土産はなんと〝石川島みやげ　もっそうめし〟。監獄の臭い飯と思いきや、中身は〝お目出糖〟の砂糖菓子で、この日のために作った特注品である。外骨のイタズラ、いやアイデア。外骨はよほど自慢したかったのか、明治文庫にはこのお土産の写真が残されている。もちろん参会者が揃った記念写真もあって、それぞれこのお土産を手にして写っている。

外骨の生涯に、なかにはほとんどヤケクソ状態のムリヤリ宴会があったとしても、なんでも楽しむパフォーマンスの天才・外骨の辞書には、悲観とか悲嘆・悲愴という言葉はないのだ。たとえ人生最悪の危機に陥ってもそれを一転、再起のきっかけにしてしまうというこのプラス思考が、仕事も遊びも同じレベルにしてしまうエネルギーの素になっている。

職業的著述家・道楽的著述家

著述家・外骨には神経衰弱、うつ病、それがエスカレートして自殺願望、といった精神病的な症状は一切なかったように見える。本当は妻・八節に先立たれた一時期、神経衰弱に苦しんでいた事もあったようだが、それも見事に克服している。ジャーナリストとしての自負に支えられた強靭な精神力が常に前向きなエネルギーを生み出していたと私は思う。その自信が心のゆとりを生み、苦しんだり悩んだりする暇もないくらい、著述を楽しむアイデアが常に湧いてくるのだろう。外骨にとってそれが遊びであり、遊びが仕事なのだ。いわば職業と道楽が一致しているのである。こういうのを天職というのではないか。だから、外骨の著作を読むとたちまち怒ったり笑ったり共感したり、元気が出てくるのである。

外骨の最も外骨たる所以は〝怒り〟と〝笑い〟にあるが、〝遊び〟もまた外骨的エキス、いやセンスたっぷり。とくに感心するのは、外骨は名前を付けるのがホントにうまいことだ。自分の名前まで自分で付けたのだから当然だが。まず外骨がつくった個人出版社の名前が面白い。浮木堂、滑稽新聞社、雅俗文庫、不二新聞社、半狂堂。浮木は中国のことわざ、盲亀値浮木からとったもの。半狂は半分酔狂、半分正常のことなのか。名前といえば、本や雑誌のタイトルの重要さが昨今とくに言われている。タイトルの付け方で本の売上げが左右されるとなれば、これは出版社にとって中身と同じくらい重要だろう。

明治新聞雑誌文庫に保管されている「外骨覚書」と題された手製ノートの〝操觚要録〟の中に、実際には発刊されなかった本や雑誌の題名のアイデアが書かれている。例えば「半滑稽」「愛嬌」「露骨」「我輩月報」「我輩の捨て鉢」「官僚嫌い」「蒸し返し」「ホコトン」「チャラ」「ノンキ」などなど。こんな名前の雑誌があったらつい手にとって立ち読みしてしまうかもしれない。外骨が捨て鉢になって作る雑誌ってどんなものだろう。ちょっと恐い。「露骨」もすごい。「官僚嫌い」は外骨にぴったり。こんな雑誌を作るのは外骨しかいない。外骨が「蒸し返し」て書く記事なんかぜひ読んでみたいものだ。「愛嬌」「ノンキ」もいい。「愛嬌」は絶対出版してほしかった。愛嬌は誰にも、どんな文化にも必要で、しかもどうやったらそれが備わるかみんな知りたいと思っている。いったい愛嬌とは何かさえ実はよくわからない。外骨ならとことん迫ってくれそうだ。「何故か」「何かしら」「ヨホドチンキ」「いつまで草」「これだけ」「さすがに」「ベカッコー」といった、よくわからないのもあるが、面白そう。ヨホドチンキはヨードチンキのもじりか？　「さもあらばあれ」「ナルホド」「よろしい」なんか、微妙だ。何がいったい〝よろしい〟のか……。「人魚」「皮と肉」「天の遊戯」「独りよがり」「端的」「蛇の道」「今只今」「官僚心理」「思ひ思ひ」「自惚帳」「熱血新聞」「まにまに」「楽天随筆」……、もう外骨の〝ひらめき〟のまま、延々と続く独壇場のようなタイトル。そんな調子で思いついたような、「手当り次第」というのもある。これもちょっと恐い。外骨が〝どいつもこいつも……〟と手当たり次第に罵倒して槍玉に挙げる雑誌も、読んでみたいものだ。「皮と肉」も気になるが、仰天なのは「肉の叫び」。〝魂の叫び〟なんかではなく〝肉〟が叫んでいる雑誌なんて、ちょっとヤバそう。今でもこんなカゲキなタイトルの出版物があったら当局も要注意だろう。外骨の〝猥褻主義〟一直線のものか、それとも？……。いったい外骨はどんな内容にしたいと思っていたのか。これもぜひとも死ぬまでに出してほしかった。「半米人」には、（早く出す）と書いてある。もしかしてこれは『アメリカ様』のことだったのだろうか。もっと不可解なのは「外骨の墓」。インパクトがありすぎてギョッとする。墳墓廃止論者の外骨だが、石ではなく紙の墓ならいいようだ。外骨自ら書く〝墓〟をぜひ読んでみたかった。

外骨には悪いが、中身よりもタイトルのほうが面白い雑誌もある。『屁茶無苦新聞』『頓智協会雑誌』『ザックバラン』『スコブル』『ハート』『つむじまがり』『早晩廃刊雑誌』『活殺』『此花』『奇』『赤』、どれもいいけど、なんといっても自他ともに認め、今でも絶品なのが『面白半分』である。

自分でもよっぽど気に入ったのか、外骨は『面白半分』のタイトルを三回使用している。一九一七年と二三年に随筆集を、一九二九年に第一号から第六号までの雑誌を刊行した。どれも外骨が日ごろ興味を持つ新聞・雑誌、その噂の真相、世相風俗についての薀蓄を集めたもの。さすが外骨と感心するものからバカバカしいものまでみんな対等、まさに真面目半分・面白半分。不真面目なようでホントは真面目というか、真面目に不真面目を追究する。天下国家の問題も、庶民のユーモア話も、外骨にとっては同じ価値なのだ。外骨は『面白半分』という言葉にどんな思いを込めたのだろう。雑誌『面白半分』第一号の〝題言〟に「面白半分の記者は面白半分に筆を執り、面白半分の読者は面白半分に知識を得ねばならぬ」とあるが、私はこのあとの「生活手段の職業も亦趣味的の面白半分に働かねばならぬ」に共感を持つ。職業的著述家であり道楽的著述家の外骨にとって「しごとがあそび、あそびがしごと」。人はパンのみに生きるにあらず、仕事と趣味が同じ生活こそ理想的で楽しい充実した人生ではないか、それなのに国家は人々から表現の自由を奪い、生活の忍従を強いる……、外骨はそう言っているような気がする。

一九三〇年、昭和恐慌。一九三一年、満州事変が勃発。やがて侵略戦争で国民に真面目を強要していく為政者に、非戦主義の外骨は不真面目を装って怒っていたのだと私は思う。

ちなみに一九七二年から一九八〇年まで、吉行淳之介、野坂昭如、五木寛之、開高健といった当時の人気作家たちが編集して発行された『面白半分』は、創刊号にも掲げられたように外骨の『面白半分』からタイトルを拝借し、外骨の精神をも受け継いだ雑誌である。野坂昭如編集長時代に、永井荷風が書いたという『四畳半襖の下張り』を掲載して刑法一七五条の猥褻物頒布に当たると摘発され、当時の話題になった。裁判の判決は有罪、編集長に罰金一〇万円、代表に一五万円が科せられた。

著述家・外骨の遊び主義は、科学・合理性追求と猥褻主義とも相重なって大正期にはどんどんエスカレートしていく。旺盛な好奇心のなせる業だが、一九一八（大正七）年、これまた珍妙な雑誌『迷信研究会雑誌』（裏面は『男女性学雑誌』）を発行する。一枚の紙（大きさ約横六三×縦四七センチ）に両面印刷されていて、A５判に折り畳むと八ページずつ、それぞれ二つの雑誌になるというもの。私の好きな外骨著作物・ベストスリーに挙げてもいいくらい、ヘンな雑誌である（私は十数年前、これを京都・東寺の骨董市で二枚（第一号と第二号）二百円で買った。〝どれでも一冊百円〟の箱の中にあったのだ。見つけたときは一瞬目が点になった）。

　創刊号に掲げる、いつもの〝趣旨〟にこう書いている。

「……本誌の主義は有益な迷信を保存し、弊害ある迷信を打破せんとするのである、又保存にも打破にも関係なく、単に知識的の趣味を主

『迷信研究会雑誌』（裏面、『男女性学雑誌』）第１号（筆者蔵）

として叙述する事もある」

まあなんというか、この雑誌は玉石混交、科学的で有意義な記事もあるけど、それ程でもないものもある、と断っているのだ。『滑稽新聞』が〝笑い〟と〝怒り〟なら、〝職業的著述家〟を自任する外骨が、時々〝道楽的著述家〟を名乗ってこんな雑誌を出して遊んでいるのである。このようないかがわしくも猥雑で興味津々な雑誌こそ、外骨の真骨頂という向きもある。それにしてもこの『迷信研究会雑誌』（『男女性学雑誌』）のなにがヘンかというと、

「本誌は奇抜な材料が連発し、又多数読者の好評を博すれば、永く続刊するが、さもなくば六号又は十二号限りで廃刊する、男女性学雑誌も又同様である、其代りに、買笑心理雑誌、俗語研究雑誌、煙草一服雑誌、文身風俗雑誌、など云うお目新しいものを取替え引替え御覧に供するツモリである」

と第一号の最後に書いているように、自分の猥褻主義を理解しない当局の検閲を牽制しているようで、その実、開き直りと〝おちょくり〟である。外骨ならやりかねない。雑誌発行が道楽癖の外骨、一枚の紙に印刷した二種類の雑誌の一方が風俗壊乱・秩序紊乱で発行禁止・停止になっても、その裏面に別のマジメな（?）記事があって、またとっかえひっかえ新たな雑誌を印刷して発行するのだから、それをどうやって発禁にできるのか、一枚の紙の裏表を剝がすのか、やれるものならやってみろ、という魂胆がミエミエではないか。こんなバカバカしいような思いつきを、ものすごい〝新案〟みたいに威張っているからおかしい。「近頃の大発明」と自慢していたが、印刷屋が印刷するのを嫌がって、それにも憤慨した外骨は二号で廃刊にしてしまった。本当はあまり売れなかったのだろう。

名前という名前にこだわる外骨は、またその名前に着せる衣、つまり雑誌や本の装丁のほか、名刺に

も凝る。東大の明治新聞雑誌文庫に「外骨名刺集」が保管されている。外骨が明治から昭和にかけて使用した名刺二二枚をスクラップ帖にしたものだ。一枚の名刺という小さなスペースではあるが、さすが外骨、紙切れ一枚もおろそかにすることなく、名刺も自己表現の道具にしている。二二枚の名刺を一堂に並べて見ると、まさに過激と愛嬌の人生が凝縮されているようだ。

　現存する外骨最初の名刺は一八九六（明治二十九）年、二九歳の外骨が『骨董雑誌』創刊にあわせて作った「日本骨董協会　宮武外骨　讃岐平民　号半狂堂」というもの。中央の名前は手書き。それ以外は朱印。おそらく日本で最初のアンティークマガジン（会員制）を発行したと自任する外骨が生涯〝讃岐平民〟を誇りとし、長く職業的著述家として〝半狂堂〟を名乗った、まさに原点というべき名刺である。続く「滑稽新聞社　小野村夫　宮武外骨」「滑稽新聞社　明治源内」の〝小野村夫〟と〝明治源内〟は、『滑稽新聞』時代の外骨のペンネーム。郷里の小野村（現在の綾川町小野）、敬愛する讃岐人・平賀源内にちなんでいる。

外骨の名刺 美人が人力車に乗る絵付きのもの、約９×5.5センチ、見づらいが右下に頭蓋骨のマークがある（明治新聞雑誌文庫所蔵）

　大正期に入ると、「不二新聞社主」「雅俗文庫」といった肩書きになる。最も手が込んでいるのは、珍しく横長で名前は手書き、〝雅俗文庫〟の文字には浮世絵雑誌『此花』に使った骸骨のマーク、亀の印、左上には人力車に乗って傘をさした美人の絵が描かれていて、今まさに走り出そうとしているような、粋人・外骨ならではの名刺だ。こんな名刺をもらったら、捨てたり折り曲げるなんてできないだろう。字は外骨のものだが、絵は大阪時代に『滑稽新聞』『此花』で挿絵を描いた外骨お気に入りの浮世絵師・黒坊（前野春亭）かとも思うが、ちょっと素人っぽいところも感じるので、もしかしたら外骨が描いたのかもしれない。

其の他、雑誌『奇』創刊に際し、ただ一字「奇　宮武外骨」や、またこの頃、廃姓宣言に合わせて「半狂堂　廃姓外骨」「外骨　是本名也（印鑑）」「職業的著述家　雑学博士　廃姓外骨」も作る。面白いのは、いつ頃使用したものか不明だが肩書きなしで〝宮武外骨〟のみ、紙は二枚貼り合わせて左下隅に斜めに折り目をつけ、そこに「ここからメクッテごらん」と細かい活字を入れ、めくると住所が書いてあるといったニクイ趣向もある。名刺で遊んでいるのだ。昭和になって、「帝国大学　明治新聞雑誌文庫主任者　戯称・廃姓外骨　再生外骨（宮武）外骨　是本名也（印）　讃岐平民　慶応三年正月生」という長ったらしい名刺も作る。外骨が使用した最後の名刺のようだ。

広告で遊ぶ

外骨にとって遊びの対象になっているものに、広告がある。外骨は本当に広告が好きだ。マジメな広告としては、一八九二年十一月十五日付け『朝野新聞』に「宮武外骨出獄広告」を掲載したのをはじめ、一九一八年の米騒動のときに『東京朝日新聞』に載せた日比谷公園での集会広告「米価高騰に付市民諸氏に御相談仕度候間有志家及生活難の御方は来る十三日午後六時（雨天順延）日比谷公園（音楽堂前）に御来会被下度候也　発起人宮武外骨」や、「廃姓広告」（『一癖随筆』第一号、二一年）、「死体買取人を求む」（『東京朝日新聞』、一九二四年十一月四日）などがある。今で言えば政治広告か意見広告に近い。片やフマジメの広告も多い。注意しないと気がつかないが、一度気づいた読者は次々と目を皿のようにして探すハメになる。『滑稽新聞』の中の広告がそれだ。

雑誌を出版する側にとって、広告収入は欠かせないものだ。これは明治中期、日清戦争後から始まっていたようで、その広告に目をつけた外骨はさすが第一級のパロディストというほかない。外骨は元の広告をパクッて、パロディーにしているのだ。ニセ広告だが、もはや広告ではなく一つの〝記事〟である。だから『滑稽新聞』は二種類の〝広告〟が楽しめる仕掛けになっているのだ。こんな遊びを考えついたのは、おそらく、若いときに平賀源内を研究したことにその源を発しているのではないかと私は思う。広告が社会の鏡であると気がついたのである。

読者は元の広告と外骨のパロディー版を比較して、そのブラックユーモアやナンセンスギャグについハマッてしまう。当時もそれがウケたのか、どんどんエスカレートしていくのだ。広告は元来ビジュアルだから言葉で説明するよりそのまま載せたほうが一目瞭然なのだが、とにかくここで面白いものを紹介しよう（これらはすべて、一九〇一年の創刊号から一九〇八年の第一七三号までに発行された『滑稽新聞』誌上に掲載された〝広告〟で、数回にわたって掲載されたものと一号だけのものとがある）。

例えば、今で言うサプリメントで当時の滋養薬品「ソマトーゼ」を「ソラソーヤ」に、婦人薬「中将湯」を「通常湯」に、「眼の新薬　アドラ」を「命の洗濯　ヅボラ」に、また胃薬「胃活」は「威喝」、下痢止め薬「ヘルプ」が「ヘハプ」、さらに「オッペケ香水」「妙薬　夜ピンピン」「どうさらす　すぐ

なぐる　拳骨丸」と言った、もう黙って笑うしかないものが本物の広告の中にちゃっかり混じっているのだ。他にも三面広告のパロディーで、

「●正誤　諸新聞に『肺病には妙薬なし』と広告せしは『詐欺師には妙薬なし』の誤なり尚詳細は滑稽新聞第四十八号にて広告す　詐欺師　野口茂平」

「薩摩薯　一万貫購入　委細は当屁工の肛門前に示す　大阪放屁工廠」

「転居　近々地獄の十丁目へ転居可仕候也　岩崎弥太郎」

「忠兵衛ニ告グ　弁償済ンダ至急帰レ　新口村孫右衛門」

「肺病患者に告ぐ　多年肺病にて苦しみ居る人は広告に出る売薬などでは迚も全快の見込みがないから早く覚悟を決めてゴチ給え　岡山県上道郡御休村　横山初五郎」

「求婚広告　身元怪しく、品行不良、年齢廿八、月収無一文の貧士、糊口にも差し支え又配偶者を紹介しくるる者も無之に付、容姿佳き資産家の令嬢と結婚したし、希望の婦人は当ガラクタ新聞社内KS生宛にて至急申し込まれたし」

「大阪腐敗擬品候補者　今般大阪府議会議員選挙競争の広告に模擬し我々有志者は昨今の此暑気にては箸本善哉君、棚中煮物君、

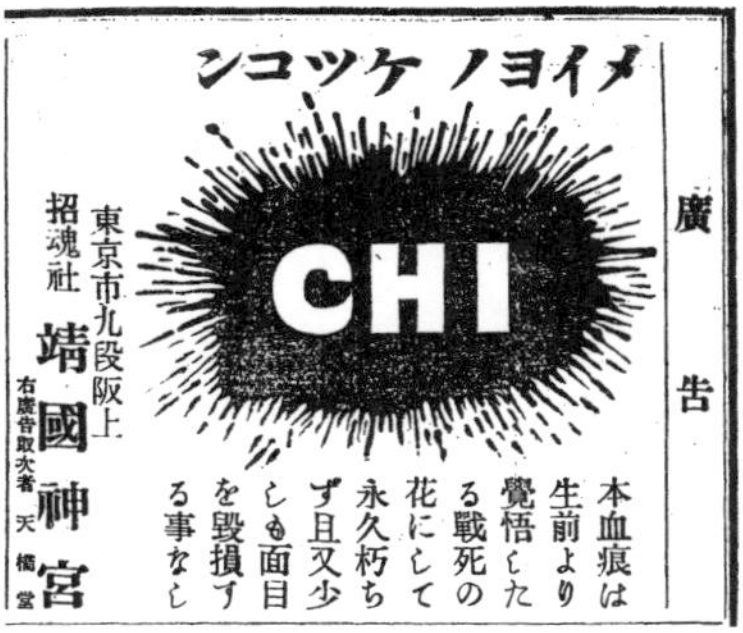

『滑稽新聞』第 89 号のライオンインキ広告（右）と、それをパロディーにした同号裏表紙の靖国神社広告

樽詰和允君、飯野多気雄君等を腐敗物候補者と認め候に付茲に推選仕候也　大阪市民有志者総代」

「犬　露国産　日本産　右見当たりし者は当部に密告ありたし相当の報酬を呈す　陸軍省憲兵部」

「メイヨノ　ケッコン　ＣＨＩ　本血痕は生前より覚悟したる戦死の花にして永久朽ちず且又少しも面目を毀損する事なし　東京市九段阪上　招魂社　靖国神宮」（これは同じ号にある〝ライオンインキ〟の広告を、スタイルだけそっくりそのままパクったもの）

といった、なんとなく社会の矛盾や人生の悲哀というストーリーを感じさせるものから、意味がよくわからないものまで多種多様の〝広告〟が掲載される。

そんな『滑稽新聞』にはまだこんなのもある。

「▲チン急広告　破産決定　長門小野田駅　城戸新聞店　右の者に対し滑稽新聞社の申立によれば同店はスッタモンダで数月分の滑稽新聞代価を払わざること明確なるを以て今般当裁判所に於て横着なる詐欺破産者と決定す　明治三十七年十月一日　大阪滑稽裁判所」

「戦時阿報　一冊三厘　戦時阿報廃刊の窮境に接し馬鹿者釣りのあ法として左の賞を懸て左の七答を募る　一等賞金千円但し滑稽千円札で渡す　二等賞金百円但し学校生徒用の紙幣　三等賞金十円但し何処かで拾い給え　七題　一、不似合いなる物（貧乏社の懸賞大金）　二、無くて善き物（釣られる馬鹿者）　三、多きを厭わぬ物（前金の注文状）　四、止むを得ぬ事（苦しい時の窮策）　五、気の揉める事（追々発行高の減）　六、残念なる事（資本家の食込み）　七、生憎なる事（泣面の蜂）　一人にて一題に付一答ずつ合わせて七答を為すものとす、凡想泥溝より飛出す底の優等者五十三人に賞金を贈呈するとは嘘の皮、実は馬鹿者に戦時画報を買わさんとするインチキ手段なり、我戦時画報は一時ちょっと売れたが近頃は追々と発行部数が減るばかりであるから苦しまぎれに斯る広告をして天下の馬鹿者を釣らんと欲する必死の雑誌なり　発行所　東京　戦時阿報社」

といったものや、

「滑稽学校生徒募集　本校普通科は駄洒落を吐き雑劇を演じて世の中をノンキに送るにあり高等肝癪科は社会の愚俗を罵倒して風俗の矯正を計るにあり随意入学を許す　●普通科入学試験　小学卒業に相当する者試験は一口咄又は都々一川柳メキたるものを作らしむ　△教科　謎々、字探、考物、狂詩、狂歌、奇文象人画等、参考書として団々珍聞を採用す　体操は紀伊の国、ヘラヘラ、権兵衛の種蒔等●高等肝癪科入学試験　中学卒業以上に相当する者年齢は十九、二十八、三十七等赤金性男《せきかねしょうおとこ》に限る試験は平賀源内の六々部集訓読せしめ又糞タワケ文の真似事を草せしむ　△教科　詐欺、賄賂、ユスリ、ハッタリ、インチキ、イカサマ、駄法螺等を罵倒せしむ、参考書として滑稽新聞を採用す　体操として時々裁判所の呼出しに応ぜしむ　本科卒業の者は社会の愚物俗物悪物等に憎まれて終には暗討に遭うか又は牢死するの資格を得　日本滑稽学校

幹事　今一休」

とまあ、こんな〝広告〟が本物の広告欄の中に紛れ込んでいるのだから、『滑稽新聞』は隅から隅まで滑稽な、隅に置けない雑誌だ。ちなみに今一休とは『滑稽新聞』に登場する挿絵画家である。

もはや編集スタッフ（外骨とほんの数人）は遊んでいるのだ。真面目に仕事をしているとはとても思えない。広告というものを、おちょくっているとしか考えられない。ということは、元の広告主である企業をメディアが笑い者にすることでもある。現代ではありえないことだろう。高い金を払った広告主が怒って抗議しなかったのか不思議だが、こんな過激なことを外骨はやってのけたのだ。さぞ楽しかったことだろう。もしもパロディーにされた広告主が怒るのを忘れて一読者として笑っていたとすれば、

明治という時代もなかなか粋な時代だったことになる。

実は外骨は常々、「詐欺広告」というものに真面目に怒っていた。

「詐欺広告屋が相変わらず其詐欺広告を出して、各地の間抜者正直者欲張者を瞞着するは、憎むべき業なること云うまでもなく、又其詐欺広告なることを知りながら掲載する新聞社の罪も又大なり」（『滑稽新聞』第八〇号、一九〇四年）

と書いていて、今でもメディアには耳が痛い言葉だろう。思えば昨今、消費者金融（サラ金）広告・CMが批判されたように、外骨の広告の遊びは、安易に広告を信じるなという読者への警告・啓蒙、メディアディテラシーの役割を果たしていたのだ。しかも遊びながら勉強させるという幼児教育的手法を真似た、明治の大人向け消費者教育だったとも言える。

コレクター魂

権力の不正や横暴を嫌い、その一方で美しいものを求め、こだわり、楽しみ、面白がり、遊び、嵬めるという精神は、「過激にして愛嬌あり」と同様、外骨にとって表裏いったい・不可分のものだった。文明開化の脱亜入欧政策で捨て去られてゆく運命の江戸文化に価値を見出し、単なる懐古趣味ではなく新しい眼で蘇らせようとしたのだ。なんとハイレベルな遊びだろう。生涯、書画骨董に情熱を注ぎ、さらに日本文化や民俗学への深い造詣を持ち続けた外骨のその審美眼は、どうやって培われたのだろう。

外骨が江戸時代の精神に斬新さを見出したきっかけをさぐると、一八九五（明治二十八）年創刊の雑誌『頓智と滑稽』の第二号から第七号までに〝讃岐平民　葉下窟主人〟のペンネームを用いて、平賀源内について五回連載したことが挙げられる。江戸中期の異色の人物である源内をテーマに選んだことがまず面白い。まだまだ現代人にとっても謎が多く人気の高い源内の魅力に、外骨はすでに注目していた。連載の〝序〟に、源内と自分は同郷であり「常に源内の事蹟を聞き特に源内の風采を慕ふて止まざる者なり」（『頓智と滑稽』第二号）と書いている。これまで源内について書かれた伝記は三〇種あってどれも真偽が疑わしいが、二篇については斬新周到だが偏見謬断があるので惜しい、とも書いている。外骨は源内の著書目録から源内焼き・火浣布などの発明品、讃岐での生い立ちや逸話、獄中での終焉に至るまで資料を仔細に調べている。博物学者で発明家で戯作者の源内を、わずか二八歳で研究したことはその後の外骨の生涯にかなり影響を及ぼしたようだ。

源内と外骨が共通するものを持っていると気づいている人物がいた。外骨の友人で讃岐高松出身の医者・長尾藻城は、「外骨の奇智奇才は天才である。私に言わせると寧ろ源内以上」とし、「外骨と源内の似て居る所は科学を尊重するの点にある、併し源内は科学の実験者で現実的に之に手を染めたが、外骨は科学を信じては居るが之に手を着けない」（『医学及医政』一九二〇年）と書いている。私はそこにもう一つ、諧謔風刺精神を加えたい。文明開化の明治がすべて新しく、江戸の封建社会や文化がすべて古いという政府やマスコミの鼓舞・既成概念に囚われず、外骨が江戸文化の科学性、合理性や源内の新しさに注目しているところが、普通の懐古趣味的骨董コレクターとは違う所以なのかもしれない。

翌一八九六（明治二十九）年、二九歳の外骨は「道具書画刀剣古着本袋物煙草時計営業」（古物商）の営業許可を取る。精神から〝物〟へも興味が湧いたのだ。またこの年、外骨は三陸沿岸を襲った大津波の被災地へ調査に行き、そこで先祖伝来の家宝・家財を失って嘆く人々を目の当たりにし、心を動かされた。そのフィールドワークがきっかけとなって『骨董雑誌』を創刊することになる。わが国に前例のない骨董記事専門の雑誌であると外骨は謳っている。そもそも外骨は少年期から愛読した『驥尾団子』『圓圓珍聞』などの雑誌を、ヒノシをかけて大事に保存したというから、かなり蒐集癖を持つ紙オタク青年だった。

私は何度か外骨の生家を訪れたことがあるが、外骨が育った環境を考えると、子どもの頃からさまざまな骨董が身近にあったことが大きな要因として考えられる。現在の当主の宮武烝《すすむ》によると、敷地内にある蔵には外骨の母マサノが婚礼のときに実家の山村から乗ってきた蒔絵が施された〝輿〟をはじめ、数多くの書画骨董が眠っていたという。その蔵も近年の台風で壊れて残念だが、それでも現在残っている玄関や母屋には昔の庄屋の風格を感じ取ることができる。

現在の外骨生家、宮武家玄関前。かもいに三つ葉葵の紋飾りを四つ取り付けている。明治初め、外骨の父吉太郎が旧高松藩主・松平家の売り立てで購入したもの。

外骨の『骨董雑誌』は全国の骨董愛好家向けの会員制アンティークマガジンで、さまざまな骨董にまつわる逸話・情報を読者に提供する、今で言えばメディアによるネットワークだ。その趣旨を第二号で「謹デ本誌愛読家諸君ニ告グ」と題してこう書いている。自分は一七、八歳の頃から雑誌を発行して幸い好評を得たものもあったがまた失敗もあって、ここ三年は鬱々としていたが、六月に起こった三陸地方大津波の視察に友人の骨董家・木村氏と赴いて惨

状を目撃し、

「事は特に余の脳裏を去らざりしが旅中木村氏と互に悲惨同情談の外木村氏より骨董物に関する奇事内幕等を聞取りたると一ツには耳底に残れる右小軽米氏（注：地元の豪商）の老母が此金屏風と銀瓶は記念のために子孫へ遺さんなど涙ながらの物語と相聯合して終に余の宿癖を挑発し茲に図らずも此骨董雑誌の発行を思立たしむるに至りたる次第なり」（『骨董雑誌』第一号）

それまで特権階級の私物・愛玩物としての存在だった秘蔵の骨董が、外骨によってスポットライトを当てられ、情報公開されていくというのはなんとワクワクする話ではないか。今、ＴＶの骨董鑑定番組がマニアのみならず、何の知識ももたなかった人々にまで書画骨董への関心を集めている。出版物というメディアではあるが外骨はまぎれもなくそのパイオニアだったと言える。骨董に国家や識者が民族的家宝としてお墨付きを与えるような眼ではなく、個人的な美意識や懐かしさを原点に、さらに歴史や文化的価値を見出そうとした外骨の、あくまで庶民として情報を共有し、書画骨董・アンティークから珍品・我楽苦多にいたるまで、愛でたり楽しむという精神が多くの人々にも広まっている証拠だろう。だから外骨のコレクター魂は暗くない。物の深い味わいやストーリー性に人々の生活や哀歓、ユーモアがあり、それらを特定の所有者や歴史の奥に閉じ込めるのではない、不思議な解放感がある。外骨がそうしたことに着目できたのは、二〇歳で出版した風刺雑誌が売れて吉原通いで遊興してから十年、その間に受けた不敬罪という挫折を味わい、人間社会を見つめ直してきたからでもあるだろう。

一八九七年、三〇歳になって早々、外骨の最愛にしてパトロンでもあった母が死去。新たな試練である。

外骨は会員同士の骨董を売買してその仲介料を取るとか、鑑定料を取るということまで考えなかったようで、『骨董雑誌』は資金難となって三年で廃刊となった。だがこの経験が外骨のコレクター・骨董ジャーナリストとしての審美眼を磨き、資金難にも懲りず『骨董協会雑誌』『美術国』『絵葉書世界』（『滑稽新聞』定期増刊）『此花』『人形雑誌』など、豪華で美しく読んで面白い、これぞ外骨ワールドといった雑誌の発刊につながり、やがて東大明治新聞雑誌文庫へと集結される。

コレクターにとって最大の悩みは、自分が蒐めたものをどうやって活かすことができるかということに尽きる。資金と時間があるという最低条件に加え、培ってきた眼力、いわば目利きとして知識や情報を駆使して精力的に蒐集する情熱・エネルギーを持ち合わせ、さらにテーマごとに分類・分析して維持・管理・保存する能力がコレクターには必要だ。ここまではなんとか辿り着けるかもしれないが、ここから先が問題だ。活かし方である。誰にどう活かされるかということもコレクションのさらなる付加価値にかかわる。人徳・人脈がものを言うのがこの点だ。これがうまくいけば、コレクターの死後も雲散霧消することなくコレクションが永久に生き続けるだろう。蒐集することよりこのほうが難しいかもしれない。

とはいえ、気の向くままに蒐め、ささやかな蘊蓄をめぐらすだけの楽しみに浸り、どうにもやめられない〝業〟に操られ、時の流れに身を任せて自分もコレクションも自然淘汰されていくというような、〝ディレッタントの一代きりコレクター人生〟も悪くはないが……。

一九二七年に創設された東大明治新聞雑誌文庫は外骨の個人的な情熱と知識・分析・保存能力に加え、周辺の人々とのネットワーク、民間からの援助を得て共有財産を目指したことや戦災に遭わなかったなど、必然・偶然が重なった稀有な存在であることだ。外骨はこの仕事を終生の事業として尽力すること

を誓っている。かつて友人の長尾藻城は外骨に

「三ツ子の魂百までであるが、その好きな事で始終し得るキミの身は幸福だ」と言った。外骨はそれに応えるかのようにこう書いている。

「幼少よりの好きな道、蒐集、整理、保存の性癖を満足せしめつつ働いている事業についての雑誌、この片々たる雑誌を故なく廃刊するようでは死んだも同然である、顔に火ノシをかけたような顔で若々しく活動している幸福の身、前途はなお遼遠である」（『公私月報』第一号、一九三〇年）

そしてこれら、外骨の遺産が後世へと引き継がれて充分に活かされることができれば、外骨の願いは叶う。

第五章　実利主義、金儲け主義（お金と外骨）

幻の〝新聞煎餅〟発売計画

外骨がほとんど財産を残さなかったからといって、お金の工面に一切努力しなかったわけではない。外骨が出版人としていかにアイデアを駆使したかは、『滑稽新聞』の成功でもよくわかる。いかにアイデアをめぐらしても当局の検閲によって筆禍を受け、創刊即廃刊の雑誌が少なからずあった（外骨は生涯で一二点あったと公言している）が、それも想定内で、『早晩廃刊雑誌』という名前をつけた雑誌もあったほどだ。検閲官の呆れる顔を想像していたであろう得意満面の外骨の顔が、思い浮かぶ。雑誌の名前から始まって、どんな形態・体裁の雑誌がいいか、どんな特集をするか、どんな附録をつけるか、人々が何を知りたがり、何を求めているか、外骨はいつも時代を読むアンテナを張り巡らしていた。そこから次々と閃くという感覚は天性のものといっていい。成功が自信に繋がり、自信がまたより鋭い感性を磨く。失敗すればそれをバネに次のことを考える。常に前向きだ。

一九二七年、東大法学部に創設された明治新聞雑誌文庫の事務が開始され、外骨はそれまで培った知識や情報、人脈などを活かして文庫の充実を図り精力的に活動を開始する。新聞雑誌蒐集のため全国各地へも出張するようになる。その三年後の一九三〇（昭和五）年十二月発行『公私月報』第四号では、「ここ数年来の実験によって明治文庫の維持と利用には、官費以外の支出を要することの多々なるを認め」と書き、資金不足を吐露している。しかしそこはなにごとにも前向きな外骨、昨今の役人みたいにすぐ予算を要求したりはしない。

「今に於て何がな補助費出途の永久的方策を講ぜねばならぬと考えつつあった結果、茲に第一着企画として『新聞煎餅』という営利的事業を開始することに成った」のである。いじらしくもあり、面白そうでもある。またまたアイデアマンを自任する外骨の本領発揮となったわけだ。新聞紙縮小の形をした長方形の煎餅に〇〇新聞といった標題を入れるという、意匠を凝らした煎餅のようである。そういえば、「石川島みやげ　もっそうめし」と名付けられた〝お目出糖〟の砂糖菓子も外骨のアイデアだった。とにかく、外骨はお菓子が好きだったようだ。

吉野孝雄著『宮武外骨』（河出書房新社、一九八〇年）によれば、外骨の部屋には、「紫檀の文机が置かれ、ペン立てや眼鏡などのほかに、飴のいっぱい詰まったガラス壺が二個置かれていた。外骨は甘いものが好物だったのである」と書かれている。

子どもの頃、晩年の外骨と同居した吉野は、時々外骨が、「『孝雄、ちょっとおいで』と手招きをして、飴を一つ口の中へほうりこんでくれた」そうだ。微笑ましいエピソードである。

当時はまだまだ、お菓子は貴重なものだったと思う。「片々たる煎餅、事業としては極めて小さいようであるが、これを大規模に拡充して日本全国は勿論、外国へも輸出する予定である」と自信満々、鼻息が荒い。原材料は小麦粉、砂糖、卵、さらに「一種（一新聞）毎に味の異なる新薬味を加えてウマサと滋養分を調合」と、なかなか細かい。また忘れてならないのは、外骨がなかなかのアイデアマンだったと同時に、優れたコピーライターでもあったことだ。

「ジャーナリズム時代のお茶うけ、贈答品として最も適切なり」なーんて書いている。ジャーナリズム時代のお茶うけに〝新聞煎餅〟をパリパリ食べながら「今日の紙面は……」とかなんとか紙面批評し合うなんて、なんて知的でお洒落なんでしょう！……と、当時の人が思ったかどうかはわからないが、少なくとも外骨はそう思っていたようだ。とにかくこうと決めた外骨は、『新聞煎餅』と『雑誌煎餅』の登録商標を特許局に出願した。おまけに、

「尚此『新聞煎餅』の外、日用品『新聞〇』及『新聞〇〇』の製作発売を開始する計画もある、追々と本誌にて発表する」（『公私月報』第四号、一九三〇年）

と書くなど、アイデアがどんどん膨らんでいるのである。なんだかイケイケの外骨が目に見える。ちなみに、〇に当てはまるものといえば、新聞手拭い、新聞風呂敷、新聞石鹼……が浮かぶが、そんなものは平凡だと、外骨に叱られるかもしれない。やっぱりお菓子がいいのだろう。

ところが二カ月後の『公私月報』第六号（一九三一年二月）では、あんなに鼻息の荒かった外骨のトーンが落ちる。「登録商標は容易なことと思っていたに、却々以ってハカドラない」と書いているのだ。「マダ三カ月位かかるとの事」と、出鼻を挫かれて憮然としている、せっかちな外骨の姿が目に見えるようだ。

それから五カ月後、『公私月報』第一一号（一九三一年七月）に「新聞煎餅の消息」が掲載される。「消息という語は『キエヤム』の字であるが、消えるのではなく、息めるのでもない、読者は其後の報道がないので、消え息めたのだろうと想察されたであろうが、法令上の手続きが厄介であった為め延引になったのである」と説明している。「二三カ月中に万事が整頓して、来る十月頃には具体的の発表を

遂げ得るであろう」と最後に書いているが、十月になっても消息はなく、これが本当に最後となって、以後〝新聞煎餅〟の言葉は二度と書かれることはなかった。

実は外骨の下で働いた明治文庫二代目事務主任の西田長寿は、後年これについて『公私月報』（巖南堂書店、一九八一年）の序文で述懐している。それによれば、外骨のアイデアによる新聞煎餅発売企画は、文庫の充実を図ることはむろんだが、予算不足の状況にあって助手たちのような薄給の職員救済が目的でもあったらしい。外骨は月給百円だったが、外骨の手足となって働く助手たちの給料があまりに少ないことに心を痛めたようだ。外骨の秘書・池内昇次からこのことを聞いた西田は、商売はそんな甘いものではないと反対したにもかかわらず、頑固な外骨は聞き入れず、結局二百円余りの失費に終わったという。

企画倒れになったことがよほどくやしかったのか、「新叢書出版の発案も、実現も、皆月報のため、明治文庫のためで、予が私利を得んとするのでない事を諒せられたい、尚それればかりでなく、予は文庫のため既に私財二万円を消費して居るのである」と外骨は『公私月報』第一五号（一九三一年十二月）に書いているが、外骨を知る人間ならそんなことは皆わかっていたに違いない。

ところでこの〝新聞煎餅〟だが、アイデアとして悪くないと思う。私は先日、東大の明治文庫に行った帰りに、文庫の前にある売店で絵葉書と書類ケースを買った。ここは昔からある生協の売店とは別に、最近開店したもので、東大が経営するちょっとお洒落な売店である。つまり購買層が分かれていて、生協は学生中心、ここは外部者（観光客）中心なのだ。商品はすべてオリジナルの〝東大グッズ〟で、ここでしか買えないものばかりだ。言ってみれば〝東大ブランド〟である。最近、東大の本郷キャンパスは東京の隠れた観光コースとなっているらしく、夏休みなどはとくに観光客らしき一団がウロウロしている。

実は東大がこんなことをやり始めたのにはわけがある。二〇〇四年に国立大学が法人化されて、独立採算制になったことが大きな要因だろう。また最近、東京都が東大に課税するという話が浮上している。法人には法人税がかかるというのは当然だが、東大は営利目的ではない教育機関であることも事実だ。東京都と東大にはそれぞれの言い分があるだろうが、とにかくここにきて東大の総資産がどれほどになるのかというのがちょっとした話題になっているようだ。本郷キャンパスはもともと加賀百万石・前田家の江戸屋敷だった広大な敷地に、石造りの建築物が次々と建てられた。資産の計算といっても、土地や建物の評価額といった単純なものだけではない。東大には近代の歴史的・文化的な財産として相当なものがあるだろう。それ以上に大きなものとして、明治文庫のようにお金には換算できないような計り知れない付加価値もある。そういう資産はいったいどうやって換算するのだろう。

こんなことはなにも私が気にすることもないのだが、こういう時代が来ると外骨は予期したわけではないだろう。だが、外骨が少しでも文庫のために役立てようと智恵を絞って〝新聞煎餅〟を売り出そうと考えたアイデアは大事にしたい。もしかしたら今なら実現不可能ではないかもしれないと私は思う。ただし、小麦粉と砂糖と卵といった外骨のレシピはシンプルすぎて再考の余地があるのではないか。バターや生クリームも入れたい。あの『滑稽新聞』に「朝日」、「毎日」、「読売」、「日経」など（商標の問題もあるが、それはなんとか解決してもらって）五枚（五紙？）で一セットとする。和風も棄てがたいので、からし味、わさび味、ごま味などの別バージョンはどうだろう。どうせやるなら本物の煎餅職人やお菓子のシェフの意見も取り入れれば、東大ブランドの威力も借りて、なかなかのヒット商品になるかもしれない。

煎餅もいいが、それよりも今は絵葉書に人気があってよく売れている。絵葉書なら外骨である。『滑稽新聞・絵葉書世界』シリーズを復刻して売り出せば、とくに人気の黒坊の絵なんか、たちまちヒット商品になること間違いなしである。新聞煎餅なんかメではないかもしれない。だがそうなると、鬼籍の外骨はおそらく複雑な心境だろう。本当はあの時、煎餅を売り出したかったのに。それに著作権はどうなるのか、という外骨の声が聞こえてきそうだ。ふーむ……。

とかなんとか捕らぬ狸の皮算用は無用のようで、今のところ外骨の絵葉書も新聞煎餅も、東大では売られていない。

生涯収支決算

外骨は一生、お金には困らなかったように見える。本の出版も、いつもどういうわけか資金があり、儲かっても儲からなくても次に繋がるのである。だが、外骨はあくまで表現者であり、経営者とは言えなかったと私は思う。『滑稽新聞』に掲げた、出版事業理念としての「経済上・実利主義、発行上・金儲け主義」というのは、あくまで表現者・外骨の洒落、ギャグ、冗談、と考えたほうがいい。『滑稽新聞』は成功したが、人生を振り返れば〝実利〟も〝金儲け〟も外骨は得意とは言えなかった。だからといって、世渡りが下手だったというわけではない。お金には頓着しないように見えながら、資金集めには自分なりにあれこれ努力しているのだ。援助してくれた人には感謝し、精一杯の誠意を見せた。意外に律儀なのだ。援助されることが多かったとはいえ、儲かったときは支援する側にもなった。外骨にとって、お金とはなんだったのだろう。

外骨にはお金にまつわるエピソードがけっこうあって、その一つひとつがとても興味深い。もともと裕福な庄屋の坊ちゃんから出発した外骨。宮武家は代々、近郷に知られた大地主で、祖父の才助の代までは三百石の小作収入だったが、父・吉太郎の代には五百石になり、家には奉公人が数十人もいた。一八八一（明治十四）年、外骨一四歳で上京。進文学舎橘香塾に約一年半通い、家から月々五円の仕送りを受ける。一八八三年帰郷。母にねだって、神戸のダラム商会で自転車を一九〇ドル（日本円で当時、三〇〇円）で購入。当時の三〇〇円は家が一軒買えたというから大金だ。後にその自転車の車輪のゴムが切れて同商会に持ち込み、八〇円で売却している。一八八四年、高松の没落士族の娘、西村房子と同棲。西村家に五〇〇円の支度金を贈る。その五〇〇円は外骨の貯金だったのだろうか……。それが家にバレて結婚を反対され、一八八五年、五〇〇円を懐中に房子と東京へ駆け落ち。一八八七年、『頓智協会雑誌』創刊。たちまち四千部を売って大金が転がり込む。毎月二、三〇〇円の収入があり、吉原通いの日々。今で言えば、出版・著述という当時のベンチャー起業家、若きＩＴ長者のヒルズ族といったところか。

一八八九年、『頓智協会雑誌』第二八号が不敬罪となって三年八カ月に及ぶ禁固刑、罰金一〇〇円。一八九五年、広告取次業・博報堂を創業した瀬木博尚と再会。瀬木の援助で『頓智と滑稽』『骨董雑誌』などを創刊。一八九七年、外骨の最大のパトロンだった母マサノ死去。一八九九年、『骨董協会雑誌』の失敗で瀬木に四千円の負債を生じ、律儀な外骨はすぐに返済しようと一攫千金を企てる。ほっといても卵を次々と産んで簡単に金が稼げる養鶏事業で返済しようと考え、台湾へ逃亡（台湾は日清戦争後に日本の植民地となっていた）。だが実際は子どもの頃に遊びで鶏を飼ったことがあるぐらいで、それもおそらく亀四郎坊ちゃんはただ見ているだけで、鶏の世話をしていたのは下男や使用人だったのではないだろうか。そんな甘い考えでは養鶏など思うようにならないのは当然だろう。そこは諦めの早い外骨、半年足らずで台北から帰郷する。そして大阪へ。一九〇一年『滑稽新聞』を創刊し、〇八年廃刊。この八年間に本人の入獄二回、関係者の入獄三回、発禁三回、発行停止四回、罰金一三回で合計二六四円を支払ったが、『滑稽新聞』の成功で外骨は一〇万円の財を得たらしい。その間、社会主義者・森近運平に五千円の資金援助。律儀な外骨は一九〇九年上京して、瀬木への広告代金の負債四千円に利子をつけて返済に訪れている。だが瀬木はそれを受け取らなかったと、明治新聞雑誌文庫二代目事務主任・西田長寿は『明治新聞雑誌文庫の思い出』(一九七一年)で書いている。

また『滑稽新聞』で得た資金で『此花』などを創刊し、小林一三の支援も得て『不二』など次々と出版を重ね、総選挙にも出馬するが、一九一五(大正四)年、再び無一文となって大阪を去り、上京。翌年、瀬木博尚の援助を受けて『スコブル』創刊。最初は売れ行き好調だったが、漸次凋落して第二〇号で廃刊した。なおも大正デモクラシーの波と共に意欲的に出版・言論活動をする。

お金にまつわる外骨のエピソードの中で私が最も感動し、外骨をいじらしく思ったものがある。一九二二(大正十一)年九月、養女・三千代が吉野作造の弟子と結婚した後の外骨のことを、吉野作造が「外骨翁と私」(『公人の常識』文化生活研究会、一九二五年)と題して書き残している。その話をぜひとも紹介したい。

吉野夫妻の媒酌で三千代の結婚式を無事済ませた後、しばらく外骨は吉野宅に顔を見せなかった。時々、吉野は古本屋や古書展などで外骨と会ったが、外骨はいつもきまり悪そうに、奥さんに宜しくとか、そのうちお礼に伺うから、と言って去ってしまうのである。吉野は外骨が世間の人物評とは違って好々爺で義理固い人間だということを知っていたから、月並みに媒酌人へのお礼をしなければならないと考えながら目下のところは懐具合が悪いので先延ばしにしている……、と見抜いていた。

しばらくして外骨は金ができたものと見え、年の暮れに久し振りで吉野宅を訪れた。無沙汰したのがきまり悪かったと見え、取り次ぎの者にこれを奥さんにあげてくれと言ってさっさと帰った。それは見事なバスケットだった。ことづけらしいものはなにもないが、結婚のお礼のつもりであることは吉野にはわかった。手に持って見ると重い。中に何か入っているらしい。開けて見ると、思いもかけぬいろんな物が雑然としている。まずは大きなゴム毬が一つ。ゴム風船もある。キャラメル二つ、ビスケット一袋、日支豆一袋に焼蒲鉾が一本。祝儀袋一束、封筒一〇枚、ツマ楊枝一包み、歯磨き一袋、石鹼一個、まだ他にもあった。みんな出してみると底のほうに小銭が少しある。数えてみると一六銭あった。これで吉野には理解できた。外骨は誰かに媒酌人は一〇円とか二〇円ぐらいをお礼すればいいと聞き、金を懐にして家を出たが、現金も変だし三越の商品券も智恵がなさ過ぎると思い、フト目についたバスケットをまず買ったが、金が余った。そこで、吉野の家には子どもが多いからと、玩具や菓子を買ったが、まだ金が余ったので、歯磨きや封筒やと手当たり次第に買い集め、結局一六銭の釣り銭が残った。が、外骨は予定の金額でなくてはならないと考えて、最後にこの釣り銭をバスケットの中に放り込んだのだろう、そう吉野は考えた。外骨のやりそうなことだ。貰った物は重宝ではあったが、それよりむしろ、〝外骨のバスケット〟という二つとない珍品を、吉野は家族と共に大いに満足した。

一九二六（大正十五）年、瀬木博尚が東大明治新聞雑誌文庫設立資金として基金一五万円を東大に寄附する。一九二七年、明治文庫事務主任に嘱託として勤務開始。世間ではリタイアするという年齢だが、外骨は六〇歳になって初めて勤め人になったのである。月給は一〇〇円（ボーナスは別支給）。一九四三年には月給一四五円になる。四五年五月、空襲により高円寺の自宅全焼。四七年、東京帝国大学は東京大学となり、月給一〇五〇円になる。四八年、三六〇〇円。四九年、広告代理店博報堂社長・瀬木博信、外骨のために新居を文京区駒込追分町に新築する。九月、明治新聞雑誌文庫を退職する。退職金、一四万五九二六円也。外骨八二歳。八二歳まで現役で働いたのだから、エラい。

お金にまつわることだけを拾ってみただけだが、これだけでも外骨の生涯がいかに恵まれたものだったかがよくわかる。外骨にとって金そのものが目的ではなく、お金はあくまで志を遂げる手段だったのだ。それが可能だったのだから、これほど幸福なことはない。ほとんど財産を残さなかった外骨こそ、豪快で羨ましい人生という気がする。いや、外骨は後世に貴重な〝財産〟を遺していたのだ。

第六章　楽天主義（楽天反骨人生）

戦時を生き抜く

非戦主義

外骨は『滑稽新聞』創刊号で、「宗教上よりいえば楽天主義を持し」と書いているが、生涯、特定の宗教を信じていなかった。一九三七（昭和十二）年六月二十一日、可愛がっていた猫の宮武玉吉が死んだときには「涼岳畜猫位」という戒名もつけて仏式で葬っているが、だからといって外骨が熱心な仏教徒というわけではない（ちなみに宮武家の菩提寺・本法寺は日蓮宗である）。宗教もイデオロギーも信じず、組織にも属さず、墓も要らないといった外骨だから当然だろう。それが現代ならともかく、外骨が生きた時代にこうしたことを公言し、それを貫くということは、決して言葉どおり〝楽天〟などではなかった。楽天主義は、反骨でなければやっていけないのである。

長生きするということは、いくつかの悪い時代も生き延びてきたということでもある。外骨が生きた明治・大正・昭和という時代は、いくつもの戦争があった。近代の歴史は戦争の歴史でもある。明治維新はあらゆる意味で、人民を解放した革命だったかどうかははなはだ怪しい。むしろ倒幕という、いわばクーデターと考えるほうが適当ではないか。覇権を握った薩長新政府は欧米列強からまず戦争することを学び、徴兵制を布いて近代国家にふさわしい軍隊をつくった。外骨はその張本人の山縣有朋を伊藤博文と共に、近代日本の最も悪人の巨魁として批判し、罵倒している。

中国大陸進出を謀って日清・日露戦争を起こし、第一次世界大戦も日英同盟を名目にドイツと戦って利権を得ようとし、財閥という影の権力者を背後に〝満州〟で侵略戦争を始め、大東亜共栄圏建設を大義に日中戦争へ、それも終結させられずに太平洋戦争へと突き進んだことを考えてみれば、かつての日本は今で言うテロ国家、大国に負けない戦争中毒国家だったのだ。国家に命を捧げる国民、使い捨てられる個人。財閥と大メディアだけが太る構図は、いずれ国民もろとも破局が来る。リアリスト外骨はそれに我慢ならなかった。

明治期の若い外骨は非戦論で日露戦争を笑い飛ばしている。当時のニューエイジ外骨としては、諧謔風刺的手法が時代への抵抗として最も効果的で、なおかつ粋な表現と考えた。〝笑い〟というものは弱そうで強い。最後まで日露開戦に異を唱えたのは『平民新聞』と『滑稽新聞』だけだ。だが外骨はジャーナリストであり革命家ではない。目的が同じでも表現方法が違う。『平民新聞』は〝反戦〟だが、外骨は〝非戦〟だ。権力に殺されずに自説を曲げない方法、それが外骨流韜晦である。

一九〇三（明治三十六）年四月になると、『東京朝日新聞』主筆・池辺三山は自ら強硬論を唱え、東京帝大教授七人による強硬意見書を発表。九月、池辺は躊躇する山県有朋に開戦を迫った。日本中が対ロシア戦への開戦気分に沸いているとき、外骨は悪徳役人攻撃を続ける一方で、『滑稽新聞』第五九号から第六五号まで七回にわたって「日露新聞」と題したコラムを設け、開戦論を嘲笑った。少なくとも外骨はこの時、日露戦争後に大新聞にのし上がる朝日と対等に論戦を闘わせたのである。

日露戦争が社会にもたらしたさまざまな現象を、『滑稽新聞』は明快に表現している。例えば第六九号（一九〇四年）で日露戦争時の〝戦時の激変〟という見出しを付けて一ページ全面使った挿絵では、同じ男女を並べ、鍬を担いだ「帰休農民」が鉄砲を担いだ「出征軍人」に、傘を手にした「紡績工女」がゴザを抱えた「淫売婦人」に変わるという図である。言葉は不用、一目瞭然である。

日露講和条約締結直後の一九〇五年九月十二日発行の『滑稽新聞』臨時号外は、外骨の「刺客扇動の記事」で発行禁止、停止処分を受ける。この号の裏表紙は、ページいっぱいに書かれた〝血〟の一文字の中に、「軍人の血は満州の肥料となる」「国民の血は社会の犠牲となる」などと書き、戦争というものの実態を衝いていて痛快である。検閲係がこんな過激な裏表紙を見逃さなかったのは当然だった。

外骨は明治末から内務省警保局に監視され、大正期には〝特別要視察人甲号〟に指定されて刑事の尾

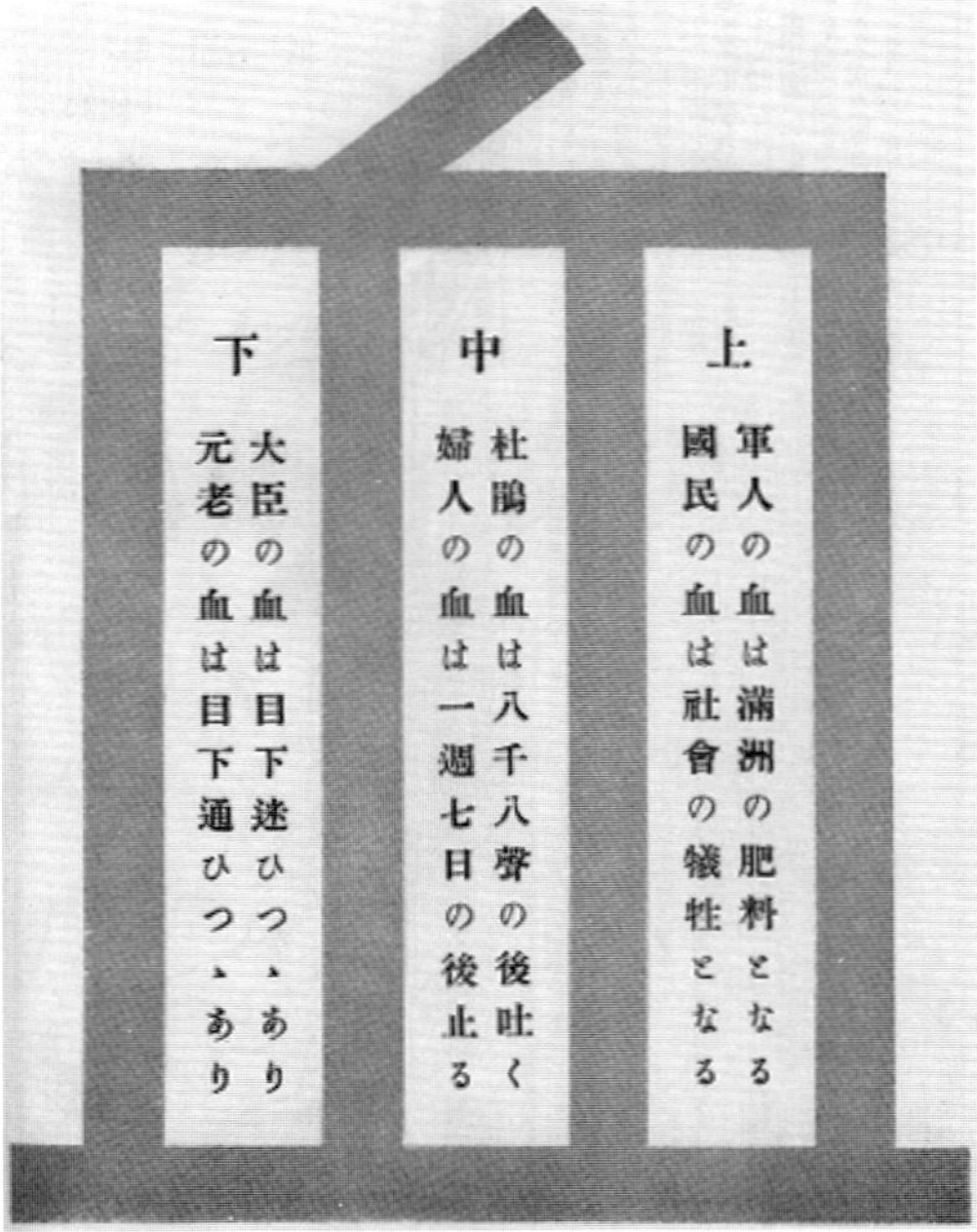

『滑稽新聞』1905年9月12日発行、臨時号外裏表紙“血”

行がつく。一九一九年、東大教授の吉野作造と出会った外骨は民主主義やさまざまな制度の本質に迫り、『民本主義』を出版。〝民本党〟を宣言し、綱領に「軍国主義及侵略主義、徴兵制度を廃する事」を明記する。だがそれも発禁処分を受け、一号で即廃刊となった。〝検閲に従う〟ことから始まった日本のジャーナリズムの不幸な事情の下で、危機意識はありながら未来を信じ続ける楽天性、私はそういう外骨が好きだ。

昭和の外骨は軍部に言論統制された新聞雑誌に屈折した怒りを募らせ、戦争遂行の旗振りジャーナリスト・徳富蘇峰を嗤う。外骨の敵は、明治藩閥政府から軍閥政府、いまいましい大政翼賛社会となった。なんとしても生き残って戦争の末路を見届けよう、そう思いながら一人、釣りをする外骨。日本は必ず負けると確信する外骨……。昭和期の外骨はいったい何をしていたのか、と疑問をもつ人は多いだろう。だが、何もしなかったわけではない。戦前・戦中の〝怪老人〟外骨は、権力者とメディアの戦争責任を証明する証拠物件としての新聞雑誌を、最も安全な〝敵の陣地〟東京帝国大学・明治文庫へせっせと蒐集・保存した。未来のために。

戦争とメディア、戦争とジャーナリストの関係は、いつの世も問われ続ける問題である。最大の人権侵害である戦争を否定し、権力を監視して多様な意見を示し、民主主義を守るというのがメディアの役割とすれば、時の政権とジャーナリズムはどうあるべきかというのは永遠のテーマだ。

二〇〇二年に国会に提出された個人情報保護法案は、別名〝メディア規制法案〟とも呼ばれた。行政への規制の甘さと報道・表現の自由への規制に繋がるとの批判が高まって一度廃案となったが、二〇〇三年五月、新たに報道・表現の自由に配慮し行政機関への罰則規定を設けて成立し、翌年四月から施行された。この背景には、主にテレビや一部の週刊誌などのメディアスクラムといわれる過熱報道による人権侵害・報道被害が問題視されていたことなどがあったが、あたかも報道の自由と、個人の人権が対立するかのような行政側の意図的なミスリードがあったと私は思う。国民にしてみれば、政治・行政不信のほうが依然として根強いことは言うまでもないはずである。報道が国民の知る権利に繋がれば、個人の人権とは対立しないはずである。

政治とメディアの関係を紐解けば、まさに確執と癒着の歴史だった。

外骨は一九四〇年七月十五日の『帝國大学新聞』に「新聞雑誌統制草案」と題した論文を掲載した。当時の日本は日中戦争が泥沼化、国家総動員法が制定され、発足した大政翼賛会の下で議会は無力化していく。内務省・情報局は新聞雑誌統制に着手。今で言う〝メディア規制〟強化だ。

論文の前書きに「旧思想にて現代文化を詛ふ」と題して自ら講演をした話題に触れ、「文明の弊実に堕落せるヘッポコ小説、如何に生活のためとは云へ、粗製濫作の続出には呆れざるを得ない、又それを掲出して得々たる新聞雑誌の無見識にも愛想がつきる」と書く。当時七三歳だが、外骨の反骨精神は衰えを見せることなく痛快だ。その勢いで、明治十年代までの新聞は国粋論から自由民権思想までどれも特色があって読者に歓迎されたのに、「現在の新聞紙は如何であるか、個性を帯びた独特の新聞が一つでもあるか」と、官報化した新聞の堕落ぶりを責める。「同じような新聞雑誌をイクツモ存在せしめて置く必要はないのであるから、其団粟を統制しなければ動きのとれない事になる」と書き、批判精神と個性を失った「団粟の背競べ」新聞雑誌がいくつもある必要はないと、まるで政府の統制案に賛成であるかのような主張をしている。

「事物の進歩は統一を究極とする」という外骨の予言めいた言葉は、昨今のメディアの統廃合、巨大化を思わせる。そこに戦時体制下の政府による言論統制と、メディア自身が情報産業化・商業化を図る手段としての違いはあるが、いずれにしてもその結果、外骨の言う「各相似て居て個性を帯た特色ある新聞雑誌は皆無」という事態はありえる。良いか悪いかは別問題である。

ここで読者はあの反権力の外骨が政府に賛成なのかと意外に思うだろうが、このあと、「我が輩の一大妙案?」が披露される。「東京に一新聞社だけを存在せしめ、あとの六社は其の新聞社から朝夕、紙型を買ひ自社の新聞標題だけを入れて印刷」すれば実質統制であり、新聞社は莫大な経費節減になる。読者にも、どうせ似たり寄ったりの新聞をいくつも併読する必要がなくなると言うのだ。「各社は労せずして利益を得られる、社屋の空室はアパートにするとか、集会席に貸すとか」とまで書き、まるで今のメディアの多角経営を予言しているかのようだ。

だが外骨はここで主張を一転させる。「これは破天荒の妙案である。喜んでいるのは内務省の新聞雑誌検閲官と検事局の役人であろう。毎日鵜の目鷹の目で多くの新聞雑誌を見ないでよいことになる」。

〝草案〟は政府への外骨の痛烈な皮肉と怒りの、あるいは一種諦めの逆説的表現だったのだ。

実はこの二年前、外骨がこのような心境に至る前触れがすでにあった。

日中戦争が始まった翌年、『公私月報』第九四号(一九三八年七月)に、「ツブシてよい新聞紙」と題して、

「近頃は戦争のために統制とか節約とか云う事が大に唱導されて居るが、去日発行の『日本評論』に紙の濫費を防ぐ方策として大衆向きの娯楽雑誌を絶滅せよとの論が出たと聴いた」

と書き、それなら『キング』『富士』『日の出』『オール読物』『新青年』、ついでに『文藝春秋』といった類の雑誌を官の力で発行禁止にせよと主張している。これらが国策寄りの雑誌だから発禁にはならないとわかって言っているのだ。そして、「今は同じような低級雑誌が多くあり過ぎる、これを禁止

節約したら国家経済の上にドレダケの利益があるか図り知れない」と痛烈に皮肉っている。そこで話は本題の新聞に移る。「政府は用紙節約策として新聞社へ合同を説いて居るとの事（略）我輩はこれにも賛意を表する」と書き、報知・国民・都・中外商業新報・東京日日・東京朝日・読売の、当時の七大新聞社を潰して一つの新聞社とし、各地方も一県または一市に一新聞だけを置くことにすれば「紙の濫費を防ぐばかりではなく、多くの従業員を国家有益の事に使用し得られるであろう」という。新聞がいかに国家無益の存在であるかと言っているのだ。昔（明治）の新聞がいかに個性を持ち、官権派、民権派、自由党派、改進党派、保守党派などそれぞれ存在理由があったかを述べ、「今は如何であるか、朝日新聞を止めて読売新聞としても、都新聞と国民新聞とを入れ更えても、何等の不便なく不利なしである、事ほど左様に新聞紙が商品化し単一化して居るのではないかと云いたい」と外骨は憤懣をぶつける。

そしてこう続ける。

「資本主義の商品新聞が、普遍的の通信機関や工作機能によって、日々製造販売し、特殊の論評などは其筋の牽制によって抑圧され、同じようなナマヌルイ批判しか書けない事に成って居るのであるから、昔のような個性ある新聞紙が絶無になった次第、その存在の必要なき多くの新聞社をツブスことは、国家としての緊急問題であろう」というのだ。メディアの危機である。

これを読んで、いったいいつのことかと思うのは私だけではないだろう。今、このような外骨の皮肉を六十数年前のこととして笑えないはずだ。

一九四〇年、同郷の菊池寛（一八八八～一九四八）は文芸家協会会長・軍情報部参与として「文芸銃後運動」を組織。一九四二年、情報局と大政翼賛会主導による「日本文学報国会」（会員は作家・出版人ら約三千名）発足。会長は徳富蘇峰、発会式の議長は理事の菊池寛。実質的にはもはや蘇峰より、菊池寛のほうが圧倒的に影響力があっただろう。一九四三年、「大日本言論報国会」（会員は新聞・言論人など約千名）発足。これらの活動は政府の助成金で行われ、侵略戦争を遂行する大きな役割を果たした。外骨はこうした運動に一切背を向けた。

太平洋戦争中、ごく少数派のリベラルな知識人はどうしていたのだろうか。外骨は反戦への自らの非力を少々自虐的に捉え、釣りをし、絵葉書コレクションに没頭する。職業作家たちの多くは菊池寛を無視することが困難だったようだ。詩人の高村光太郎までが従わざるを得ないような時代になっていく。だが中里介山は日本文学報国会への入会を断り、作家の永井荷風は日記『断腸亭日乗』に菊池寛や軍部への批判を書くのだが、留守中に特高に押収されることを恐れて常に日記を風呂

1938年9月14日、「ペン部隊」として日中戦争の従軍で羽田空港を出発する文士たち。左から佐藤春夫、菊池寛、小島政二郎、二人おいて吉屋信子、吉川英治（朝日新聞社所蔵・提供）

敷包みに入れて持ち歩く。戦意高揚の旗振り役を務める文壇の大御所に擦り寄らなかったこの〝奇人〟たちは反骨者として生き、外骨は生き抜く知恵と気概、荷風は生き抜くのに充分な財産を持っていた。

外骨は徳富蘇峰を嫌って批判し続けたが、菊池寛のほうは〝無視〟している。この二人は面識がなかったようだが、共に讃岐が生んだ出版人として互いの存在を知らないはずはない。菊池寛は京大の学生だった頃、草田杜太郎のペンネームで雑誌『新思潮』同人になって戯曲を書き始めるが、京都の名家・成瀬家から援助を受ける身で経済的に貧しく、新聞や雑誌にせっせと寄稿して原稿料を得るアルバイトをしている。外骨が大阪時代に発行した日刊『不二』新聞にも投稿し、一九一四（大正三）年一月十五日から三月二十一日付けまで計六回、草田杜太郎の署名で掲載されていることがわかっている。その内容は当時の演劇・歌舞伎や文学についての評論、というより雑感に近い。寛はその当時まだ二五歳で無名だったが、二一歳年上の外骨は大阪ですでに『滑稽新聞』で名を揚げたジャーナリストだった。偶然にもこの時期、共に関西に住んでいた外骨と菊池寛の唯一の接点が日刊『不二』新聞にあったという事実に、掲載した当の外骨は関知しなかったのではないかと思われる。ずっと知らなかったのか、それとも後で気がついたが敢えて〝無視〟したのか、今となっては全くわからない。

接点といえばもう一つ、ないこともない。全くの偶然だが、外骨の兄・南海の妻・安子は、寛が援助を受けた成瀬家の出身である。だがこのことを外骨と寛が互いに知っていたとは思われない。別に知らなくてもいいことである。

寛は一九一六年、京大を卒業して時事新報社に入社。一八年、本名の菊池寛の名前で『無名作家の日記』を書き、二〇年には『真珠夫人』で一躍人気作家となる。二三年、文藝春秋社を設立して雑誌『文藝春秋』を創刊。二八年、第一回普通選挙に出馬するも落選。村松梢風著『菊池寛』はこの時のことを

「一時雑誌の売行きがぐっと減った。選挙で金を浪費し、社内でゴタゴタが起こるし、散々の御難」と書いている。三五年、芥川賞・直木賞創設。三六年、文芸家協会・初代会長。三七年、東京市議会議員に当選。芸術院会員。三八年、日本文学振興会・初代理事長。自ら菊池寛賞設定。三九年、大日本著作権保護同盟会長。

こうして大正末に時代の寵児となって昭和期には軍部との関係も濃くなり、メディアの権力を誇示していく菊池寛についての、外骨側のコメントは一切ない。寛のほうも『文藝春秋』のコラム「話の屑籠」でプロレタリア作家たちを批判するが、外骨には何の言及もしていない。不思議である。その理由が同郷のよしみからなのか、二一歳という親子ほどの年齢差があることなのか。それとも菊池寛にとって反骨のジャーナリスト・外骨はもはや過去の人物で、死んだも同然だったのか。

寛は自らをリベラルなジャーナリストであると書いているが、今日、客観的事実から見ればそれには異論があるだろう。菊池寛はジャーナリストというより、作家から出版社経営者となり、文壇の大御所であったと見るのが適切である。外骨と寛の立場は戦後に逆転する。一九四七年、菊池寛はGHQによる占領政策で戦争責任を問われて公職追放となり、失意のなかで解除を待たず急逝している。彼は作家として、出版人として、自らの戦争との関わりの総括や敗戦後論を何ら書き遺すことなく世を去った。一方、外骨は明治文庫を充実させ、ジャーナリストとして生きた証、責務として『アメリカ様』『大逆事件顚末』を書く。

しかしまた皮肉なことに、外骨は一九五五年に死去して以後は人々からその名前を忘れられる一方で、菊池寛は郷里高松で〝文豪〟として顕彰されて中央公園には銅像が建立され、今日に至っては市立図書館に菊池寛記念館が併設されている。『真珠夫人』『父帰る』を書き芥川賞・直木賞を創設した商業主義出版界のパイオニア的〝文壇の大御所〟と、片や〝体制批判の反骨ジャーナリスト〟という違いなのだろうか。ただ、高松市が戦争責任を問われた菊池寛を、全集の出版など公費で顕彰していることについては、一九九五年、元市議の男性が当時の高松市長を提訴したが、二〇〇〇年、最高裁は男性の上告を棄却し、男性側の敗訴が確定している。こういう人物こそ、〝現代の外骨〟かもしれない。

先人の評価というものは時代精神によって変遷していくのが常だから、二人の評価はこの先まだまだわからない。

敗戦を見届ける

日中戦争が始まった翌年の一九三八年、外骨は紙屑屋から古い絵葉書を買い、何十何万枚もの中から三、四千枚を択取して「古い絵葉書帖の類別」を始める。

「棄てるのは惜しいと思うような広告絵葉書を百枚ほど集めて一帖とし、それを明治文庫の応接室に備え置いたが、披げて見た来客が『廃物のような広告絵葉書でもかように多く集めると、美観でありまた参考になりますネー』と云った」(『公私月報』第九一号、一九三八年九月)

と書いて自慢している。〝紙オタク外骨〟の得意満面の顔が目に浮かぶ。おそらくそれが発端となって、一九四〇年には本格的編集に取りかかった。使用された膨大な絵葉書を回収して外骨が考えたテーマごとに絵葉書を類別し、一冊のアルバムとする。一九四三年にそれらを「絵葉書類別大集成」と銘打って、戦後にはその小ぶりのアルバムが三〇五冊にもなった。外骨はこの絵葉書類別整理をまだまだ続けたかったらしく、「カリ」という字の付箋が貼ってあるものもある。適当なハガキが見つからずそのままになったようだ。明治文庫に保管されているそれらのレトロな味わいのあるアルバムを手に取って見ると、なんとも不思議な路地に迷ったような気分になってしまう。その〝路地〟の入り口には一つひとつ名前が付けられている。「ざまみろ」とか「なかよし」とか「馬鹿」とか「笑ふ女」とか……。これがまた外骨流広告的面白さなので言葉で言うより「百聞は一見にしかず」なのだが、なんとか説明してみよう。

一枚一枚の絵葉書は別に面白いというわけではない市販の絵葉書だが、外骨があるテーマを設定して絵葉書を選び、一冊のアルバムにしたものを並べると、見た者は斬新さ、ユーモア、皮肉、攻撃性、意外性といった外骨お得意の〝挑発〟に乗せられ、ついには知的好奇心を刺激されてワクワク興奮させられるのである。

明治文庫の『宮武外骨書函目録』には、

「絵ハガキ帖」三〇五冊　アルバム形体各種、

と整理され、その数は二二三項目、絵葉書の枚数は約二万八千枚。

「会津白虎隊　一帖（折りたたみ）」、「アイヌ　一冊」、「赤――鳥居、日の丸、紅葉など――一冊」、「赤城山青蛙　一綴（二枚）」、「家　一冊」、「筏　一帖（折りたたみ）」、というふうに、あいうえお順に並んでいて、最後は「我等の東京港　一綴（一六枚）」。中でも私が特に面白いと思ったのは、「いただき」、「一二三」、「鵜の目鷹の目」、「馬鹿」、「かちまけ」、「奇」、「きめこみ」、「ざまみろ」、「相対」、「なかよし」、「ならぶ」、「骨」、「三重」、「笑ふ女」、などである。そのタイトルはアルバムごとに外骨自筆で書かれている。言葉で説明しにくいが、綺麗だったり、可笑しかったり、気持ち悪かったり、なるほどと思ったり、ヘンだったりする。

これらのアルバムを見ながら私はふと思った。外骨は戦争中に絵葉書の山と遊んでいたのである。それは自分一人だけのためか、ごく限られた人しか見ることはなかっただろう。実に贅沢な遊びである。外骨はいったいどんな思いで絵葉書を一枚一枚組み合わせていたのだろう。自分だけの〝外骨ワンダーランド〟に浸って、さぞや楽しかったに違いない。いや、きな臭い世の中に一人背を向けて、忌々しい思いを封殺していたのだろうか。これはもしかしたら、後世の私たちに授けた貴重な「戦時中の遊び方」のメッセージなのかもしれない。私がこれから先何年か何十年か、幸か不幸か長生きしたとして、歴史を学ぶことを忘れてしまった世の中に遭遇し、自らの意志に反して戦時を生きなければならなくなった時に何をすればいいかというヒントなのだ、という気がしてならない。迎合するか悲憤して暮らすか迫られたとき、そのどちらでもなく、加害者でも被害者でもない「黙して遊ぶ」という選択が果たして自分にはできるだろうか。むろん、そんな時代が来てほしくはないのだが……。

一九四三年四月、外骨は友人知人に「葉書通信」を送った。

「(略)先日ある人がある人に対して『あのガンジーに似た顔の宮武外骨はマダ生きているのですか』と云ったそうです。事ほどさように、人間は生きているうちに葬り去られる事もあるものです。誠に忌々しい世の中じゃありませんか。昔とった筆つかの猛者、今は天下無類明治文庫の要人、悪く云えば東大の飼殺し、銃後の配給品食潰し部隊員　みやたけとぼね記」

七六歳の外骨が、戦時を忌々しく思いながら近況報告を自嘲気味に綴った心境がよく表れている。この頃、外骨は自作の川柳を書き残している。

長期戦、昔は前後二十年　　食う者は腹八分にみたぬなり長期戦、今は見越しがつかぬなり前線は修羅道、銃後は餓鬼道敵屠り、こっちのマケは玉砕け肉弾の増産「産めよ殖せよ」なり口ばかり滅私奉公の奴があり防空壕、畠に似たるおとし穴新聞は迎合、飛語は反戦よ三食を二度粥にしてなお足らず外食券なくしてケンツクだけを食い一億一心いずれもひだる（注：空腹でひもじいという意味）がり今が儲け時なりと云う諸役人買物はヤミ値でなくば抱き合せ手みやげにやりたい物は何も無しあるものはペラ札ばかりカミの国

庶民の実感や悲哀を川柳に託して負け戦さを痛烈に揶揄した外骨。当時の新聞などよりもはるかに戦時の実態が伝わってくる。
一九四五年八月十五日、外骨は何をしていたのだろう。実は、東京近郊の疎開先に近い多摩川で釣りをしていた。日記にはこう綴られている。

「八月十四日　火　降伏　ツリ二」
「八月十五日　水　ツリ」
「八月十六日　木　晴　久しぶり東京行　ツリなし」

外骨は十四日に〝降伏〟を知った。それでも釣りに行き、魚は二匹釣れた。十五日にも釣りに行った

が、魚は釣れなかった。十六日はさすがに釣りには行かず東京へ。日本が負けて晴れ晴れとした気持ちで久し振りに明治文庫に行ったのか。私はこの十五日の「ツリ」だけの一行に唖然とし、頭を殴られたようだった。もっといっぱい書くことがあったはずではないか……。外骨は玉音放送を聞いたのだろうか。暑い時期だから早朝から釣りに行き、午前中までには帰ってきて聴いたのか。それとも、聞いてから釣りに行ったのか。いや、外骨は既にわかっていたから聞かなかったのかもしれない。とにかく日記に玉音放送という言葉はひとことも書かれていない。無視である。このほうが外骨らしい気がする。

よくよく考えてみれば、太平洋戦争の事実上終結は八月十四日である。御前会議で政府と軍首脳部がポツダム宣言の受諾を決定し天皇の裁断を得て連合国側に通告したのが十四日。メディアはこの事実を知っていた。この情報は一部の知識人も知ることとなり外骨にも伝わった。〝日本の一番長い日〟だ。戦後の日本人は無自覚なのか意識的なのか、年中行事のように八月十五日を終戦記念日としてきたが、この日の意味を冷静に考えれば、前日に録音した天皇の声をラジオで放送した日である。

ちなみに連合国への無条件降伏を受け入れて正式に終結した日は、東京湾内のアメリカ軍艦ミズーリ号船上で降伏文書に調印した九月二日。今になって一部の人がこのことを指摘しているが、外骨は十五日を〝無視〟することで、この日が終戦記念日となることの矛盾や不適切であることを訴えていたかのようだ。現代人の歴史認識と国際感覚の鈍感さに、外骨は怒っているのではないだろうか。

外骨の出版物はどれも〝外骨の遺言〟といっていいのだが、一九四七年十月に八〇歳で出版した外骨最後の著作『民主暦』(一九四八年用)は、まさに戦後世代への遺言と呼ぶにふさわしいものである。外骨は少なくともこの時、アメリカ様からもたらされたとはいえ民主主義の到来を心から歓迎した。例の如く序文でこの著作の主旨を「古来暦には種々あったが民主暦というのはこれが最初である」として次のように書いている。

「高度民主主義の大精神を日常化して実際生活に注入し、平和主義民主主義の表現たる新憲法の持つ大理想を実行せねばならぬ。とは、昭和二十二年七月一日の新国会議場に於て、社会党員たる首相片山哲さんが披瀝した宣言である」

外骨はさらに、この時からちょうど八十年前、明治維新後の官僚たちが制定して国民に押し付けたさまざまな大祭祝日を、虚構の服従条目として暦に存置させたと書いている。虚構の大祭祝日とは、おそらく天長節や新嘗祭、また紀元二千六百年祭などを指すのだろう。その他、鬼門・暗剣殺・三隣亡・八方塞など根拠のない迷信、旧習を並べた暦がはびこっていることに、「実に新時代無視の甚だしい事ではないか」と怒り、「これ此民主的新暦、民主暦を著作して、広く頒布せんとする所以である」、「方位に吉凶なし　日時に善悪なし　神は人に造られる　仏は世に無き者　男女相性は虚言　有卦無卦は空言」、さらには

「迷信を去るべし　運命は暦に存在せず　陋習を除くべし　旧来の暦を放棄せよ」

などと、いかにも外骨らしく進歩的で痛快だ。

続いて一月から十二月まで外骨が選んだ、近代におけるさまざまな〝民主的〟記念日が記されている。一月は、幸徳傳次郎忌、菅野すが忌などがあり、「民衆の味方と敵」と題された一文がある。それには秋水と菅野のほか大逆事件で刑死した一〇人の名が記され、またこの裁判に関与した判事と検事は一〇人だったが、

「九名はクタバリ、今に生存するのは検事法学博士　平沼麒一郎　只一人である、此奴が去月戦争犯

罪人として検挙されたのは実に痛快事であった」などと書いている。そういう事実があったというのは実に興味深い。刑死者一二人と検事・判事一〇人、まさに〝民衆の味方と敵〟だ。

二月は、「廿日　普通選挙法施行　昭和三年」など。欄外に、「近頃の川柳祭に『斯うなるか国旗忘れた紀元節』という句があった。新民主主義の表現である」と書いている。

三月は、「一日　雑誌『民本主義』発行（大正八年）禁止、十八日　吉野作造忌、廿六日　大塩平八郎忌」など。とくに「吉野作造先生」という一文を設け、「吉野先生はデモクラシーの主唱者であるが、最初は此語を民本主義と訳されていたが、後に民主主義と訂正された」とある。

四月は、「我邦には無いが西洋には『四月馬鹿』という諺がある」と書いている。

五月は、「一日　労働祭（メーデー）、三日　民主的新憲法施行初日」など。

六月は、「一日　民主主義片山内閣成立」など。

七月は、「一日　内務省解体、五日　対皇室罪・男女私通罪廃止」など。

八月は、「一日　国際反戦デー　昭和四年、十五日　終戦記念日、二十八日　穢多非人の称を廃し民籍に編入す　明治四年」など。

九月は、「二日　大震災記念日、二日　日本無条件降伏聯合国承認日　一九四五年、四日　田中正造忌、十六日　大杉栄忌」など。

十月は、「十日　プロレタリア機関紙『種蒔く人』創刊　大正十年、十九日　民論圧制の『新聞紙条例』公布　明治六年」など。

十一月は、「六日　片山潜忌、七日　尾崎秀実忌」など。ここで外骨は、ゾルゲ事件で首謀者の一人

造、五五歳。鷗外、六〇歳。荷風、七九歳。芥川龍之介、三五歳。菊池寛、五九歳。幸徳秋水、三九歳。大杉栄、三八歳。石川啄木、二六歳。樋口一葉、二四歳。平塚らいてう、八五歳。瀬木博尚はもしかして外骨と監獄で長生きを誓ったのか、八六歳。

外骨は晩年、若い妻とよく温泉へ行き、肉でもなんでも食べ、とくに鰻が好きだったようだ。郷里の讃岐では昔からドジョウを食する習慣があったからだろうか。また外骨はよく歩いている。一九三七年に本郷から杉並区高円寺に転居するが、朝五時半に自宅を出て徒歩で文庫に通ったというから驚く。三〇キロから三五キロメートルぐらいの距離を毎日往復していることになる。またこの頃、人から玄米食がいいと勧められ、実行している。外骨が健康法にかなり関心を持っていたことがよくわかる。

酒は好きだったようだが、晩年は晩酌に一合徳利一本まで。煙草は中年以降、吸わなかったようだ。一九〇四（明治三十七）年に政府によって専売化され紳士の間であっという間に広がった煙草だが、外骨も大正の初め頃までは吸っていた形跡がある。いつ頃撮ったかは明確ではないが、一時期親交のあった佐々木照山（通称・蒙古王、政治家）と座談している写真が残されていて、その時の外骨が煙草を手にしているのである。おそらく明治末から大正にかけての頃だろう。というのも、外骨は一九一五（大正四）年、妻・八節に先立たれた直後、酒も煙草も断っている。この時、外骨四八歳。外骨はこの頃、神経衰弱に罹り、歩行中、急に胸が苦しくなって呼吸困難に陥り、しばらく路上にうずくまることがたびたびあった。医者に診察してもらうと、「病気ではない、死んだ人のことは忘れて遊びなさい」と言われた。私が思うには、これは一種の不安神経症か、パニック障害のような気がする。深い喪失感が原因の一つに考えられるという。

「言い知れぬ一種無限の感に打たれ、人生悲哀の極という実験もした。去る者は日々に疎しとは云うが、それより後も思い続けて酒も煙草も喫めぬ神経衰弱になった」(『自家性的犠牲史』一九三二年)と外骨は書いている。確かに、晩年の日記には食べ物のことは事細かく書かれているが、「煙草」の記述が全くないし、喫煙の写真も見あたらない。酒を全く断ったかどうかはわからないが、煙草のほうはおそらく八節の死後、本当に吸わなかったように私には思える。健康へ人一倍気を遣っていたからである。煙草の害が医学的にも証明された今日にして思えば、外骨は四八歳から以後四十年間煙草を断ったおかげで長生きしたといっても過言ではない。ということは、八節の死が外骨を救ったともいえる。

ただ、一九三八年に友人の三田平凡寺(本名・林蔵、一八七六〜一九六〇)から瓢箪の形をしたパイプを贈られているのだが、これは煙草を吸っていたからではなく、二人とも珍しいもの好きのコレクター同士であり、あくまでもプレゼントのやりとりだったのではないかと私は見ている。

この三田平凡寺は、外骨の友人知人の中でも特筆すべき奇人・変人として知る人ぞ知る人物である。外骨の周辺にはこういう人物が登場するから面白い。平凡寺は『アサヒグラフ』一九五一年六月十三日号の特集「半世紀畸人伝」に外骨と共に紹介されている。それによると、

「平凡寺　変態蒐癖の一人　本名三田知空　一二年頃自宅一室を趣味山平凡寺と名付け、蛮族の首台髑髏　陰陽神　幽霊の軸物などを集め求めに応じて息災延命の守札を発行　聾で筆談しながら本妻と妾を同居させて家庭争議も起さず蛙ばかり集める蛙宝寺　木兎の凡能寺　木魚の文珠寺　羽子板の童楽寺等の末寺は震災直前に三三社を数えた　色道に造詣深く　天寿百廿五歳説を持して泉岳寺傍に健在」

どこか似た者同士はいつか必ず出会うのが運命のようで、外骨が九歳年下の平凡寺の存在を知ったのは明治末期、大阪時代のようだ。『スコブル』第一六号(一九一八年二月)で、平凡寺から送られた「お嬢様の蛮人仮装」の写真を掲載し、

「此写真は大悟徹底して浮世を面白く見て居る東京芝の平凡寺和尚（三田知空氏）が其令嬢に仮装せしめたもの『ヘイボン島　酋長の娘』と題してある」

と外骨は書いている。写真の娘は平凡寺の二女の伊登子で、腰蓑をつけ、髑髏を手にして微笑んでいる。カメラが趣味だった平凡寺が撮ったものだ。

この二人をつなぐ人物に、斎藤助次郎がいる。斎藤は外骨ファンで南方熊楠のファン、そして平凡寺のファンでもあるというこれまた異色の人物である（外骨は彼を「斎藤且力子」と書いている）。外骨が一九二二（大正十一）年に小清水マチと同居したことを知った斎藤は平凡寺にこのことを知らせ、平凡寺は「早く別れさせないと意外の事件が必ず起こる」と予言したという。外骨はこれを無視してマチと同居を続け入籍したが、やがて〝我家の猫いらず騒動〟という結果になってしまったから、平凡寺の予言は当たったことになる。平凡寺の平凡ならぬ特殊な経歴・性格・才能や一種のカリスマ性に、外骨が一目置いていたことは間違いない。その中でも外骨は、とくに平凡寺の無病不老の長生法に傾倒するところがあったようで、外骨は泉岳寺そばの平凡寺宅をたびたび訪れている。

外骨の長生きの秘訣は、なんといっても生活習慣だ。ジャーナリストというハードな職業にもかかわらず、健康管理にかなり気を配っている。したたかでしなやかな精神に裏付けされた規則正しい日々の暮らし方（〝清貧〟と自分で言っている）に、その秘訣があった。誉めてあげたい。

外骨は一九四三年三月の『公私月報』臨時号外でこう書いている。

「私も幸に無事頑健で、三ヶ年一日の病臥もなく、文庫へは怠らず日々通勤し、日曜日には例の如く魚釣り運動に出かけています、去る昭和十五年十二月には『東洋自由新聞』の社主であった稲田政吉の長女能子という丙午の女を後妻に迎え、今日に至るまで何等の厄難もなく、無事に情的生活を遂げて居ます」

と報告している。この情的生活という言葉がとてもいい。含蓄のある言葉だ。また、

「極寒にも手袋をはめず、遠路にも杖つかず、電車内では概ね直立して疲労を覚えず、など日常達者自慢で熟睡八時間以上、毎朝五時六時の起床、時には薪割りもやります」というから凄い。

さらに、

「自分の意気ばかりでなく、事実老人らしい老人ではない、目は水面十間前の小浮木（釣魚用）を見えられ、耳は少しも聾せず、鼻は嗅ぎ出しに敏であり、口は一本の入歯も無く堅豆をかじる、勢力旺盛、勤勉不屈、壮者を凌ぐの勇あるなど、老人らしい弱点は少しもない、医師某は、予の口中の粘膜を視て四五十歳の若さであると云うた。『自慢高慢馬鹿のうち』とやら、これ位で止めておきましょう」。

達成感や自信にあふれ、いささか得意満面の外骨である。

一九四七年、八〇歳の外骨は雑誌『オール読物』（昭和二十二年十二月号）で対談に応じていて、この話がとても興味深い。「ザックバラン」とのタイトルで、聞き手は丸木砂土。すでに老境にさしかかった外骨だが、ユーモアがあって、対談の名手ぶりを発揮している。まだまだ矍鑠《よしこ》とした外骨を彷彿とさせる。その中で外骨は、「七十五歳の結婚」を語っている。一九四〇年の能子との結婚のことだが、このとき外骨七三歳、能子三四歳。ここで外骨は、

「世間では七十になったらもう性欲がないなんて云いますけれども、そんなことはないです」

などと言い、こう語っている。

「世話をした酒屋の主人が、それは妻君を迎えるのはよろしいけれども、もし同衾するようなことがあったらいかん、そういうことは絶対におよしなさい、と云いましたです。そんなことなら何も迎える

必要ないじゃないか、と云ってやりましたけれでも、商工大臣をしとった小林一三君も、君、まだそんな必要があるのか、と云う。必要なくして何がためにもらうか、茶飲み友達というのもあるにはあるが、私のはそんなものじゃないと云ったら、小林君は私より十も若いんですけれども、僕は前から家内と同衾しないと云うとりました。（笑声）」

同衾《どうきん》というのは男女が一つの夜具に寝ることである。色っぽい話だが、全く不快な気がしない。むしろ微笑ましい。歳をとっても女性と接することが外骨の若さの重要な秘訣だったのかもしれない。

ところで小林一三は一八七三年生まれで、外骨より六歳年下である。

血と骨

長生きした外骨は、晩年になって自らの人生をどう振り返っただろうか。

八〇歳の外骨は、前記雑誌『オール読物』（一九四七年十二月号）の丸木砂土との対談でこう語っている。この丸木砂土というのは秦豊吉（一八九二～一九五六）のことである。随筆家、翻訳家。芥川龍之介と同期で東京帝大卒。三菱商事に入社するが、小林一三の知遇を得て東宝へ入社。この対談時には帝劇社長だったようだ。ペンネームはマルキ・ド・サドからとったもの。

丸木：先生は今までに、こういうことをすればよかったとか、これは惜しかったと後悔なすってることはございますか。

宮武：小さいことはありますけれども、大きいことでは、そんな考えを持ちませず、楽天主義であります。

丸木：大体したいことをなさって……。

宮武：ええ。軍閥をブッ叩いてやったんですから、こんな満足なことはありません。

当時八〇歳の外骨、「軍閥をブッ叩いてやった」と言ったりして、ちょいワルオヤジならぬ「ちょいワルジジイ」ぶりを発揮している。人生のたそがれに自らの一生をこんなふうに振り返るなんて、いろいろ苦難はあったけど、実に稀有な、幸福な人生だったと私は思う。ただ一つだけ挙げるとすれば、後悔というのではないが、外骨は本当は自分の血を受け継ぐ子どもが欲しかったのではないか。

外骨には一八九四年生まれの男子・天民がいたが、一歳で病死して以後、実子はいない。外骨自身の血を継ぐ者はこの世に誰もいないが、なにを隠そう、私は外骨の遠縁である。ややこしいが、私の母方の曾祖父（佐野永幸）が外骨と従兄弟なのだ。外骨から見ると私は従兄弟の曾孫、ということになる。宮武家の傍系・佐野家（外骨の母マサノの実家）の一子孫にすぎないが、一応、血縁関係に属している。嬉しいような、恐いような……。

このことを私は周囲にしばらく黙っていたことがあった。理由は二つ。「そんなことを自慢するな」と言われるのが嫌だったこと。もうひとつは、外骨は姓も墓も子孫も持たないと宣言するなど、血縁・血統主義を拒否しているように感じられたことだ。それが私の呪縛だった。

外骨は一九二一（大正十）年、「姓とか氏とかは無くても良い」という前代未聞の廃姓宣言をしてこう書いている。

「そもそも種族という観念が生じたのは、利己排他がモトで、この思想から戦闘が起るのであり、家

系を重んずるという観念から差別心が出来たのである」（『一癖随筆』第一号）

だが私は今、やっとその呪縛から解放された。ことさら自慢することはないが、隠すこともない。これほどの筋金入り、いや筋骨入りの奇人・外骨を産んだ母方の血の一滴、ＤＮＡの一つでも受け継いでいることに、いささかの誇りを持つに至ったからである。

外骨は廃姓宣言の二年後に、「血統は人間の大切な問題」と題してこう述べる。

「最後に私が言っておきたい事は、世間でもよく問題にされる血統と云う事です。例えば、私の血統は私一代で絶えてしまう訳です。けれども私は血統という問題に対して、やはりいかに時代が変わったにしても、永久に絶してはならないものと考えます」

「人類があってこそ、血統が永久に続けばこそ、芸術も、社会も人類も滅びないのであるのだと思います。私の娘がもし私の真の娘であったなら、私はいかなる理由をも捨て他家には嫁入らせなかったろうと信じます」

「私の人間としての血統はこうして滅びてしまいますが、私は著述の中に私の血統を残そうと思っています。また残さなければならないわけです。それにしても三千代が真の自分の子どもならばと、思わずにはいられません」（『家庭画報』「生さぬ仲の娘を嫁入らせた私の苦衷」談、一九二三年）。

正直な心情を吐露しているのがとてもよくわかる。姓や氏の過剰な崇拝主義が差別を生むという論理で反対した廃姓宣言や廃嫡・墳墓廃止論と一見矛盾するようだが、実はそうではない。外骨は血の繋がりを否定していたのではなく、むしろ尊重していた。未来を信じていたからこそ膨大な刊行物を遺したのであり、血縁であろうがなかろうが、人間の絆を否定していたのではなかったのだ。

外骨の墓は東京・駒込の染井霊園にある。外骨の骨は、この墓の中にある。では外骨の魂はどこに彷徨っているのだろう。外骨は「自尊私言　昭和期の六無斎」(『公私月報』第六五号、一九三六年)と題してこう書き遺した。

我に財産なし(国家の蔵品を私有物と見るのみ)
我に子孫なし(愛撫の新聞雑誌を世に存せしむ)
我に学識なし(幾万の刊行物を以て永久教授す)
我に余年なし(さりながら生命は無窮のツモリ)
我に墳墓なし(明治文庫を精神的埋葬所と見よ)
我に頭髪なし(神経チャビンと罵る者あり)

いいなあ。何も持たないことが、なんと豊かであることか(実は何もないと言いつつ、全部持っていると自慢しているのだ、頭髪以外は)。ここで明記しているように外骨の精神的埋葬所は東大明治新聞雑誌文庫であり、魂はここに眠っている。

東大明治新聞雑誌文庫に収められた"外骨書函"の棚、(同文庫目録『東天紅』第3篇、内外通信社出版部発行、1941年、筆者蔵)

外骨を知る旅は、私にとって近・現代史を学ぶ旅でもあった。明治なんてつい昨日のことのように感じられ、過去が現在を鮮明にし、未来をも予感させた。歴史の連続性・普遍性に気づかされ、人は皆時代の子であることも教えられた。時代を見据えて独自の価値観やエスプリ表現の面白さを伝え、既存のイデオロギーや組織に納まらない稀有な自由人・ジャーナリストとして生き抜いた外骨。いつの世も〝優しいタカ派〟という新手のナショナリズム・情緒的な国家主義が人々の不安につけ込むチャンスを狙っている。だからこそ自分の頭で考えろというメッセージを送り続けた〝怒るハト派〟外骨。頭はクールで心はホット、シリアスな時代の陥穽に何度も直面しながら、その生涯に悲惨さがない。野暮なコドモに粋な大人の文化が理解できないように、わからん人にはわからんが、わかる人にはわかる。

　私には外骨と同じ遺伝子を持つ血が流れていることになるが、〝骨〟はない。一日中ボケーッとして、ひねもすのたりのたり瀬戸内海に一匹だけ浮かんでいる海月《くらげ》みたいな軟骨楽天人生を、これからも生きるのだろう。そんな私でも、せめて物事の本質を見る目は磨きたいと思う。今度生まれ変わったら、好奇心と想像力を武器にして、外骨みたいに生きてみたい。

『滑稽新聞』第 42 号、筆者が最も好きな外骨の似顔絵

あとがき　外骨みたいに生きられない？

外骨が生き還って今の世の中を見たら一体どう言うだろうか……と私はいつも思う。そういえば、今年は外骨生誕百四十年である。そのためかどうか、最近は頻繁に出没している。夜な夜な私の部屋にふらりとやってきて新聞や雑誌を読んでいるところをみると、あの世でのんきに死んではいられないらしい。この世にまだ未練でもあるのかと聞いたら、未練はないが不満があると言う。何が不満かと聞くと、いろいろあるようだが、とりあえず自分が今、〝反骨のジャーナリスト〟と呼ばれているのが気に入らないそうだ。

「そもそも反骨でないジャーナリストなんかジャーナリストではない」

という理屈である。なるほど、それもそうですね。さすが外骨先生、骨のある幽霊だ。

考えてみると、情報通信技術の発達が必ずしもジャーナリズムを成熟させるとは限らず、優秀なジャーナリストを育てるとも限らない。そのことがジャーナリズムの本質を置き去りにしているような気がしてならない。今、私たちは日々、洪水のような情報を得ることができる。メディア産業は百花繚乱・多種多様のような錯覚に陥っているが、メディアそのものはむしろ衰退しているのではないか。

こんな時代に〝反骨のジャーナリスト〟なんて、やっぱり流行らないのだろうか。骨が硬すぎて、ヤワな現代人の歯に合わない、という声が聞こえてきそうだ。外骨を言葉でいくら説明しても、わかってくれない人だっている。冗談が通じない人がいるように、しょせんフィーリングが合わないのだ。〝外骨語〟が通じない人には、どんなに説明してもわからない人にはわからないし、理解できないだろう。それはもうしかたがない。しかし私はどうしても、外骨を絵に描いた餅のように、「昔、こんな珍しい〝反骨のジャーナリスト〟がいました」と床の間に飾って置くのは嫌だ。外骨も日本国憲法も〝遺産〟にするより、まだまだ日常の言葉の中で引っ張り出して頻繁に使ってこそ意義があるのだ。

とは言うものの、外骨のすごさは、言葉で説明しにくい。引っ張り出して頻繁に使おうにも、硬くて古臭くてどうにもならないように見える。確かに、外骨は硬派で古臭い。だが、

「硬派で古臭くて、なにが悪い！ そもそも日本人は怒らなさすぎる。もっと怒れ！」

とゴースト・外骨先生は怒っております。

硬派で古臭いと同時に、軟派で新しいものに目がないのもまた外骨である。硬派にして軟派、アバウトにして凝り性、大胆にして緻密、科学にして神秘、陳腐にして斬新、頑固にして洒脱、そんなわかりにくい外骨を理解できるか否かは、外骨に問題があるのではなく、私たちにその能力があるかどうかである。キーワードは、どうやら外骨の茶気満々な〝言葉〟にある。

言葉といえば、外骨は生涯おびただしい書物を出版して活字の世界に生きながら、言葉として文学的ではなかった。一八八七年に発表された二葉亭四迷の『浮雲』で前代未聞の言文一致体があらわれたって、外骨は知らん顔だった。一六歳でイギリス人から自転車を買った「新しいもの大好き人間」だったくせに、二〇歳の外骨は言文一致を生み出した近代文学の流行には飛びついていないのである。外骨の文章は死ぬまで男性的な漢文調の文語体だった。

口語体でなかったからといって、外骨が文学や人間性を理解しなかったというわけではない。江戸期

の戯作文学・川柳などの庶民文化に傾倒し、やたら詳しいのである。今の私たちは明治中期以降の近代文学を何の疑いもなく〝文学〟と思っているが、西洋文明にも胡散臭さを感じ取った外骨にとって、そんなものは容易に受け入れがたい、いかがわしいものだったようだ。鷗外や漱石みたいに明治日本の近代化と〝個〟の板ばさみに悩むこともなく、欧米コンプレックスも持たなかった。だから「脱亜入欧」スローガンは外骨にとって野暮なものだったに違いない。一生和服で通したように表面では日本的でありながら、実はスコブル日本人離れしている。海外留学経験がないにもかかわらず、外骨の思考には生まれつき国際的センスが備わっているようで不思議だ。一つには少年期に親しんだ漢文の持つ東洋思想が根本にあり、そこから自ずと国際感覚が培われたのだろう。文明開化の音も外骨にとってはちっとも新しく感じられなかったように、ちょっと新しいものはもはや古臭く、古くても外骨のフィルターを通すと斬新なものもある。この頃、岡倉天心が「アジアは一つ」と東洋の理想を唱えて日本文化を見直そうとしたが、外骨は天心ほど民族主義的ではなく、もっと大陸的でインターナショナルだ。

一八八一年から八三年、一四歳から一六歳にかけて最も感性の敏感な時期、外骨は投稿オタク少年だった。『驥尾団子』や『団々珍聞』『屋山旭影』などの当時の流行雑誌に漢詩や狂歌・狂句をさかんに投稿している。ペンネームは「宮武昭」から始まり、「凸凹亭飄々」「凸凹亭飄酔人」「凸凹亭兵水」といったもの。まあだいたい、いつの世も外骨のようなちょっとマセて、知識欲が旺盛で、ギャグセンス抜群の少年がいるもので、新しいメディアの市場を支える貴重な購買層である。そんな外骨少年もやがて数年後には投稿少年を卒業し、念願かなって今度は自分がメディアを持つ側になるのである。今で言えば、アキバ系オタクからIT起業家に変身したようなものかもしれない。

こうして外骨の言葉は時代という鏡を反映し、表現者としての頼もしい唯一の武器となって鍛えられていく。

だから、外骨の言葉は告発・罵倒型ジャーナリストとして、いつも過激で露骨でストレートで素直で正直で根源的だ。多くの日本人が大好きな、情緒的で抽象的で比喩的な物言いではない。外骨にとって言葉は、絵や活字やパフォーマンスと同じ、表現の重要な武器だ。差別用語や罵倒用語をあえて使ったのも、差別の実態を隠したくなかったことと、言葉の力を殺したくなかったからだ。あたりさわりのない言葉に言い換えると、言葉の魂は死んでしまう。

権力者にとってレトリックな言葉の文学はすぐさま危険というわけではないが、生きた言葉を矢のように放つジャーナリストは常に危険である。近代に誕生したばかりの社会主義や無政府主義は国家と闘い弾圧されたが、理由はおそらく社会科学を掲げながら彼らの言葉が文学的でエキセントリックで、そこに魅力と弱さがあったのではないか。反戦・反権力もまた、裏返しの権力だ。外骨が殺されずに生き残ったのは、非文学的で非組織的で、非戦・非権力の闘いだったからだ。それを思うと、文学にも近寄らず、組織的な権威・権力と対峙し距離を置いて生きてきた外骨が、近代のメディア史で貴重な存在に思えてくる。

思えば外骨には、明治の偉人・先覚者といわれる人々の多くが持っていた文学コンプレックスがなかったことに改めて驚かされる。文学コンプレックスがなかった人物といえば、同年齢の漱石や子規や露伴や紅葉といった中でただひとり、南方熊楠だけが外骨に最も近い人物だったように思う。熊楠の言葉は外骨の言葉と似ている。熊楠が外骨の雑誌に書いた論文はとくに科学的で明快で、修飾語や回りくどさがない。当時の文人たちが書いた日本語というより、まるで外国人が書いた論文を日本語に訳した文章のようだ。外骨と熊楠に共通するものは文学ではなく、科学や民俗学だ。科学が西洋のものと思われていた時代に、日本にも科学的な思考の土台が明治以前から存在し、そしてそれを受け継ぎ、発掘し、そのことを世界に示そうと懸命に努力した熊楠を、外骨は理解した数少ない人物だった。その二人に共通するのは〝在野〟と〝猥褻〟である。そして二人とも破天荒で当時の社会からは先んじ、相容れられず筆禍にも問われている。外骨と熊楠の言葉には、人と自然へのまなざしの鋭さと優しさがある。二人とも時代のうねりをしっかりと見据え、時代の枠からはみ出している。むろん、二人に違いもある。熊楠のもつ豪放磊落さとその逆の小心さという二面性は、多面的な外骨の性格とは違う。外骨のほうが精神的にバランスがとれているが、それは学者とジャーナリストの違いだろう。

時代の振り子は変革という名目でいつも一方へ大きく偏りながら動く。今や世界はテロや暴力を対処療法的に封じ込めようとする排他的な厳罰化・グローバル化の力に押され、寛容でリベラルな意見はどうも旗色が悪い。気がつけばいつのまにかみんな骨抜きにされて、そう簡単には外骨や熊楠みたいに生きられなくなってしまった。反発や批判はその相手の正体をしっかりと捉えていなければならない。敵が認識できなければ、自分をも見失う。外骨が願ったのは人間性の回復であり自由と解放だったから、それらを阻む敵は厳然として目に見える存在だった。だが考えてみれば、今の私たちには敵の正体さえよくわからない。平和という言葉が色褪せ、反体制、批判精神なんていう言葉も、ほとんど死語だ。「人権」なんて口にすると「人権屋」と攻撃されかねないし、自由や解放や平等なんて、まるで誰もそれを望んでさえいないかのようだ。もはや闘うべき敵は外にあるのではなく、私たち自身なのだろう。

「今こそ日本は核保有国となってアジアの覇権国になるべきだ」

などと口にするヒステリックな政治家はいつの時代にもいる。それはまるで、外に仮装敵国を想定してことさら糾弾し、国内問題を隠蔽するナショナリズムに似ている。そんな誤った民族的矜持に多くの国民が同調するとは思われないが、確かに日本は強力な〝自衛軍〟を持ち、処分に困っている余剰のプルトニウムをいつでも利用できる原発大国であり、まぎれもなく軍事大国なのだ。だから、今さら核論議を封じるのも時間の問題かもしれない。タブーの嫌いな外骨なら、きっぱりとこう言うだろう。

日本が自力で核を持つことも、アメリカの傘の下で非核三原則の「持ち込ませず」を黙認することも、どちらも容認できない。米ソ冷戦時代に日本が平和ボケと揶揄されたのは、「戦争は最大の福祉、最大の経済行為」というアメリカの戦争中毒と表裏一体だったのだ。「目的は手段を正当化する」というような戦争の大儀など、この外骨には通用しない（たしかに外骨の顔はマハトマ・ガンジーにそっくりだ）。もはや核に抑止力はない。日本の安全を保障するものは日本国憲法と非核三原則を名実共に厳守することだ。集団的自衛権を認めるという選択もありえない。日本は非戦・非核主義を理念として掲げ、アジアとの経済的・文化的共生構想を積極的に打ち出すこと。それが必ず国益、いや国民益につながる。非軍事と民主主義の追究、それ以外に核軍縮に向かう日本と世界の平和に通じる道はない、と。

だが待てよ？　これはどう考えても、百年前の『滑稽新聞』時代とさほど変わっていないことになる。大正末期、ジャーナリストの徳富蘇峰が欧米の国家形成戦略に合わせなければ日本は亡国するとして、アジア・モンロー主義を掲げてアジアの覇権を主張する一方、同じくジャーナリストの石橋湛山がアジアとの共生を訴える小日本主義を唱えて蘇峰を批判したが、結局は蘇峰の主張が日本のアジア支配・侵略を正当化し隠蔽する太平洋戦争の大儀となった。私たちはそんな七十年ほど前のことをすっかり忘れ、そしてまた、同じようなことを繰り返そうとしている。その裏には今もなお、六五年前に経済制裁されて追い詰められた日本人の大国アメリカに対する、反感とその裏返しの依存という矛盾した民族的感情が複雑に絡まっている。別な言い方をすれば、運命共同体という名の利害関係だ。だがいずれ近いうちに、イラク戦争を仕掛けたブッシュ政権を日本政府が支持したことは必ず歴史的総括されるだろう。

むろん百年前と今との違いもある。明治政府による帝国主義の圧政から、民主主義時代でありながら皮肉にも草の根ナショナリズムへと変貌しつつあることである。これは百年前より厄介かもしれない。日本社会は今なお民主主義の危機なのだ。外骨がこだわった〝民権〟が敗戦によって実現してから六〇年余り、またもや国権の増強化が進む。国権対民権のせめぎ合い……。外骨が体を張って大衆に知る権利を訴え（時には罵倒して）情報発信したように、政治のシビリアンコントロールをどれだけ実現させるかが問われているのだが、メディアの現状を思うと、かつての大本営発表を思い起こすような、有事の際の言論統制や自主規制が心配だ。権力監視の役割がいつのまにか政治家のパフォーマンスに利用され、不毛の競争で権力を持たない個人への人権侵害にすりかわることもある。そもそもメディアが全体主義やナショナリズムに弱いという性質が、ここへ来てますます顕著になっていることも百年前との違いだ。とくに外骨の時代にはなかったテレビ映像による印象的な短いコメントや繰り返しが、その性質を増大する。メディアは多様な社会を正確に映す鏡というより、凸レンズのように一部だけを過大・過剰に映すと言ってもいい。もはや、メディアそのものが世論や民意というものを作り出して扇動する怪物なのだ。今、メディアの存在意義とジャーナリズムへの信頼性が揺らいでいる。かつては情報量の少なさゆえに組織や周辺の共同体や強い他者に頼った個人は、今はあふれる情報量の中で選択に迷い、自己決定ができない状況に陥っている。私たちはまだまだ、外骨が目を覚ませと罵倒した〝大衆〟であり、成熟した〝市民〟にはほど遠いと認識したほうがいい。

外骨の再生は、メディアの再生に他ならない。人権と、表現・報道の自由は対立するものではない。

両立・成熟させる文化的土壌を作ること、それが楽天主義者・外骨の先見性に通じる道だ。権力監視と調査報道を怠ることなく、市井で何が起きているかを伝え、たとえ時の政権と対立しても潰されないしたたかなメディアが一つでもあれば、まだ希望がある。例えば、小泉政権での自衛隊イラク派遣を多くのメディアは反対せず、賛成したメディアもいくつかあった。わずか新聞二紙だけが社説で反対を表明し、アメリカ政府のイラク戦争そのものの大儀を批判したと記憶している。もしも近い将来、日本がなんらかの大儀を掲げながら実態としては非人道的で環境破壊につながりかねない〝国家的暴力〟を行使しようとするとき、リアルタイムで反対するメディアはあるだろうか。権力の不正・横暴・専横・堕落・放恣・怠慢に一矢を報い、私たちの無知・無関心・偏見を覚醒させてくれる怪傑黒頭巾や鞍馬天狗や月光仮面みたいなジャーナリストはもうどこにもいないのか……なんて考えるのは、悲しきかなそこは凡人の弱さ。絶対的に強いヒーローを求めるのはもうやめよう。もはや一人では無理、「みんなで外骨」すれば怖くないのだ。個人であれ組織であれ、個として独立したジャーナリスト集団、もしくはネットワーク。むしろ今はこのほうが、一人のカリスマ的な外骨よりいいかもしれない。

一九九五年秋、一冊の雑誌が創刊された。〝天下無敵の呑気雑誌〟と謳ったその雑誌のタイトルは『頓智』。そのコピーが外骨を彷彿とさせる。が、

世の中の森羅万象を明るく元気に読む。
いまの時代を、軽やかに走り抜ける。

と宣言しながら、本当に風のように走り抜けてしまった。そういえば、スキャンダリズムを掲げたあの『噂の眞相』も二〇〇四年春、ファンには惜しまれて廃刊となった。一見対照的ではあるが『頓智』

も『噂の眞相』も、なにがしかの理念や志を持つスコブル外骨的な雑誌だった。それもそのはず、いずれの編集長も天下無類の外骨ファン。それなら願わくば、外骨が七生報国の執念で何度も生き返ったように、もういちど蘇って軽やかに走ってほしい。

いつの世も、社会を変革するのは異端者である。

外骨は『つむじまがり』(一九一七年)でこう言っている。

「奇を衒う者は真の奇人ではない。真の奇人は天稟天性の旋毛曲りが、科学的神秘的に発達した者でなければならぬ、それで自然に価値ある風刺、価値ある滑稽が産出するのである」

自他ともに認める旋毛曲がりの、いかにも外骨らしい言葉だ。そしてこうも言っている。

「社会の形成は凡人の努力が基盤と成り、社会の進歩は奇人の活躍が根底と成るのであって、この二者に優劣は無い」

いろんな人物が外骨に魅了されたのは、外骨に会うといつも何かを触発され、知的好奇心を刺激され、挑発され、情熱を掻き立てられたからである。表現する者の厳しさと孤独の中にいながら人を信じた楽天性にこそ、凡人を惹き付ける魅力、エネルギッシュで知恵のあふれた想像力があった。私自身はかつて吹き荒れていた全共闘運動に身を投じたことはないが(逃げ足の速い野次馬見学連だった)、外骨の楽天性はかつての学生運動用語(?)の「連帯を求めて孤立を恐れず」「一点突破、全面展開」に、ちょっと似ている。情熱的だが頭でっかちと言われる団塊世代の私の背中で、ジャーナリズムの廃頽をこのまま黙って眺めているつもりか! と外骨が怒っているような気がする。

ところで一つ疑問、奇人・変人になんで女性がいないの? これからは断然、奇人・奇才の時代だ。一人ぐらい女性の奇人がいてもいい。

外骨についてはすでに二冊の優れた評伝があるが、私は長い間、外骨を知らない人はむろん、知っている人にも読んでもらえて、しかも「これ一冊で外骨がわかる」というものを書きたいと思っていた。それができたかどうかは心もとないが、本書では新たにわかったことを含め、僭越ながら私なりの視点や解釈を加えた。まだまだ謎だらけだが、外骨を支えた人々の個性とともに、外骨の型破りな闘いと時代への批判精神を一人でも多くの人に知ってもらいたい。そこには必ず創造的なヒントがある。

外骨没後五〇年に際し、朝日新聞高松総局長・中野裕也氏のご好意を得て二〇〇五年四月から翌年三月まで、『朝日新聞』（地方版）で「外骨みたいに生きてみたい」を連載した。本書はそれをもとに書き下ろしたものである。上梓に当たっては朝日新聞高松総局・駒井匠記者に協力を得、朝日新聞社、東大明治新聞雑誌文庫、また三好淳雄さん、宮武烝さん、尊那骨茶（十亀忠義）さん、久保武さん（故人）には貴重な資料提供やご教示を頂いた。

そして外骨生誕百四十年の今年、ささやかな私の外骨論・メディア論を一冊の本として出版してくださった菊地泰博さんに、心から感謝したい。

二〇〇七年二月

砂古口 早苗

主要参考文献

『公私月報』宮武外骨　巌南堂書店　一九八一年
『宮武外骨』吉野孝雄　河出書房新社　一九八〇年
『評傳宮武外骨』木本至　社会思想社　一九八四年
『宮武外骨　民権へのこだわり』吉野孝雄　吉川弘文館　二〇〇〇年
『過激にして愛嬌あり』吉野孝雄　ちくま文庫　一九九二年
『宮武外骨解剖』宮武外骨解剖の会　崙書房　一九七七〜一九八九年
『新編・予は危険人物なり』宮武外骨　吉野孝雄編　筑摩書房　一九九二年
『宮武外骨著作集』全八巻　河出書房新社　一九八六〜一九九〇年
『宮武外骨此中にあり』全二六巻　ゆまに書房　一九九三〜一九九四年
『宮武外骨絵葉書コレクション』金丸弘美編　無名舎出版　一九九七年
『朝日新聞社史』全四巻　朝日新聞社　一九九〇〜一九九五年
『「毎日」の3世紀――新聞が見つめた激流一三〇年』全三巻　毎日新聞社　二〇〇二年
『歴史の瞬間とジャーナリストたち　朝日新聞に見る二〇世紀』(非売品)　五十嵐智友　朝日新聞社　一九九九年
『映画芸術論』J・H・ロースン　岩崎昶訳　岩波書店　一九六七年
『南原繁』加藤節　岩波新書　一九九七年
『弊風一班　蓄妾の実例』黒岩涙香　社会思想社　一九九二年
『広告人物語』根本昭二郎　丸善ライブラリー　一九九四年
『星亭傳』前田蓮山　高山書院　一九四八年
『雅俗三昧』小林一三　雅俗山荘　一九四六年
『回想　小林一三』丸尾長顕　山猫書房　一九八一年
『幸徳秋水』飛鳥井雅道　中公新書　一九六九年
『吉野作造選集』岩波書店　一九九五年
『谷本富教授の生涯と業績』池田進　京都大学教育学部紀要Ⅳ　一九五八年
『戦争とジャーナリズム』茶本繁正　三一書房　一九八四年
『南方熊楠日記』八坂書房　一九八九年
『南方熊楠　人と思想』飯倉照平　平凡社　一九七四年
『枠外の人々』平野威馬雄　白夜書房　一九七八年
『神近市子自伝　わが愛わが闘い』神近市子　講談社　一九七二年
『近代奇人伝』梅原正紀　大陸書房　一九七八年
『近代美人伝』長谷川時雨　サイレン社　一九三六年
『北村兼子　炎のジャーナリスト』大谷渡　東方出版　一九九九年
『菊池寛伝』中西靖忠　菊池寛記念館　一九八八年
『菊池寛全集』第二二巻　高松市・文藝春秋　一九九五年

(順不同)

(※人物の敬称は略しました。引用文は原則として原文のままですが、現代仮名づかいとし、漢字は当用漢字に改め、特に読みにくい字にはルビを打ちました。
※本書使用写真の中に撮影者不明のものがあります。お気づきの方は現代書館編集部までお知らせ下さい。)

砂古口 早苗（さこぐち さなえ）
フリーライター。一九四九年、香川県善通寺市生まれ。新聞・雑誌にルポやエッセーの寄稿記事多数。最近は宮武外骨研究者としても活躍。母方の曽祖父が外骨と従兄弟にあたる。

外骨みたいに生きてみたい
——反骨にして楽天なり——

二〇〇七年三月十五日　第一版第一刷発行

著　者　砂古口 早苗
発行者　菊地泰博
発行所　株式会社現代書館
東京都千代田区飯田橋三—二—五
郵便番号　102-0072
電　話　03（3221）1321
F A X　03（3262）5906
振　替　00120-3-83725
組　版　コムツー
印刷所　平河工業社（本文）
東光印刷所（カバー）
製本所　矢嶋製本
装　丁　中山銀士

校正協力／岩田純子
 ISBN978-4-7684-6947-7
定価はカバーに表示してあります。乱丁・落丁本はおとりかえいたします。
http://www.gendaishokan.co.jp/